KB204138

모세오경 숲속으로

모세오경 숲속으로

초판 1쇄 발행 2022년 11월 11일

지은이 ｜ 김승일
펴낸이 ｜ 최건웅
책임편집 ｜ 기록문화
본문 · 표지 디자인 ｜ 양선애
펴낸곳 ｜ 도서출판 사도행전
주소 ｜ 서울시 강남구 개포로 24길 36, 103호
전화 ｜ 010-7600-2390
이메일 ｜ sonkorea38@gmail.com
등록번호 465-95-00163
공급처 ｜ (주) 비전북 031-907-3927

ISBN 979-11-978062-9-2 03230

# 모세오경
숲속으로

김승일 지음

도서
출판 사도행전

# 추천사

모세오경은 이스라엘 역사의 근간이며 각권 상호 간의 긴밀한 연결에 의해서 논리적인 통일성이 있다. 이 책은 모세오경에 대해서 각 권의 구조와 주제와 요절말씀, 그리고 본문과 관련된 세부 내용을 잘 이해하도록 각주를 달아서 명시하는 한편 각권의 본문을 이해하는 데 꼭 필요한 신학적 주제를 도출하여 핵심 내용을 숙지하도록 기록하고 있다. 목회자들과 신학생들, 말씀을 가르치는 사역자들에게 필독서로 추천하고, 말씀을 사모하는 모든 성도들에게도 적극적으로 추천하고 싶다.

『모세오경 숲속으로』는 성경을 체계적으로 배우길 원하는 분들에게 교육의 필요성을 절감하여 공개강좌로 시작된 Bible Master Class의 처음 결실이다. 성경 해석의 원리에 따라 모세오경을 맥락으로 해석한 이 책은 그 맥락이 하나의 중심 주제로 상호 연결되어 있으며, 성경 계시의 궁극적 목적과 하나님의 능력과 영광과 존재가 선명하게 드러난다. 꼭 필요한 신학적 주제들이 정리되어 있기에 성경을 좀 더 깊이 연구하는 데 큰 도움을 준다.

'무엇을 설교할까? 어떻게 설교할까?' 30년 이상 목회하며 설교하고 있지만, 일주일에 열 번 이상 설교할 때마다 고민한다. 강해설교를 비롯해 주제와 제목설교도 해 보았지만, 전체적인 조화와 균형을 이루지 못한다는 느낌이 항상 들었다. 이렇게 설교에 대한 중압감에 시달릴 때, 김승일 목사님을 만났다. 오직 성경에 집중하고, 본문에서 문제와 답을 찾고, 전체적인 맥락을 보는 탁월한 안목을 갖고 계신 분이다.

**박희수 목사 | 문경교회**

목사님의 강의를 처음 들었을 때 신선했다. 성경을 보는 시야가 많이 넓어졌고, 한 부분에 집중하기보다는 성경 전체의 맥락을 생각하고 한권 한권이 가진 의미와 주제를 통해 말씀을 보게 되었다. 설교 준비할 때 이전보다 더 자신감 있게 말씀을 선포하고 있다. 책망하거나 두려움을 주는 말씀이 아니라 하나님의 언약과 성취라는 큰 틀 안에서 삶을 이끌어 주는 말씀으로 바뀌었다. 또한 성도들과 상담할 때도 그 말씀으로 삶의 문제들에 대한 해결책을 제시해 준다.

**정동훈 선생 | 미국 애틀란타에서**

김승일 목사님은 창세기부터 요한계시록까지 하나님은 여호와이시고 예수가 그리스도임을 논리적 통일성을 갖고 해석하시며, 지금도 살아계셔서 역사하시는 하나님의 존재를 확증하게 하신다. 하나님은 모세오경을 통해 그분의 약속대로 제사장 나라로 선택받은 이스라엘 백성들을 거룩하게 하시고 보호하신다. 이것은 장차 오실 예수 그리스도가 우리의 제사장이 되셔서 택한 백성들을 구속하여 거룩한 하나님의 백성으로 삼으시는 그림자로 보여 주시는 것이다.

**김유호 집사 | 미국 버지니아에서**

성경이 세상에 나온 지 수백 년이 지났고, 그와 더불어 그 성경을 이해하도록 돕는 무수히 많은 강해와 책들이 나오고 있다. 그 책들 중에 평생을 아주 특별하게 성경을 강해해 오신 김승일 목사님의 『모세오경 숲속으로』가 출간되었다. 한절 한절을 성경 전체의 흐름 속에서 이해하도록 돕는 김승일 목사님의 책을 만나게 되어 너무 기쁘고 감사하다.

모세오경은 이스라엘 역사의 근간이며,
각권 상호 간의 긴밀한 연결에 의해서
논리적인 통일성을 확보하고 있다.
언약과 성취에 기반을 둔 하나님의 계시와
절대적 주권이 드러난 모세오경 해석을 통해
영원 자존하신 하나님을 만나기 위해
모세오경 숲속으로!!

# 맥락으로 읽는 모세오경

모세오경에 관한 책은 다양하다. 하지만 모세오경의 일관된 논리를 간과하여 각권의 개별적 특성을 강조하는 데 그치는 한계가 있다. 모세오경에는 성경해석의 원리가 명시되어 있으며, 이는 곧 성경을 이해하기 위한 단초가 된다. 성경이 한 권의 책인 것과 같이 모세오경 역시 하나의 원리와 주제, 목적을 갖춘다. 이에 모세오경의 원리와 체계를 통해 통일성을 확보하고 성경 전체의 일관된 흐름과 진리로서의 탁월성을 보증하기 위해 집필을 결심하게 되었다.

필자는 이 책에서 해석자의 관점을 배제하고 원저자이신 하나님의 의도를 따라가는 데에 주력했다. 어떠한 이유에서도 원저자의 기록 목적과 의도를 훼손하거나 본래의 뜻을 왜곡해선 안 된다. 그리하여 오직 하나님의 존재 확증을 위한 계시적인 관점을 견지하고, 성경을 성경으로만 보기 위한 본질 탐구에 충실하고자 노력했다는 뜻을 밝힌다.

Bible Master Class에서 개최한 목회자 세미나의 강좌 교안을 바탕으로 쓴 이 책은 창세기, 출애굽기, 레위기, 민수기, 신명기의 순서에 따라 각권에 나타난 신학적인 주제들을 성경신학의 관점에서 설명한 것이 특징이다. 그리고 각권의 개론을 요약 정리해서 전체의 내용을 집약할 수 있도록 편성했다.

『모세오경 숲속으로』는 성경주석과 개론의 중간자적인 입장으로 쓴 책이다. 맥락으로 '모세오경'을 읽는다는 것은 성경의 흐름을 따라 하나님의 존재를 확증해가는 것이다. 보이지 않는 신의 존재를 증명하는 일은 신학의 출발이자 뿌리이다. 기독교 신앙은 알지 못하거나 알 수 없는 신을 전제하지 않는다. 하나님의 존재를 알려주는 것으로 시작하여 지금도 살아계시며 영원히 존재하신다는 사실을 밝혀 주는 계시신학인 것이다.

맥락으로 성경을 읽기 위해서는 중심개념을 확립해야 하는데, 먼저 '나라언약'은 구약성경을 대변하는 원리적인 명제이며 이스라엘 역사 해석의 중심개념이다. 이스라엘의 역사는 하나님께서 아담과 노아 그리고 아브라함에게 세우신 '나라언약'으로 개진된다. 이는 아브라함의 씨로 형성된 민족(창~신)과 가나안 땅(수~삿) 그리고 왕의 통치체제(룻~에)에 의해 국가의 체계를 갖추는 것으로 성취된다. 이는 그리스도를 통해서 완성될 하나님 나라의 모형으로서의 예표이다. 구약성경은 이스라엘이라는 나라로, 신약성경은 하나님의 아들 그리스도를 통해 세우신 하나님 나라인 교회로 구축된다.

『모세오경 숲속으로』를 출간하기까지 박형목 장로와 상남교회 (구) 성도들 그리고 이민교 목사, 손광섭 장로 내외분, 친구 전호천님이 후원해 주었다. 또한 BMC 목회자세미나를 운영하시는 송예섭 목사와 교정에 동참하신 안창호 목사, 주진수 전도사, 김진아, 안성희 선생의 노고가 있었으며, 촬영-영상편집팀의 이경미 권사, 김한준 선생 그리고 동산교회 성도님들의 적극적인 지지로 책이 완성되었다.

 이 책을 집필하는 데 필자를 하나님의 도구로 써주심에 감사드리며, 늘 곁에서 헌신해 준 아내와 묵묵히 합력해 주신 모든 분들께 중심으로 감사드린다.

팔공산 자락에서
김승일 목사

# 목차

추천사 · 4

머리말　맥락으로 읽는 모세오경 · 9


**1장 모세오경 개요**

1. 성경의 해석 원리 · 17

2. 역사서의 맥락(창~에) · 19

3. 모세오경의 맥락(창~신) · 20

4. 성경의 구성원리 · 21

5. 모세오경의 구조 · 23


**2장 창세기 : 나라언약의 수립**

창세기의 구조 · 29

1. 아담의 언약(1:~5:): 나라의 기원 · 30

2. 노아의 언약(6:~11:): 세계의 기원 · 40

3. 열조의 언약(12:~50:): 선민의 기원 · 47

창세기의 신학적 주제들 · 64

창세기 개론 · 68


**3장 출애굽기 : 선민의 정체성 확립**

출애굽기의 구조 · 77

1. 백성의 준비(1:~11:): 번성의 확증 · 78

2. 백성의 승리(12:~18:): 해방의 실증 · 88

3. 백성의 제도(19:~40:): 정체성 확보 · 95

출애굽기의 신학적 주제들 · 106

출애굽기 개론 · 111

## 4장 레위기 : 선민의 성별규례

레위기의 구조 · 121

1. 제사의 규례(1:~10:): 성막의 용도 · 122

2. 정결의 규례(11:~17:): 생활의 거룩 · 130

3. 생활의 원리(18:~27:): 유일신 확증 · 136

레위기의 신학적 주제들 · 148

레위기 개론 · 154


## 5장 민수기 : 선민의 세대교체

민수기의 구조 · 163

1. 출발의 준비(1:~9:): 계수와 제사 · 164

2. 광야의 여정(10:~25:): 반역의 결과 · 176

3. 정복의 준비(26:~36:): 계수와 정복 · 197

민수기의 신학적 주제들 · 214

민수기 개론 · 220


## 6장 신명기 : 선민의 종교교육

신명기의 구조 · 232

1. 역사의 해석(1:~4:): 정복의 당위 · 233

2. 율법의 교훈(5:~26:): 체계적 의미 · 241

3. 언약의 체결(27:~34:): 역사적 예언 · 274

신명기의 신학적 주제들 · 294

신명기 개론 · 302


참고문헌 · 307

1. 성경의 해석 원리

2. 역사서의 맥락(창~에)

3. 모세오경의 맥락(창~신)

4. 성경의 구성원리

5. 모세오경의 구조

# chapter 1

# 모세오경 개요

# 모세오경 개요

## 1 성경의 해석 원리

성경은 하나님의 존재를 알게 하는 계시서이다. 하나님은 영적으로 존재하시며, 인간의 눈으로 볼 수 없고 알 수 없기 때문에 성경을 통해서 알게 하신다. 하나님의 존재를 확증하는 것은 성경의 시작과 끝의 구성을 알아야 한다는 뜻이다.

성경은 하나님의 의도에 따른 해석의 원리와 체계가 있다.

첫째, 성경 전체를 구성하는 형식으로 구약은 여호와의 언약, 신약은 그리스도의 성취이다.

둘째, 언약과 성취의 내용으로 구약은 이스라엘 나라이며, 신약은 하나님 나라인 교회이다.

셋째, 언약과 성취의 주제로 구약은 그리스도 언약이며, 신약은 그리스도 성취이다.

넷째, 언약과 성취의 계시형식으로 구약은 모형적이며, 신약은 실체적이다.

다섯째, 구약성경의 중심주제는 하나님 여호와이며, 신약성경은 예수 그리스도이고, 성경 전체의 주제는 영원하신 하나님이다. 성경의 기록 목적은 하나님의 존재를 알고 경외하게 하려 하심이다.[1]

---

1 "이것을 네게 나타내심은 여호와는 하나님이시요 그 외에는 다른 신이 없음을 네게 알게 하려 하심이니라"(신 4:35).
"해 뜨는 곳에서든지 지는 곳에서든지 나밖에 다른 이가 없는 줄을 알게 하리라 나는 여호와라 다른 이가 없느니라"(사 45:6, 참고. 렘 33:2, 겔 16:62).
"일의 결국을 다 들었으니 하나님을 경외하고 그의 명령들을 지킬지어다 이것이 모든 사람의 본분이니라"(전 12:13).
"오직 이것을 기록함은 너희로 예수께서 하나님의 아들 그리스도이심을 믿게 하려 함이요 또 너희로 믿고 그 이름을 힘입어 생명을 얻게 하려 함이니라"(요 20:31).

## 2  역사서의 맥락(창~에)

구약성경은 역사서(창~에), 시가서(욥~아), 선지서(사~말)로 구분된다. 역사서는 하나님의 존재를 확증하게 하는 계시의 기본 원리이다. 역사서는 아담에서 노아 그리고 아브라함에게 계승되는 언약에 의해서 이스라엘의 역사로 구성된다. 창세기부터 에스더까지의 역사는 복의 언약과 성취로 개진되며, 일관된 논리체계에 의해 통일성을 구축한다. 역사서의 중심개념은 하나님께서 아담과 노아 그리고 아브라함에 이르기까지 일관되게 약속하신 '복'이다. '복'은 자손, 땅, 통치의 내용으로써 나라의 구성 요소이다.

아브라함으로부터 전개되는 복(나라언약)은 이스라엘을 형성하는 기반이다. 이스라엘 국민은 야곱의 열두 아들을 통해서 큰 민족을 이룬다(창~신). 이스라엘의 땅 가나안은 여호수아를 통해 정복하고 사사들에 의해서 확장된다(수~삿). 이스라엘 왕조는 하나님께서 유다 지파의 혈통을 준비하시고(룻), 초대 왕 다윗을 통해서 왕국을 창건하시는 것으로 완성된다(사무엘). 이후 솔로몬의 아들 르호보암을 기점으로 나라가 남북으로 분열된다(열왕기). 왕조를 이탈한 북이스라엘은 망하지만 남유다는 왕조가 계승되다가 바벨론의 포로가 된다(역대기). 하지만 70년간의 약속된 포로 기간이 지나고, 성전(스)과 성벽(느)이 재건되며 유다 백성이 보호된다(에).

## 3  모세오경의 맥락(창~신)

모세오경은 모세가 기록한 창세기부터 신명기까지 약속의 땅 가나안을 정복하기 이전의 내용이다. 모세오경은 나라언약에 대한 수립과 계승(창), 이스라엘 민족의 번성과 해방, 제사장 나라의 규정과 율법 제정(출), 선민의 거룩을 위한 성별규례(레), 세대교체와 광야의 인도(민), 광야의 여정을 마친 세대에 대한 역사 회고와 율법 교육(신), 그리고 모압산 언약으로 구성된다. 모세오경은 이스라엘 역사의 근간이며, 각 권 상호 간의 긴밀한 연결에 의해서 논리적인 통일성을 확보하고 있다.

## 4  성경의 구성원리 [2]

| 구분 | 구약 | 신약 | 신학원리 |
|---|---|---|---|
| 계시형식<br>원리 | 여호와 언약[3] | 그리스도 성취[4] | 언약신학 |
| | 성경은 언약과 성취라는 하나님의 계시형식에 의해서 구성된 언약신학의 근간이다. | | |
| 원리전개<br>내용 | 선민 이스라엘[5] | 그리스도 교회[6] | 하나님나라 신학 |
| | 성경은 선민 이스라엘과 하나님의 나라인 교회의 역사로 구성된 나라 중심의 사상이다. | | |
| 계시전개<br>방법 | 그리스도 언약[7] | 그리스도 성취[8] | 구속사 신학 |
| | 성경은 오실 메시아에 대한 언약과 오신 메시아의 성취사역으로 확증된다. | | |
| 내용전개<br>방법 | 모형적인 방식[9] | 실체적인 방식[10] | 성경신학적 모형론 |
| | 구약성경은 모형적인 계시이며, 신약성경은 하나님의 아들 그리스도에 의한 실체적인 계시로 확증된다. | | |

---

2  "찬송하리로다 하나님 곧 우리 주 예수 그리스도의 아버지께서 그리스도 안에서 하늘에 속한 모든 신령한 복을 우리에게 주시되 곧 창세전에 그리스도 안에서 우리를 택하사 우리로 사랑 안에서 그 앞에 거룩하고 흠이 없게 하시려고 그 기쁘신 뜻대로 우리를 예정하사 예수 그리스도로 말미암아 자기의 아들들이 되게 하셨으니"(엡 1:3-5).

3  "하나님이 그들에게 복을 주시며 하나님이 그들에게 이르시되 생육하고 번성하여 땅에 충만하라 땅을 정복하라 바다의 물고기와 하늘의 새와 땅에 움직이는 모든 생물을 다스리라 하시니라"(창 1:28, 참고 9:1~2, 12:1~3).

| 중심주제 설정 | 하나님 여호와[11] | 예수 그리스도[12] | 신 존재 확증 |
|---|---|---|---|
| | 성경 전체의 주제는 '영원하신 하나님'이다. 구약성경의 주제는 언약대로 이루시는 '하나님은 여호와'이고, 신약성경은 '언약대로 오신 예수는 그리스도'이다. | | |

---

4 "또 이르시되 내가 너희와 함께 있을 때에 너희에게 말한바 곧 모세의 율법과 선지자의 글과 시편에 나를 가리켜 기록된 모든 것이 이루어져야 하리라 한 말이 이것이라 하시고"(눅 24:44).

5 아담 ⋯▸ 토지의 근원 / 노아 ⋯▸ 세계화 / 아브라함 ⋯▸ 가나안 / "네 집과 네 나라가 내 앞에서 영원히 보전되고 네 왕위가 영원히 견고하리라 하셨다 하라"(삼하 7:16).

6 "너는 베드로라 내가 이 반석 위에 내 교회를 세우리니 음부의 권세가 이기지 못하리라"(마 16:18).

7 그리스도의 구약성경관(눅 24:44).

8 "내가 하늘에서 내려온 것은 내 뜻을 행하려 함이 아니요 나를 보내신 이의 뜻을 행하려 함이니라"(요 6:38).

9 "아담은 오실 자의 모형이라"(롬 5:14). / "옛적에 선지자들을 통하여 여러 부분과 여러 모양으로 우리 조상들에게 말씀하신 하나님이"(히 1:1).

10 "이 모든 날 마지막에는 아들을 통하여 우리에게 말씀하셨으니 이 아들을 만유의 상속자로 세우시고 또 그로 말미암아 모든 세계를 지으셨느니라"(히 1:2).

11 "하나님이 모세에게 말씀하여 이르시되 나는 여호와이니라"(출 6:2).

12 "시몬 베드로가 대답하여 이르되 주는 그리스도시요 살아 계신 하나님의 아들이시니이다"(마 16:16).

## 5   모세오경의 구조

| 언약의 나라(창~말) 구약성경 | |
|---|---|
| **나라의 실현(창~에) 역사서** | |
| **백성의 번성(창~신) 모세오경** | |
| **언약의 수립(창)** | ① 아담의 언약(1:~5:)<br>② 노아의 언약(6:~11:)<br>③ 열조의 언약(12:~50:) |
| **정체성 확립(출)** | ① 자손의 준비(1:~10:)<br>② 백성의 승리(11::~18:)<br>③ 백성의 규정(19:~40:) |
| **성별의 규례(레)** | ① 제사의 규례(1:~10:)<br>② 정결의 규례(11:~17:)<br>③ 생활의 규칙(18:~27:) |
| **세대의 교체(민)** | ① 계수와 규례(1:~9:)<br>② 세대의 교체(10:~25:)<br>③ 계수와 정복(26:~36:) |
| **백성의 교육(신)** | ① 정복의 당위(1:~4:)<br>② 선민의 신분(5:~26:)<br>③ 선민의 언약(27:~34:) |
| 모세오경은 맥락적인 연결성을 지니고 있다. 나라언약을 시발점으로(창) 언약대로 애굽에서 번성된 백성의 정체성 확립과(출) 거룩한 백성의 정체성에 따른 거룩한 성별의 규례(레), 거룩한 백성들에게 언약의 절대성을 확립하기 위해서 불신의 세대를 교체(민), 교체된 세대에 대한 정복의 확신과 동기를 부여한다(신). | |

창세기의 구조
　1. 아담의 언약(1:~5:): 나라의 기원
　2. 노아의 언약(6:~11:): 세계의 기원
　3. 열조의 언약(12:~50:): 선민의 기원
창세기의 신학적 주제들
창세기 개론

# chapter 2

# 창세기
## 나라언약의 수립

창세기
나라언약의 수립

    창세기의 주제는 '언약을 수립하시는 여호와'이다. 여호와는 아담
(1:28), 노아(9:1~2), 아브라함(12:1~3)에게 나라언약을 세우시고, 이삭
과 야곱에게 언약을 계승하신다. 그리하여 하나님이 세우신 언약을
계승하게 하심으로써 '언약을-성취하시는 여호와'를 확증한다.

    창세기의 핵심 요절은 "하나님이 그들에게 복을 주시며 하나님이
그들에게 이르시되 생육하고 번성하여 땅에 충만하라, 땅을 정복하
라, 바다의 물고기와 하늘의 새와 땅에 움직이는 모든 생물을 다스리
라 하시니라"(1:28)이다. 이는 하나님께서 나라의 요소인 국민, 국토,
국권에 대한 복을 주시기로 언약하시는 내용이다.

    창세기의 기록 목적은 하나님께서 아담, 노아, 아브라함과 언약을
세우시고 이삭과 야곱에게 언약을 계승하시는 '언약의 하나님 여호와'
를 알고 경외하게 하려 하심이다.

창세기의 주안점은 네 가지로 요약해 볼 수 있다.

첫째, 하나님은 왜 창조로부터 피조세계의 역사를 시작하는가? 창조의 목적과 의미는 무엇인가?

둘째, 성경 전반을 지배하는 언약의 개념은 어떤 의미인가? 창세기는 하나님께서 동일한 언약을 반복해서 수립하시는 이유와 언약을 통해서 성경의 통일성이 어떻게 구사되는가?

셋째, 창세기에 가인과 아담 그리고 노아와 세 아들의 족보가 기록되어 있는데, 그 족보의 의미는 무엇인가?

넷째, 인류의 시조 아담과 하와의 타락이 기독교 인류사에 미친 영향과 타락의 필요성은 무엇인가?

# 창세기의 구조

| 여호와의 언약[1] | |
|---|---|
| **언약의 나라(창~말) 구약성경** | |
| **나라의 실현(창~에) 역사서** | |
| **백성의 번성(창~신) 모세오경** | |
| **언약을 수립하시는 여호와 – 언약의 계승[2] – 나라의 건립** | |
| **1. 아담의 언약(1:~5:)** | 1) 언약과 범죄(1:~3:) |
| | 2) 선택적 사역(4:~5:) |
| **2. 노아의 언약(6:~11:)** | 1) 범죄와심판(6:~8:) |
| | 2) 언약의 구현(9:~11:) |
| **3. 열조의 언약(12:~50:)** | 1) 아브람 언약(12:~20:) |
| | 2) 이삭의 계승(21:~26:) |
| | 3) 야곱의 계승(27:~36:) |
| | 4) 이주의 실현(37:~50:) |
| **언약의 신빙성 확보** | |

창세기는 복의 계승 역사이다. 하나님께서는 보이지 않는 본질의 세계 즉, 영원한 하나님의 나라를 창조로 계시하시고 복을 주신다. 복의 내용은 국민(생육 번성), 국토(땅 정복), 국권(다스리라)으로 확정된다. 하나님께서는 아담과 노아 그리고 아브라함에 이르기까지 연속적으로 복을 주신다. 이는 하나님께서 하늘에 속한 신령한 복,[3] 즉 하나님의 나라를 세우기 위한 계시적인 의도이다.

---

1 여호와의 언약은 계시의 기본형식으로써 성취를 전제한다. 신구약성경은 언약과 성취로 구성되며, 구약성경은 여호와의 나라언약이고, 신약성경은 그리스도의 교회 성취로 전개된다. 성경의 원리는 창세 전 그리스도를 통해서 하늘에 속한 신령한 복을 언약하심이다(엡 1:3~5).

2 "내가 너로 큰 민족을 이루고 네게 복을 주어 네 이름을 창대하게 하리니 너는 복이 될지라"(창 12:2).
  • 창세기에 여호와께서 아브라함에게 세운 언약은 이삭과 야곱에게 선택적으로 계승되며 민족의 번성을 위해서 애굽으로 이주하게 한다.

3 "찬송하리로다 하나님 곧 우리 주 예수 그리스도의 아버지께서 그리스도 안에서 하늘에 속한 모든 신령한 복을 우리에게 주시되"(엡 1:3).

하나님께서 아담과 언약을 세우시고 에덴동산을 창설하시는데, 인류의 시조 아담은 선악과 금령을 어기는 범죄를 행한다. 하나님은 아담의 후손 가인과 아벨에게 제물로 시험하신 후 가인과 아담의 족보를 열거하신다.

| 언약과 계승 | |
|---|---|
| **1. 아담의 언약(1:~5:) 나라의 기원** | |
| 1) 언약과 범죄(1:~3:) | 2) 선택적 사역(4:~5:) |
| (1) 창조와 언약(1:) <br> (2) 에덴의 창설(2:) <br> (3) 인간의 범죄(3:) | (1) 제물의 시험(4:1~15) <br> (2) 가인의 족보(16~26) <br> (3) 아담의 족보(5:) |

### 1) 언약과 범죄(1:~3:): 나라의 원형

하나님께서 아담에게 세우신 나라언약은 아담의 범죄로 실현되지 않았으나 둘째 아담인 그리스도를 통해 실체적인 하나님의 나라로 실현된다.

### (1) 창조와 언약(1:): 나라의 언약

만물과 인간을 창조하신 하나님은 인간에게 나라를 세워 주시겠다고 언약하신다. 이는 창세전 하나님의 작정에 근거한다.[4]

태초는 영원한 하나님의 언약을 드러내시는 계시사역의 시작이며

---

4  "찬송하리로다 하나님 곧 우리 주 예수 그리스도의 아버지께서 그리스도 안에서

영원세계와 피조세계의 분기점이고, 영원 안에서 시간성을 갖기 시작한 우주 기원의 시작점이다. 하나님께서는 말씀으로 만물을 창조하셨는데, '말씀'은 하나님의 지혜와 능력이 겸비된 하나님의 존재형식이다. 말씀이란 즉, 창조 이전에 존재하신 하나님의 본질이자 피조세계에 펼쳐진 하나님의 계획이고, 모든 만물의 근원이다. 하나님의 말씀은 보편적인 언어나 교훈이 아니라 로고스(Logos)이며 하나님의 절대이성이다. 하나님의 절대이성은 창세전부터 지니신 뜻(계획)으로 정의하며, 하나님의 뜻대로 피조세계의 창조사역과 역사를 주관하신다. 로고스(Logos)는 그리스도께서 인간의 몸으로 세상에 오심으로써 더욱 선명하게 드러난다.[5]

창조는 영원한 본질의 세계를 시공형의 세계로 드러내신 하나님의 계시사역이다.[6] 창조의 세계는 유기적인 질서 체계로 구성된다. 하늘과 땅의 관계의 질서, 빛과 어둠의 명암의 질서, 윗물과 아랫물, 하늘 위의 세계와 아래의 세계로 형성된 공간의 질서, 바다와 육지의 경계의 질서, 달과 별·태양의 천체의 질서, 물은 생물과 짐승을 번성하게 하는 생존의 질서로 정돈된다. 질서란 피조세계의 규칙적인 관계로 서로 충돌하지 않고 존재하는 하나님 보시기에 좋은 상태를 뜻한다. 무질서는 하나님께서 조성하신 규칙적인 관계의 파괴와 단절이다.

---

하늘에 속한 모든 신령한 복을 우리에게 주시되"(엡 1:3).

5    "태초에 말씀이 계시니라 이 말씀이 하나님과 함께 계셨으니 이 말씀은 곧 하나님 이시니라 그가 태초에 하나님과 함께 계셨고 만물이 그로 말미암아 지은바 되었으니 지은 것이 하나도 그가 없이는 된 것이 없느니라(요 1:1-3).

6    "우리가 주목하는 것은 보이는 것이 아니요 보이지 않는 것이니 보이는 것은 잠깐 이요 보이지 않는 것은 영원함이라"(고후 4:18).
"믿음으로 모든 세계가 하나님의 말씀으로 지어진 줄을 우리가 아나니 보이는 것은 나타난 것으로 말미암아 된 것이 아니니라"(히 11:3).

하나님께서는 당신의 형상과 모양대로 인간을 창조하시고 복을 주신다. 하나님의 형상과 모양은 외형적인 것이 아니라 내면의 본질을 뜻한다. 하나님은 영적인 존재이시므로(요 4:24) 당신의 형상대로 만드신 인간도 영적인 존재가 된다. 하나님께서 생기를 공급하심으로써 인간은 생령이 된다(창 2:7). 하나님의 생기로 창조되었다는 것은 인간에게 하나님의 DNA가 주어졌음을 뜻하며 이는 곧 하나님의 자녀임을 의미한다. 하나님의 아들이란 창세전부터 그리스도 안에서 선택하신 아들을 가리키며[7] 인간의 몸을 입고 세상에 오신 그리스도와는 본질적으로 차별된다.

하나님은 인간을 영적인 존재로 만드셨으며 하나님의 자녀 되게 하셨고, 복을 주신다(1:28). 복의 내용은 생육 번성(국민), 땅 정복(영토), 통치권은 국가의 구성 요소로써 나라를 세워 주시겠다는 뜻이다. 복에 대한 하나님의 명령은 절대적인 성질을 갖고 있기 때문에 반드시 실현된다. 여기에 나타난 명령문은 확정된 약속이므로 '절대언약'으로 규정된다.

---

7 "그 기쁘신 뜻대로 우리를 예정하사 예수 그리스도로 말미암아 자기의 아들들이 되게 하셨으니"(엡 1:5).

## 【 창조의 세계 】

| 일자 | 하늘 위의 세계 | | 하늘 아래 세계 | | | |
|---|---|---|---|---|---|---|
| | 첫째 날 | 둘째 날 | 셋째 날 | 넷째 날 | 다섯째 날 | 여섯째 날 |
| 창조<br>내용 | 천지 창조 | 하늘 창조 | 지상 창조 | 천체 창조 | 생물 창조 | 짐승 창조 |
| | 천지<br>빛과 어둠<br>수면 | 윗물<br>궁창<br>아랫물 | 천하의 물이<br>드러남.<br>바다, 땅 | 해달별<br>징조<br>四時, 年限 | 물속의 생물<br>공중 새 | 땅 위의 생물<br>육축, 기는 것<br>짐승 |
| 창조<br>상태 | 공허<br>혼돈 흑암 | 공허<br>공간 형성 | 혼돈(무질서)<br>질서 유지 | 흑암<br>광명 주관 | 복-언약<br>생육 번성 | 종류대로<br>번성 |
| | 첫째 날의 빛이 날을 주관 | | 넷째 날의 해가 날을 주관 | | | |

### (2) 에덴의 창설(2:): 나라의 실현

하나님은 아담에게 언약하신 대로 에덴동산에 나라의 초석을 준비하신다. 에덴동산에 생존의 필수 요소인 사대 강과[8] 초목을 나게 함으로써 생육 번성의 터전을 마련하신다. 또한 생육 번성을 위해 여자인 하와를 아담의 갈비뼈로 만드시며, 아담의 배필 역할을 맡기신다. 아담과 하와는 둘이 한몸이 되는 부부가 되게 하시며, 생육 번성의 언약을 성취하시는 여건을 마련하신다.

하나님께서 창조사역을 마치시고 안식하신다. 안식이란 어떤 일을 끝낸 뒤에 취하는 휴식이다. 창조를 마치시고 안식하셨다 함은 피조세계가 끝난 후 영원한 안식의 세계가 도래함을 계시적으로 보여 주

---

8  "강이 에덴에서 흘러 나와 동산을 적시고 거기서부터 갈라져 네 근원이 되었으니 첫째의 이름은 비손이라 금이 있는 하윌라 온 땅을 둘렀으며 그 땅의 금은 순금이요 그곳에는 베델리엄과 호마노도 있으며 둘째 강의 이름은 기혼이라 구스 온 땅을 둘렀고 셋째 강의 이름은 힛데겔이라 앗수르 동쪽으로 흘렀으며 넷째 강은 유브라데더라"(창 2:10~14).

시는 것이다.

이스라엘 민족은 애굽 노예생활을 마치고 해방되었을 때와 가나안 땅을 정복하고 난 뒤 안식일을 지킨다. 그리스도께서는 십자가의 죽음과 부활의 사역을 통해서 죄와 사망에서 고통받던 자들에게 의와 생명의 안식을 허락하신다. 안식은 하나님 나라에서 온전히 누릴 수 있는 천국의 상태이기도 하다. 안식의 본질은 하나님의 안식과 같이 피조세계의 삶을 종결한 뒤에 주어지는 영원한 자유, 평화, 생명의 누림이다.

에덴동산은 하나님께서 아담에게 나라언약을 수립하신 후에 창설한 지역이다. 하나님은 아담을 생령으로 만드시고, 동산 중앙에 생명나무와 선악을 알게 하는 나무를 두시며 네 개의 강을 통해 생존의 토대를 마련하신다. 하나님께서는 먹어야 할 열매와 먹지 말아야 할 열매를 규정해 주신다. 하나님의 금령은 선악을 알게 하는 열매를 먹어서는 안 되며 먹으면 죽는다는 것이다.

그리고 생육 번성을 위해 배필을 지으시고 아담의 다스림을 받게 하신다. 여자는 아담의 갈비뼈를 통해서 창조하시는데, 이는 아담과 하와 두 사람이 각각의 개체이면서 하나의 생명으로써 일체성을 지니기 때문이다. 생명의 일체성은 하나님과 인간의 관계를 규정 짓는 중요한 요인으로 우선하며 그리스도의 생명으로 지어진 교회와 생명의 일체성이 있음을 살펴볼 수 있다.[9]

---

9    교회는 그리스도의 생명으로 거듭난 연합체이다. 그리스도와 성도는 생명으로 결합된 일체적 관계이다.
     "이와 같이 우리 많은 사람이 그리스도 안에서 한몸이 되어 서로 지체가 되었느니라"(롬 12:5).
     "그에게서 온몸이 각 마디를 통하여 도움을 받음으로 연결되고 결합되어 각 지체

### (3) 인간의 범죄(3:): 선악의 주체

인간의 범죄는 하나님 섭리 과정에서 중요한 의미로 작용한다. 이는 인간이 하나님께서 에덴동산을 창설하실 때 규정하신 선악을 알게 하는 열매에 대한 금령을 범함으로써 시작된다.

범죄의 과정은 하나님이 지으신 간교한 뱀이 등장해서 인간에게 선악과 먹을 것을 종용하면서 전개된다. 인간이 선악을 알게 되어 하나님과 같아진다는 의미는 무엇인가?[10] 최초의 금령은 하나님과 같아지려는 인간의 교만을 정죄함이다.[11] 하나님의 절대이성을 통해 그분만이 선과 악 즉, 좋고(선) 나쁨(악)을 판단하고 규정하시는데, 이는 하나님만이 절대자이시며 주권자임을 증명하는 조건이다.

하나님께서 창조의 상태를 보시기에 좋았다고 표현하신 것과 같이 선은 하나님 보시기에 좋은 것이며, 그와 반대로 악은 하나님 보시기에 싫은 것이다. 선악과를 먹는다는 것은 단순히 먹지 말라는 과실을 먹은 것에 그치지 않고, 인간에게 자기중심의 선악 기준이 형성되어 주체가 됨을 뜻한다. 이는 인간이 하나님의 자리에서 하나님과 동등한 주체가 되려는 신권에 도전하는 것이기에 사형에 준하는 형벌을 받는다.

---

의 분량대로 역사하여 그 몸을 자라게 하며 사랑 안에서 스스로 세우느니라"(엡 4:16).

10 "너희가 그것을 먹는 날에는 너희 눈이 밝아져 하나님과 같이 되어 선악을 알 줄 하나님이 아심이니라"(창 3:5).

11 "선악을 알게 하는 나무의 열매는 먹지 말라 네가 먹는 날에는 반드시 죽으리라 하시니라"(창 2:17).

하나님께서는 이 사건에 대해 철저하게 심판하신다. 뱀은 축복이 아닌 저주의 산물로써 피조세계를 저주로 지배하고[12] 종국에는 여자의 후손 그리스도에 의해서 파멸한다(창 3:15). 여자는 해산의 고통을 받으며 남편에게 종속된다. 남자는 땅을 정복하고 지배해야 함에도 불구하고 땅의 저주를 받아 종신토록 수고의 소산을 먹게 된다. 또한 하나님께서는 타락한 인간에게 가죽옷을 입혀서 교만의 수치도 덮어주신다.

이는 후일에 그리스도를 통해 인간과 하나님과의 관계를 회복시켜 주는 의(義)에 대한 예표이다. 아담에게 베푸신 하나님의 은혜는 가죽옷뿐 아니라 타락한 인간이 영원한 사망에 처하지 않도록 생명나무가 있는 에덴동산에서 쫓아내시는 것으로 드러난다.

## 2) 선택적 사역(4:~5:): 선택과 유기

하나님께서 아담의 범죄 이후 그의 후손에게 제물로 시험하시고 아벨의 제물을 선택하시며 결과에 따른 족보를 열거하신다.

### (1) 제물의 시험(4:1~15): 시험의 주체

하나님께서 아담의 타락 이후에 번성한 가인과 아벨에게 제물을 요

---

12 "여호와 하나님이 뱀에게 이르시되 네가 이렇게 하였으니 네가 모든 가축과 들의 모든 짐승보다 더욱 저주를 받아 배로 다니고 살아 있는 동안 흙을 먹을지니라"(창 3:14 ).
"또 내가 보매 천사가 무저갱의 열쇠와 큰 쇠사슬을 그의 손에 가지고 하늘로부터 내려와서 용을 잡으니 곧 옛 뱀이요 마귀요 사탄이라 잡아서 천 년 동안 결박하여 무저갱에 던져 넣어 잠그고 그 위에 인봉하여 천 년이 차도록 다시는 만국을 미혹하지 못하게 하였는데 그 후에는 반드시 잠깐 놓이리라"(계 20:1~3).

구하시고 양과 기름을 드린 아벨의 제물만 받으신다. 아담 타락 이후의 인간에게는 짐승 제물이 요구된다. 이는 인간의 죄를 용서하기 위해 대체할 생명이 필요한 것이다. 하나님께서 아담의 타락 이후 죄의 수치를 덮는 가죽옷을 입혀 주심으로써 제물의 용도를 규정하셨다.

하나님은 인간의 죄에 대해 사망 선고를 하시는데, 이 문제를 해결하기 위해 짐승의 생명으로 대신하는 것이다. 제물은 제사의 필수품으로써 죄의 용서를 위한 대속물이다. 이러한 제도는 모세의 규례를 통해서 법적으로 명문화되고 아담의 타락 이후부터 그리스도께서 오실 때까지 짐승제물의 제사는 지속된다.

선악을 알게 된 인간의 타락성은 가인에게서 고착화된다. 가인은 제물의 선택권이 하나님께 있음에도 불구하고 자기 제물이 채택되지 않은 것에 분노하여 동생 아벨을 살해한다. 분노는 자기의 생각이 관철되지 않음에 대한 표현이자 하나님의 주권에 대한 도전이다. 제물 선택은 하나님의 고유 권한이며 제사의 주체 역시 하나님이시다. 가인의 범죄는 인간에게 선악의 판단 기준이 형성되어 죄인 된 결과이다.

하나님께서는 아담 타락 이후 가인과 아벨의 제물 시험을 기점으로 선택과 유기 사역을 적용하신다. 즉, 아담의 타락으로 죄가 세상에 들어온 결과 인류는 '죽음'이라는 형벌을 받지만 선택받은 아벨과 그 후대는 짐승의 제물로 제사를 드림으로써 속죄를 통한 '생명'의 은총을 받는다는 것이다.

(2) 가인의 족보(4:16~26): 족보의 구별

성경에 가장 먼저 등장하는 것은 가인의 족보이다. 가인의 후손은 살인자의 혈통으로 하나님께 범죄한 자들이다. 하나님께서 범죄자 가

인의 족보를 앞서 기록하신 까닭은 가인의 살인행위를 선택과 유기
판단의 기준으로 삼기 위해서다.[13] 이를 통해 죄인에 대한 하나님의
구원과 유기의 사역은 하나님의 절대주권이며 죄인으로 하여금 항거
할 수 없는 근거가 됨을 일러 주신다. 아담 타락 이후의 모든 인간은
죄인이기 때문에 속죄를 요구할 수 없다는 뜻이다.

하나님께서는 죽은 아벨 대신에 셋을 주시고 에노스에게 계승하심
으로써 '생육하고 번성하라'는 아담의 언약대로 혈통을 계승하신다.

### (3) 아담의 족보(5:): 선택의 혈통

가인의 족보를 언급했으면 이후에는 아벨의 족보라 명명해야 하는
데 아담의 족보로 규정한다. 이는 아벨 대신 주신 셋을 아담의 직계
로 규정하심이며, 아담의 직계에 가인과 달리 하나님의 형상과 모양
을 언급하는데[14] 이는 아담이 선택된 하나님의 아들임을 명시한다.

이와 같은 맥락에서 가인에겐 살인자의 혈통이 강조된 반면 아담
의 후손인 셋에게는 하나님의 형상과 모양을 부각시킨다. 이는 아담
의 타락 이후 모두 죄인으로 출생하였지만, 하나님께 반역한 가인은

---

13  선택과 유기는 하나님의 절대주권에 대한 표현 방식이며, 하나님은 절대자이시기
　　에 취할 수도 있고, 버릴 수도 있다. 이는 창세전부터 세우신 하나님의 뜻이며 인
　　류의 족보를 통해서 계시된다.
　　"곧 창세 전에 그리스도 안에서 우리를 택하사 우리로 사랑 안에서 그 앞에 거룩
　　하고 흠이 없게 하시려고 그 기쁘신 뜻대로 우리를 예정하사 예수 그리스도로 말
　　미암아 자기의 아들들이 되게 하셨으니"(엡 1:4~5).
14  "이것은 아담의 계보를 적은 책이니라 하나님이 사람을 창조하실 때에 하나님의
　　모양대로 지으시되 남자와 여자를 창조하셨고 그들이 창조되던 날에 하나님이 그
　　들에게 복을 주시고 그들의 이름을 사람이라 일컬으셨더라 아담은 백삼십 세에 자
　　기의 모양 곧 자기의 형상과 같은 아들을 낳아 이름을 셋이라 하였고"(창 5:1~3).

죄를 통해 버리시고 아담과 셋으로 계승되는 하나님 형상의 혈통은 죄 중에서 선택하심을 의미한다.

아담과 가인의 혈통 구분은 6장에서 하나님의 아들과 사람의 딸로 선명하게 구별하여 표기된다(창 6:2). 더욱이 아담의 혈통에서 노아가 출생함으로써 가인의 혈통은 인류가 심판당하는 것을 통해서 계승됨을 알 수 있다.

## 2 노아의 언약(6:~11:): 세계의 기원

하나님의 언약(복)은 아담과 노아 그리고 그의 세 아들을 통해서 계승, 확산된다. 그중에서도 셈은 하나님의 선택으로 하나님 형상의 혈통을 이어간다.

| 2. 노아의 언약(6:~11:): 세계의 기원 | |
|---|---|
| 1) 범죄와 심판(6:~8:) | 2) 언약과 구현(9:~11:) |
| (1) 범죄와 선택(6:)<br>(2) 구원과 심판(7:)<br>(3) 생명의 보존(8:) | (1) 언약의 수립(9:1~17)<br>(2) 번성의 확산(9:18~29)<br>(3) 족보의 현황(10:~11:) |

### 1) 범죄와 심판(6:~8:): 심판과 은혜

아담의 타락 이후 아담에게서 태어난 인간의 범죄는 유전되고 그에 따른 하나님의 심판 역시 철저히 집행된다. 인간의 범죄와 그로 인한 심판 가운데서도 하나님의 선택적 구원사역은 끊어지지 않는다. 이는 언약의 혈통을 계승시키려는 목적 때문이며 하나님께서 세우신 언약의 계승은 절대언약이므로 반드시 실현된다.

#### (1) 범죄와 선택(6:): 선택적 혈통

인류의 범죄는 하나님의 아들들과 사람의 딸들이 혼인하는 것이다.[15] 이것이 범죄가 되는 이유는 하나님의 결정을 무시하고 자기들의

---

15 "하나님의 아들들이 사람의 딸들의 아름다움을 보고 자기들이 좋아하는 모든 여자를 아내로 삼는지라"(창 6:2).

좋은 대로 행동하기 때문이다. 아담의 타락의 핵심은 인간이 하나님과 동일한 결정권을 행사하려는 것인데, 이는 가인의 살인 행위와 인류의 혈통 혼합에서도 볼 수 있다. 가인은 하나님께서 자기의 제물을 받지 않음에 대한 분노로 아벨을 살인하는데, 이는 제물 받으시는 주체를 망각함이요, 노아시대의 인류가 행했던 혼인 관습은 하나님의 뜻에 반한 인간의 자유 결정의 사례이다. 인간 범죄의 핵심은 '하나님에 대한 도전'인데, 이는 인간의 자유 결정권에서 극대화된다.

하나님께서는 인간의 불의한 행동을 심판하시고 하나님 형상의 혈통인(5:) 노아에게 은혜를 베풀어 의로운 자로 인정하여 구원하신다(6:8~9). 하나님께서 인류의 홍수심판을 예고하셨으나 불의한 인간들은 이를 무시한다. 하지만 노아는 하나님의 명령대로 방주를 제작함으로써 홍수에 대비한다. 하나님은 인류의 심판과 함께 나라언약을 실현하기 위해 노아의 가족과 짐승을 종류대로 보존하신다.

하나님께서는 홍수 심판이 끝나고 노아에게 방주에서 나올 것을 명하시며 노아와 가족들 그리고 혈육 있는 모든 생물에게 "땅에서 생육하고 번성하리라"(8:17)고 약속하신다. 자기들의 좋은 대로 혼인을 결정한 불의의 세대는 물로 심판하시나 의롭다 하심을 받은 노아의 가족은 구원하시는 것이다.

### (2) 구원과 심판(7:): 선택과 유기

하나님께서는 인류의 범죄와 무관하게 구원의 대상을 확정하셨다. 노아는 하나님의 은혜로 정의로운 자로 규정된다. 노아는 하나님의 홍수 심판을 확신하며 장구한 세월 동안 방주 제작을 완성한다. 그리고 하나님의 명령대로 짐승들과 함께 방주에 승선한다.

하나님께서 생물과 노아의 가족을 구원하신 근거는 그가 선택받은 아담의 혈통이기 때문이며(창 5:) 하나님의 은혜로 의인이 되었기 때문이다.[16] 하나님 섭리의 기초는 선택과 유기의 이중 사역에 근거한다. 하나님의 선택은 아담의 후손인 노아를 지명하여 구원하시고, 반면 선택된 혈통에서 제외된 자들은 완전히 멸절하신다.[17] 육지의 생명체 역시 전멸하시되 생육 번성의 언약을 위해서 번성의 씨만 남겨 둔다.

### (3) 생명의 보존(8:): 언약의 확증

하나님께서는 지면의 물이 마르게 하실 때 노아와 함께한 생물에게까지 생육하고 번성하며 땅에 충만할 것을 언약하신다. 불의한 자들은 물로 전멸하셨으나 창조 때 생물에게 언약하신 생육 번성과 땅의 충만은 지속하신다.[18] 노아는 아담의 혈통으로써 하나님께 은혜를 입은 자요 의로운 자이기에 하나님께 제사한다. 하나님께 드리는 제사는 하나님의 생기로 창조된 자들의 본능적인 행위이다. 하나님은 영이시기 때문에 하나님의 생기로 존재하는 선택된 혈통은 제사를 통해서 소통한다.

---

16  "그러나 노아는 여호와께 은혜를 입었더라 이것이 노아의 족보니라 노아는 의인이요 당대에 완전한 자라 그는 하나님과 동행하였으며"(창 6:8~9).

17  "하나님의 아들들이 사람의 딸들의 아름다움을 보고 자기들이 좋아하는 모든 여자를 아내로 삼는지라 여호와께서 이르시되 나의 영이 영원히 사람과 함께하지 아니하리니 이는 그들이 육신이 됨이라 그러나 그들의 날은 백이십 년이 되리라 하시니라"(창 6:2~3).

   • 하나님의 아들들의 혈통은 아담의 후손이며 사람의 딸들은 가인의 후손을 뜻한다. 이들의 혼인은 아담과 가인의 혈통을 구분하여 섭리하시는 것에 대한 불순종의 범죄이다.

18  "하나님이 그들에게 복을 주시며 이르시되 생육하고 번성하여 여러 바닷물에 충만하라 새들도 땅에 번성하라 하시니라"(창 1:22).

하나님은 아담의 범죄를 심판하셨지만 언약관계의 유지를 위해 가죽옷을 입히시고 이를 통해 제사의 원형을 보여 주었다. 가죽옷은 짐승을 죽여서 얻으므로 아담의 생명을 대체한 제물의 용도로 사용됨을 알 수 있다.

제사의 중요성은 아담의 타락을 기점으로 가인과 아벨의 제물 시험으로 확인할 수 있다. 제물시험은 가죽옷과 같이 짐승제물의 중요성을 강조한다.[19] 하나님께서 가인의 곡식제물은 받지 않고 아벨의 짐승제물만 받으시는 것 또한 제물을 통한 속죄의 의미를 드러내시는 것이다. 아담의 타락 이후 하나님과 선택된 인간 사이에 새롭게 형성된 짐승제물의 제사는 속죄와 소통의 방식으로써 매우 중요하다.

## 2) 언약과 구현(9:~11:): 세계의 확장

### (1) 언약의 수립(9:1~17): 나라의 요건

하나님께서는 노아와 그 아들들에게 생육 번성하고 땅에 충만할 것 그리고 모든 생물을 다스릴 수 있도록 언약(복)하신다(9:1~2). 하나님은 아담(1:28)에게 복을 주신 바와 같이 노아에게도 동일한 나라언약을 세우신다. 언약은 하나님의 계시를 위한 형식이다. 하나님께서 노아에게 세우신 나라언약은 대륙으로 확장되어 세계 구성의 초석이 되며 혈통의 구분과 독자적인 언어로 경계가 확정된다. 노아의 세 아들은 현재의 아시아(셈), 유럽(야벳), 아프리카(함) 대륙으로 확산되어 후대 각기 다른 언어를 구성하며 나라를 건립한다.

---

19 "세월이 지난 후에 가인은 땅의 소산으로 제물을 삼아 여호와께 드렸고 아벨은 자기도 양의 첫 새끼와 그 기름으로 드렸더니 여호와께서 아벨과 그의 제물은 받으셨으나 가인과 그의 제물은 받지 아니하신지라"(창 4:3~5).

하나님께서는 노아와 아들들에게 복을 주시고 짐승의 피를 먹지 못하게 명령하신다(9:4). 피는 생명을 뜻하며 생명의 주인은 하나님이시기 때문에 인간 마음대로 생명을 주관할 수 없음을 경고하는 것이다. 이는 하나님께서 아담과 노아에게 생육하고 번성하여 땅에 충만할 것을 약속한 대로 실현하시겠다는 하나님의 뜻과도 일치한다.

## (2) 번성과 확산(9:18~29): 후손의 성격

하나님께서 홍수가 끝나고 난 뒤 노아의 세 아들도 포함시켜 나라 언약을 세우신다. 이는 "노아의 세 아들로부터 사람들이 온 땅에 퍼지니라"(창 9:19)라는 하나님의 계획에 근거하며, 하나님께서 인류를 땅에 충만하게 하려는 세계화의 의도이다. 이에 대해 바울은 하나님을 모르는 자들에게 하나님은 "인류의 모든 족속을 한 혈통으로 만드사 온 땅에 살게 하시고 그들의 연대를 정하시며 거주의 경계를 한정하셨으니"(행 17:26)라고 말한다.

이렇듯 세계의 혈통은 세 아들로부터 시작되는데, 노아가 과음한 뒤 실수한 것을 계기로 세 아들에게 각각 다른 삶의 양식으로 저주하고 축복한다. 아비를 조롱한 함은 형제의 종이 되는 저주를 받는다(9:25). 이는 함 족속의 가나안이 셈 족속의 이스라엘에게 정복되어 노예로 전락한 것으로 확인된다. 또한 함 계열의 베니게인이나 애굽인들은 야벳 계열의 파사, 마게도니야인, 로마인 등에 의해 굴복당해 노예가 된 것으로 알 수 있다.

노아는 셈에게 "셈의 하나님 여호와를 찬송하리로다"(9:26)라고 축복한다. 셈은 영적 축복의 상속자로서 아담-노아-셈-아브라함으로 계승되는 하나님 형상(아들)의 계보이다. 셈의 종교성은 셈이 여호와를 경외하는 후예가 되고 셈의 혈통에서 아브라함이 출생하며 아브라함을 선민국가의 열조로 삼으심에서 확인할 수 있다.

또한 노아는 야벳이 창대한 나라가 되고 그의 후예들은 셈의 장막에 거하게 됨을 예언한다(27절). 야벳은 유럽지역으로 분포되어 강성한 나라를 형성하지만 넓은 영토와 번영을 누리며 세속문화에 종속된다. 야벳의 족속은 후대 셈족에서 출생하신 그리스도에 의해 셈의 장막에 거하게 된다.

### (3) 족보의 현황(10:~11:): 번성과 확장

노아의 예언대로 노아 아들들의 족보가 열거되는데, 이는 세계 나라의 기반이다. 하나님께서 노아에게 나라언약을 세우시고 그들을 세계로 확장하기 위해서 바벨탑 사건의 범죄를 들어 섭리하신다. 즉, 노아의 세 아들을 통해서 번성된 족속들은 하나님의 뜻대로 세계로 뻗어나가야 하는데, 이들은 도리어 흩어짐을 면하기 위해서 성읍과 탑을 건설한다. 인간의 범죄는 하나님의 뜻을 무시한 자기의 판단과 결정에서 기인하는데, 노아의 후손들 역시 자신들의 이름을 내고 흩어짐을 면하려는 시도를 한다(창 11:4).

하나님께서는 노아와 세우신 언약을 실현하기 위해 언어를 혼잡하게 하여 그들을 지면에서 흩어 버리신다(창 11:7~8). 그 결과 인류는 생육하고 번성하여 땅에 충만하게 되며 결국 세계로 확장된다.

노아의 세 아들이 생육하고 번성하여 땅에 충만함을 증명하듯 하나님께서는 번성하여 흩어진 자들의 혈통을 계보대로 정리하신다. 여기에서 주목해야 할 족보는 셈의 혈통인데, 셈은 여호와를 경외하는 자가 되며 그의 후손에서 선민의 조상 아브라함이 등장한다(창 11:27).

성경 족보의 중요성은 아담-노아-셈-아브라함으로 계승되는 '하나님의 형상을 입은 자들의 선택된 혈통'이라는 데 있다. 이 혈통에서 출생한 아브라함은 이스라엘의 초석이 되며, 그의 후손은 여호와의 백성으로 계승된다.

하나님 말씀의 진정성과 생명력은 맥락에 따라 개진되는 일관된 논리의 통일성에서 엿볼 수 있다. 창세기 1~11장은 이스라엘 역사와 단절된 원시 역사가 아니라 하나님의 나라언약으로 하나님의 형상을 닮은 선택적 사역에 따라 아담-노아-아브라함-다윗-예수 그리스도로 이어지는 혈통을 통해 확증된다.

## 3  열조의 언약(12:~50:): 선민의 기원

하나님께서는 인간의 창조와 인류의 물 심판 후에도 동일한 하나님의 언약(복)으로 역사를 시작하신다. 하나님의 언약(복)은 인간의 시조 아담(1:28)과 인류의 조상 노아(9:1~2) 그리고 이스라엘의 열조 아브라함-이삭-야곱으로 계승되며, 이를 통해 언약을 성취하시는 여호와를 확증한다.

| 언약과 계승 | |
|---|---|
| **3. 열조의 언약(12:~50:) 선민의 기원** | |
| 1) 아브라함 언약(12:~20:) | (1) 언약과 영토(12:~14:)<br>(2) 언약의 확증(15:~16:)<br>(3) 왕국의 통치(17:~20:) |
| 2) 이삭의 계승(21:~26:) | (1) 출생과 시험(21:~22:)<br>(2) 이삭의 결혼(23:~24:)<br>(3) 족보와 조약(25:~26:) |
| 3) 야곱의 계승(27:~36:) | (1) 계승과 피신(27:~28:)<br>(2) 번성과 귀향(29:~34:)<br>(3) 족보의 의미(35:~36:) |
| 4) 이주의 실현(37:~50:) | (1) 자손의 범죄(37:~38:)<br>(2) 요셉의 신분(39:~45:)<br>(3) 가족의 이주(46:~50:) |

### 1) 아브라함 언약(12:~20:): 선민의 나라

이스라엘 민족의 역사는 하나님께서 아브라함과 언약을 세우시는 것으로 시작된다.[20] 하나님께서 아브라함의 씨로 큰 민족으로 이루어 주시고, 가나안 땅을 국토로 하여 왕을 통해 나라를 다스리는 왕정국 가를 세워 주실 것을 언약하신다.

### (1) 언약과 영토(12:~14:): 선민의 기초

하나님께서 갈대아 사람 아브라함에게 고향을 떠나 가나안 땅으로 갈 것을 명령하시고, 그곳에서 민족을 이루고 나라를 다스리는 권세 주실 것을 언약하신다. 하나님의 언약은 아담(창 1:28)과 노아(창 9:1~2)로 계승되는 연속선상에서 주어지며, 아브라함에게는 하나님의 다스림에 의한 독립 국가를 약속하신다(12:1~3). 이방 나라는 왕조의 혈통이나 국민의 추대를 받아 왕이 되지만, 하나님께서 아브라함에게 약속하신 선민 국가의 특이점은 하나님께서 선택하신 혈통을 지명指命하시고 제사장의 기름부음과 백성들의 화답으로 세워진다[21]는 것이다. 이와 같은 선민의 통치 형태를 신정정치神政政治[22]라 하며 이스라엘은 곧 신정국가로 명명된다.

하나님께서 아브라함에게 나라언약을 수립하신 후 아브라함에게

---

20 "여호와께서 아브람에게 이르시되 너는 너의 고향과 친척과 아버지의 집을 떠나 내가 네게 보여 줄 땅으로 가라 내가 너로 큰 민족을 이루고 네게 복을 주어 네 이름을 창대하게 하리니 너는 복이 될지라 너를 축복하는 자에게는 내가 복을 내리고 너를 저주하는 자에게는 내가 저주하리니 땅의 모든 족속이 너로 말미암아 복을 얻을 것이라 하신지라"(창 12:1-3).

21 "사무엘이 기름 뿔병을 가져다가 그의 형제 중에서 그에게 부었더니 이 날 이후로 다윗이 여호와의 영에게 크게 감동되니라 사무엘이 떠나서 라마로 가니라"(삼상 16:13).

22 신정정치는 하나님께서 선택하신 왕조를 통해서 나라를 다스리시는 방식이다. 후대 이스라엘 왕의 차이점도 백성에 의해서 추대된 사울 왕과 하나님의 선택과 지명에 의해서 임명된 다윗 왕을 통해 확실하게 구분된다(사울; 삼상10:19, 다윗; 삼하 6:21).

언약의 확신을 갖게 하기 위한 시험을 하신다. 아브라함은 흉년으로 애굽에 피신하던 중 아내를 누이로 속였으나 그것에 대한 책망은 오히려 바로에게 하시고 아브라함과 아내 사라는 하나님의 보호를 받는다. 아브라함은 이 일련의 사건으로 하나님께서 큰 민족을 이루어 주신다는 언약에 대한 확증을 갖는다(12:).

하나님께서 아브라함에게 가나안 땅 언약에 대한 확증 또한 갖게 하시는데 조카 롯과의 땅 분쟁으로 인한 땅 선택을 하게 하신다. 아브라함은 조카에게 땅 선택의 우선권을 주었음에도 가나안 땅은 아브라함이 차지하게 된다. 후에 하나님께서 아브라함에게 가나안 땅과 자손의 언약을 다시 세워 주시면서 믿음을 갖게 하신다(13:14~17). 하나님께서는 아브라함에게 땅 언약에 대한 확증을 주기 위해서 가나안 연합군과의 전쟁에서 승리하게 하시고, 전쟁의 주체가 하나님이심을 알게 하시려고 멜기세덱을 보내어 십일조를 드리게 하신다(14:17~20).

하나님께서는 아브라함에게 나라언약을 수립하시고 언약의 확증을 경험하게 하심으로써 여호와에 대한 확신과 언약의 신빙성을 확인하게 하신다.

### (2) 언약의 확증(15:~16:): 신빙성 확보

하나님께서는 아브라함과 나라언약을 세우신 후에 자손의 번성에 대한 확증을 주신다. 하나님께서 아브라함과 사라에게 자식 주실 것을 약속하셨으나(15:4) 아브라함과 몸종 하갈 사이에서 이스마엘이 출생한다(16:4). 이는 아브라함 부부의 잘못된 생각대로 몸종을 통해서 상속자를 얻게 되었으나 하나님의 약속대로 사라의 태를 통해서 주실 것을 재확인하게 하려는 것이다.

역사적인 표징으로 아브라함의 후손들이 이방에 정착하여 사백 년간 노예생활을 하면서 큰 민족을 이루며 큰 재물을 갖고 나오게 될 것을 확언하신다(15:13~16). 이 약속은 이스라엘 역사의 기록이 되며 출애굽기 내용의 근간이 된다. 마지막으로는 제물이 불타는 표징을 보여 주신다(15:17).

### (3) 왕국의 통치(17:~20:): 국가의 형태

아브라함과 사라의 실수로 이스마엘이 출생한 후 아브라함이 구십구 세일 때 다시 한 번 나라언약을 세우신다.[23] 이는 하나님께서 아브라함에게 언약을 세우신 지 24년이 지났기 때문에 재차 아브라함과 사라의 태를 통해서 자손 주심을 믿게 하기 위한 것이며, 나라언약의 신빙성을 확고히 하시려는 것이다. 하나님께서 언약의 절대성을 위해서 아브라함에게 당신의 전능하심을 선포하시고, '존귀한 아버지'라는 의미의 아브람에서 '여러 민족의 아버지'라는 아브라함으로 개명하신다(17:5). 하나님의 개명은 아브라함의 이름대로 반드시 큰 민족을 이루어 주실 것에 대한 확증이고, 나아가 아브라함의 혈통에서 여러 왕들이 나올 것을 확약하시며, 이것이 영원한 언약임을 상기시키기 위한 것이다(17:6~8). 하나님께서 언약의 재확인 후 아브라함에게 언약의 증표로 할례를 명하시는데, 이는 후대 언약백성의 확증이며 규례로 확정되어 대대손손 여호와 하나님을 기억하게 하기 위한 것이다.

하나님께서는 아브라함에게 세우신 언약의 확신을 갖게 하기 위해서 소돔 멸망의 권세를 보여 주셨고(19:24~25), 아브라함이 아비멜렉

---

23 "내가 너로 심히 번성하게 하리니 내가 네게서 민족들이 나게 하며 왕들이 네게로부터 나오리라"(창 17:6).

에게 아내를 누이라 속여 아비멜렉이 사라를 취하려 했던 사건으로 (20:2) 아비멜렉 집안 여성의 태를 닫아 출산을 못 하게 하시며 아브라함의 기도로 회복하게 하신다(17~18).

하나님께서 아브라함에게 큰 민족을 이루어 주시겠다는 나라언약의 확신을 갖게 하기 위해서 소돔의 멸망을 통해서 나라심판의 권세를 보여 주시고, 아브라함이 복의 근원이 되게 하시겠다는 언약을 믿게 하기 위해서 아브라함의 기도로 아비멜렉 집안의 닫힌 태가 열리는 표적을 보여 주신다. 하나님께서 아브라함의 기도로 출산의 표적을 보여 주신 것은 불임여성인 아내 사라의 임신에 대한 전조를 증거함이다.

### 2) 이삭의 계승(21:~26:): 언약의 상속

하나님께서 아브라함에게 나라언약을 세우신 지 이십오 년 만에 민족의 씨가 되는 이삭을 출생하게 하신다. 하나님께서는 이스마엘을 버리시고 이삭을 복의 계승자요 상속자로 선택하신다. 하나님께서 아브라함과 언약을 세우신 지 이십오 년, 백세에 아들 이삭을 주셨다.

#### (1) 이삭의 출생과 하나님의 시험(21:~22:): 상속의 계승

아브라함은 이삭을 얻어 하나님의 명령대로 언약의 씨임을 확증하는 할례를 행한다. 반면 하갈과 이스마엘은 쫓겨나는데, 하나님께서 이스마엘에게도 큰 민족을 이루게 될 것을 언약하신다(21:18). 이스마엘은 애굽 여인과 혼인하였으며, 그 후손은 아랍 지역을 관할하며 뿌리를 내린다. 하나님께서는 선택과 유기의 이중사역을 실현하시는데, 생육 번성의 언약은 양자에게 적용된다.

아브라함은 남방으로 이동한다. 그곳에서 아비멜렉의 종들과 우물로 인해 다툼이 생기자 값을 치르고 블레셋 지역의 브엘세바에 토지를 매입하며 '영원하신 여호와의 이름을' 부르고 찬양한다(21:30~34). 하나님께서 아브라함으로 하여금 언약계승의 상속자 이삭을 주시고 땅을 확보하게 함으로써 족장의 권세와 땅 정복의 가능성을 보여 주신 것이다.

하나님께서 노년에 어렵게 얻은 아들 이삭을 제물로 바치라 하시는데 이는 아브라함이 하나님의 언약을 얼마나 신뢰하는지의 여부를 확인하려는 것이다(22:11~12). 하나님을 경외한다는 것은 하나님과 맺은 아브라함의 언약 관계에 대한 신뢰의 문제이다. 아브라함은 언약의 씨, 언약의 계승자 이삭을 하나님의 절대적인 명령으로 주셨기 때문에 이삭은 결코 죽을 수 없음을 확신한다. 하나님의 시험은 아브라함에게 언약하신 언약의 절대성을 확고히 하기 위한 것이다. 바울은 모리아산에서 행동했던 아브라함의 믿음을 '그가 믿은바 하나님은 죽은 자를 살리시며 없는 것을 있는 것으로 부르시는 이시니라'[24]라고 아브라함의 믿음을 증언한다.

하나님께서는 시험을 마치고 천사를 통해서 아브라함에게 '네 아들 네 독자도 아끼지 아니하였은즉'이라는 말로 시험의 목적을 확인하게 하시고, 그 '씨가 크게 번성'하며 '대적의 성문을 차지'하는 권세를 갖게 되고, "네 씨로 말미암아 천하 만민이 복을 받으리니"라고 확증하게 하신다(22:16~18). 하나님께서 이삭으로 아브라함을 시험하심은 아브라함의 믿음을 통해서 나라언약의 절대적인 실현 의지와 여호와의 존재를 확증하게 하시기 위해서이다.

---

24 "기록된바 내가 너를 많은 민족의 조상으로 세웠다 하심과 같으니 그가 믿은바 하나님은 죽은 자를 살리시며 없는 것을 있는 것으로 부르시는 이시니라"(롬 4:17).

## (2) 이삭의 결혼(23:~24:): 상속자 확정

사라는 복의 상속자이며 언약의 계승자인 이삭의 출생으로 일생의 사명을 완수하고 하나님의 부르심을 받는다. 아브라함은 사라의 매장 장소를 헷 족속에게 사백 세겔을 주고 막벨라 땅을 매입하여(23:19) 소유지로 확정한다. 이는 하나님께서 이삭이 출생하기 전에 아브라함에게 언약하신 헷 족속의 땅이다(15:18~20). 하나님의 섭리는 어떤 상황에서도 합력해서 선을 이루신다.

하나님은 사라의 죽음에 이어 아브라함에게 이삭의 아내로 리브가를 데려오게 하시면서 세대 교체를 하신다. 리브가의 형제들은 그를 전송하면서 "누이여 너는 천만인의 어머니가 될지어다 네 씨로 그 원수의 성 문을 얻게 할지어다"(24:60)라고 말하면서 이별한다. 이는 고대 근동의 일반적인 축복 양식이지만 여호와께서 아브라함이 이삭을 제물로 드리려 한 모리아산의 시험을 마치고 돌아올 때 축복한 내용과 동일하다(22:16~18). 아브라함과 사라, 이삭과 리브가는 보편적인 부부가 아니다. 이들은 하나님의 나라를 언약받은 자들이요 언약의 씨를 출생하고 계승하는 중차대한 사명자이다. 하나님의 언약 실현은 치밀하게 진행되는데, 불가능을 가능으로, 우연을 확정으로 관습과 관례를 초월해서 섭리하신다.


## (3) 족보와 조약(25:~26:): 정통성 확보

모세는 아브라함의 죽음을 소개하는 부분에서 후처 자손의 족보와 애굽 여인 하갈의 아들 이스마엘의 족보 그리고 사라의 아들 이삭의 족보를 열거한다. 이는 하나님께서 개명한 아브라함의 이름은 '여러 민족의 아버지'[25](12:3, 17:4~5)라는 호칭대로 이스마엘의 혈통인 아랍 계통의 자손들과 이삭의 혈통이 선민 이스라엘의 조상인 것을 확증하기 위한 것이다. 하나님께서 서자들의 족보와 아브라함의 아들 이삭의 족보 비교를 통해서 언약 혈통의 정통성을 확증하고 이삭만이 복의 상속자요, 언약의 계승자임을 확고히 하신다.

하나님께서 이삭에게 쌍둥이 아들을 주셨는데, 이들은 태중에서 다투며 복중에서부터 구별된다(25:23). 에서는 에돔의 조상이 되고 야곱은 하나님의 선택으로 정통성을 계승한다.

이삭 역시 아브라함과 같이 이주移駐 전에 하나님의 축복을 받으며(26:4) 하나님이 지시한 그랄로 이주한다(26:2). 이삭도 아내를 누이라 속였으나 그랄 왕 아비멜렉은 리브가가 이삭의 아내인 것을 알게 되어 오히려 리브가를 보호한다. 이삭은 그랄에 거주하면서 여호와의 약속대로 다른 사람보다 소출이 백배나 되어 거부가 된다. 이삭이 강성해지므로 아비멜렉이 그에게 그랄을 떠날 것을 명한다. 이삭은 쫓겨났지만 도리어 우물을 확보하며 하나님의 언약대로 땅을 확장한다(26:22). 이삭의 소문을 들은 아비멜렉은 이삭에게 "여호와께 복을 받은 자니라"(26:29)고 인정하며 평화조약 맺기를 청원한다.

하나님께서 흉년을 피해 이주하려는 이삭에게 장소를 지정해 주시고, 아브라함에게 언약하신 대로 후손에게 축복을 계승하며 땅을 주시겠다는 말씀대로 그랄에서 거부가 되게 하셨으며, 다시 약속의 땅으로 가게 하심으로써 하나님의 언약이 이루어짐과 함께하심을 확증하게 하신다.

---

25 "보라 내 언약이 너와 함께 있으니 너는 여러 민족의 아버지가 될지라 이제 후로는 네 이름을 아브람이라 하지 아니하고 아브라함이라 하리니 이는 내가 너를 여러 민족의 아버지가 되게 함이니라"(창 17:4~5, 참고. 창 12:3).

### 3) 야곱의 계승(27:~36:): 확정된 축복

하나님께서는 아브라함을 선택하여 나라언약의 복을 주시고 (12:1~3), 이삭을 나라언약의 계승자로 선택하여 복을 주시며(26:3), 태중의 쌍둥이 중에서 선택하신 차남 야곱에게 장자의 명분을 주어 (25:23) 나라언약의 복을 계승하게 하신다.

### (1) 계승과 피신(27:~28:): 언약의 상기

야곱은 하나님께서 이미 장자의 축복을 계승받도록 확정되었음에도 불구하고 어머니 리브가와 모의하여 시력이 흐려진 이삭을 속이고 복을 계승 받는다. 이삭은 야곱에게 안수하여 만민으로부터 섬김을 받을 것과 여러 나라의 우두머리가 되어 복의 근원이 될 것을 확증한다(27:29). 야곱은 형 에서의 분노를 피해 외삼촌 라반의 집으로 피신하는데, 아버지 이삭은 야곱에게 나라언약의 계승자요 복의 상속자임을 주지시킨다(28:3~4).

야곱은 비록 형과 아비를 속였으나 하나님께서 태중에서 지명하신 자요 복의 상속자이기 때문에 이삭은 야곱에게 하나님의 언약을 상기시킨다. 야곱은 아버지 이삭에게 복의 내용을 확약받고 길을 떠나는데, 벧엘에서 사다리가 하늘에 닿는 꿈을 꾼다. 그때 여호와께서 나타나사 아브라함과 이삭 그리고 야곱에게 계승되는 복의 상속자임을 상기시키며 직접 언약하신다.[26] 이는 하나님 언약의 절대성과 계승자

---

26 "또 본즉 여호와께서 그 위에 서서 이르시되 나는 여호와니 너의 조부 아브라함의 하나님이요 이삭의 하나님이라 네가 누워 있는 땅을 내가 너와 네 자손에게 주리니 네 자손이 땅의 티끌같이 되어 네가 서쪽과 동쪽과 북쪽과 남쪽으로 퍼져 나갈지며 땅의 모든 족속이 너와 네 자손으로 말미암아 복을 받으리라 내가 너와 함께 있

의 존귀함을 통해서 여호와 하나님의 살아계심을 확증하고, 복의 계승자에 대한 자존감과 용기를 갖게 함이다.

### (2) 번성과 귀향(29:~34:): 언약의 장소

야곱이 외삼촌 라반의 집에 피신하여 이십여 년 간 품삯도 받지 못하고 속아서 혼인하게 되지만, 하나님의 약속대로 결국에는 거부가 된다. 야곱은 열두 아들의 아버지가 되며 아들들을 통해서 이스라엘의 열두 지파가 형성된다. 하나님께서 야곱의 피난길에서 자손의 번성과 땅을 소유하게 되며 복의 근원이 될 것을 벧엘에서 약속하셨고, "너를 이끌어 이 땅으로 돌아오게 할지라"(28:3, 13~15)고 약속하셨다. 야곱은 귀향 시점에서 외삼촌 라반과의 갈등을 겪는다. 하지만 하나님께서 피난길의 출발지점 벧엘에 나타나셔서 야곱에게 직접 복을 주시고 함께하시며 반드시 돌아오게 될 것을 약속하신 대로 야곱의 꿈에 나타나셔서 라반의 집을 떠나라고 독려하신다(31:13).

야곱은 외삼촌 몰래 그의 딸인 아내들과 야반도주를 감행했으나 480km 떨어진 길르앗까지 추격을 받는다(31:23). 하지만 야곱과 함께하시는 하나님께서 외삼촌 라반의 꿈에 나타나 야곱을 추궁하지 못하게 하신다(31:24). 문제는 라반이 점칠 때 사용하는 드라빔이 없어졌고, 야곱의 양 떼가 자신보다 많은 것에 있었다. 야곱은 라반에게 당당히 변호하는데, 외삼촌이 자신을 속여서 빈손으로 보내려 했음에도 불구하고 하나님께서 보호하셨고, 라반의 꿈에 나타나신 하나님의 책망을 지적한다(31:42).

---

어 네가 어디로 가든지 너를 지키며 너를 이끌어 이 땅으로 돌아오게 할지라 내가 네게 허락한 것을 다 이루기까지 너를 떠나지 아니하리라 하신지라"(창 28:13~15).

야곱은 라반 때문에 한 차례 고비를 넘겼으나 형 에서와의 상봉이 기다리고 있다. 야곱은 에서의 마음을 누그러뜨리기 위해서 일행을 두 떼로 나누는 모략을 세운 뒤, 하나님께 "야곱이 또 이르되 내 조부 아브라함의 하나님, 내 아버지 이삭의 하나님 여호와여 주께서 전에 내게 명하시기를 네 고향, 네 족속에게로 돌아가라 내가 네게 은혜를 베풀리라 하셨나이다"(32:9)라고 기도한다. 야곱이 에서에게 예물을 보낸 후 얍복강 나루에 혼자 있을 때 어떤 사람과 날이 새도록 씨름하다가 그 사람이 '발뒤꿈치를 잡고 나온 자'라는 야곱의 이름을 '하나님과 더불어 싸워가는 자'라는 뜻의 이스라엘로 부를 것이라고 축복한다. 이는 여호와께서 에서와의 상봉을 계기로 하나님의 언약을 상기시키며, 야곱에서 이스라엘로 개명하심으로 야곱과 함께하신다는 것을 알게 하여 언약의 계승자요 복의 상속자인 야곱의 정체성을 확고하게 하시려는 것이다.

야곱은 에서와 화해하고 하나님과의 약속 장소인 벧엘로 가야 하는데, 세겜에서 땅을 매입하고 십여 년을 정착한다. 그때 야곱의 딸 디나가 함의 후손 히위 족속에게 강간을 당한다. 야곱은 벧엘을 거쳐 고향 땅 브엘세바로 가야 하는데, 숙곳에서 십여 년을 정착한 것이 화근이 된 것이다. 야곱은 피난길에서 여호와를 만나 복을 받고 서원하기를 벧엘의 돌기둥이 여호와의 집이 될 것이며 반드시 십일조 드릴 것을 약속한바 있다(28:19~22).

야곱은 라반의 집에서 이십 년을 속으며 임금을 착취당했으나 하나님께서 양 떼로 보상해 주셨고, 라반과 갈등을 겪을 때, 하나님께서 "네 조상의 땅 네 족속에게로 돌아가라"(31:3)고 목적지를 지정해 주셨다. 그리고 가장 긴박한 순간에 '하나님과 더불어 싸워가는 자'라는 개명을 통해서 하나님께서 야곱과 함께하심의 확신과 용기를 주셨다. 그럼에도 불구하고 하나님의 언약과 복의 상속자라는 정체성과 서원을 망각하고 숙곳에 십 년을 머문 채 안주한 것이다.

### (3) 족보의 의미(35:~36:): 혈통의 구별

하나님께서 야곱에게 라반의 집과 세겜에서의 전말을 밝혀 주시며, "벧엘로 올라가서 거기 거주하며 … 거기서 제단을 쌓으라"(35:1)고 권고하신다. 하나님께서 벧엘을 강조하심은 그곳이 언약의 장소였고, 야곱의 인생 여정을 약속하신 곳이기 때문이다. 하나님께서 야곱에게 개명하신 '이스라엘'로 부르실 것을 약속하시며(35:10), 생육하고 번성할 것과 왕들이 출생할 것 그리고 아브라함과 이삭에게 준 가나안 땅을 야곱과 후손에게 주시기로 확약하신다.[27] 그런 후에 하나님께서는 야곱의 아들 열두 명의 이름을 기록하게 한다(35:22~26). 그리고 36장은 에서 후손의 족보를 열거하는데, 이 족보는 에서의 후손들이 이방인과 같이 되었음을 증거한다. 반면 야곱의 열두 아들은 하나님께서 함께하신 이스라엘의 지파로서 태중에서 선택하신 언약의 혈통임을 명시한다.

하나님의 섭리 목적은 언약을 세우시고 그 언약을 이루심으로써

---

27 "또 본즉 여호와께서 그 위에 서서 이르시되 나는 여호와니 너의 조부 아브라함의 하나님이요 이삭의 하나님이라 네가 누워 있는 땅을 내가 너와 네 자손에게 주리니 네 자손이 땅의 티끌같이 되어 네가 서쪽과 동쪽과 북쪽과 남쪽으로 퍼져 나갈지며 땅의 모든 족속이 너와 네 자손으로 말미암아 복을 받으리라 내가 너와 함께 있어 네가 어디로 가든지 너를 지키며 너를 이끌어 이 땅으로 돌아오게 할지라 내가 네게 허락한 것을 다 이루기까지 너를 떠나지 아니하리라 하신지라"(창 28:13-15).

여호와의 존재를 확증하며 경외하게 하려는 데 있다. 야곱의 귀향길에서 번성한 열두 명의 명단을 기록한 것은 하나님께서 생육하고 번성하게 할 것을 언약하신 대로 이루신 여호와를 확실히 믿게 하는 신빙성을 확증할 수 있다(35:22~26).

### 4) 이주의 실현(37:~50:): 예언의 성취

야곱 가족의 애굽 이주는 아브라함에게 약속하신 대로 이방의 객이 되어 번성하게 하기 위한 하나님의 성취 사역이다.[28] 요셉이 선민의 열조가 아님에도 불구하고 창세기 후반부의 주역으로 등장하는 이유는 아브라함-이삭-야곱의 언약대로 생육하고 번성하여 큰 민족을 이루기 위한 하나님의 언약 실현의 준비 사역자이기 때문이다. 하나님의 언약대로 야곱은 칠십여 명의 가족을 데리고 애굽으로 이주하여 열두 아들에게 축복하며 족장의 임무를 완수한다.

### (1) 요셉의 수난(37:~40:): 이주의 준비

범죄는 하나님 섭리의 수단으로 역사의 전환점에서 발생한다. 아담의 범죄는 온 인류가 죄인으로 전락하는 계기가 되었고, 가인의 범죄는 하나님의 선택적 사역의 출발점이 되었다. 노아시대 인류의 범죄는 혼합된 혈통에 대한 심판이었으며 노아 후손들의 바벨탑을 쌓은 범죄는 인류가 세계로 확산되는 결과를 낳았다. 아내를 누이로 속인 아브라함의 거짓 범죄는 하나님께서 사라의 태를 보호하심으로 언약의

---

28  "여호와께서 아브라함에게 이르시되 너는 반드시 알라 네 자손이 이방에서 객이
되어 그들을 섬기겠고 그들은 사백 년 동안 네 자손을 괴롭히리니"(창 15:13).

신빙성을 갖게 되었으며, 부형을 속인 야곱의 범죄는 생육 번성하고 거부가 되는 계기가 되었다. 요셉의 형들의 범죄는 요셉이 총리가 되는 데 기여했으며, 가족을 이방으로 이주하는 데 결정적인 역할을 하게 되었다. 이와 같은 과정은 범죄를 합리화하는 것이 아니라, 하나님의 언약은 인간의 범죄에도 불구하고 반드시 성취되는 절대성을 드러내기 위함이다.

야곱은 열두 아들 가운데서 요셉을 편애하였고, 요셉은 형들의 볏짚단이 자기에게 절하는 꿈과 열한 별이 절하는 꿈을 꾼다. 이를 계기로 형들은 요셉을 죽이려고 모의한 결과 깊은 구덩이에 던지는 패륜적인 범죄를 범한다. 그러나 요셉은 미디안 상인에게 구출되어 애굽 왕 바로의 친위대장 집에 노예로 팔린다.[29] 유다는 범죄의 모의에 가담했으며, 후에 며느리와의 부적절한 관계로 아이를 갖는 수치를 범한다. 이는 나중에 요셉의 장자권을 인정하는 계기가 된다. 르우벤은 장자이나 아버지의 첩 빌하와 동침하는 패륜의 범죄를 저지르고,[30] 유다는 형제보다 뛰어났으나 며느리와의 부적절한 관계가 장자의 실격 사유로 작용했기 때문이다.[31] 요셉은 형들에 의해 보디발의 집 노예가 되지만, 하나님께서는 그를 통해 애굽에서 자손을 번성시키려는 언약을 실현하기 위한 준비를 하신다.

---

29 "그 미디안 사람들은 그를 애굽에서 바로의 신하 친위대장 보디발에게 팔았더라"(창 37:36).
30 "이스라엘이 그 땅에 거주할 때에 르우벤이 가서 그 아버지의 첩 빌하와 동침하매 이스라엘이 이를 들었더라 야곱의 아들은 열둘이라"(창 35:22).
31 "유다는 형제보다 뛰어나고 주권자가 유다에게서 났으나 장자의 명분은 요셉에게 있으니라"(대상 5:2).

### (2) 요셉의 신분(41:~45:): 예언의 성취

요셉은 바로 왕의 친위대장 보디발 아내의 유혹을 거절함으로써 누명을 쓰고 감옥생활을 하는데, 하나님께서 요셉에게 은혜를 베푸시어 간수장의 눈에 들게 하며 감옥의 제반 사항의 업무를 총괄하게 된다.[32] 요셉은 거기서 행정 업무와 정치를 배운다. 요셉이 감옥에 있을 때에 바로왕의 술과 떡을 담당하는 수장들이 투옥되는데 요셉은 그들의 장래에 대한 꿈을 해몽한다. 이 일은 이 년 뒤 바로의 꿈을 해몽하는 계기가 되며 총리가 되는 데 결정적인 역할을 하게 된다.[33] 그때 가나안에 흉년이 들어 야곱은 양식을 구하러 아들들을 애굽에 보낸다. 이를 계기로 형들과 요셉은 상봉하고, 형들은 그들의 범죄로 두려워하나 요셉은 하나님께서 이때를 위해서 하나님께서 자기를 미리 보내셨다고 고백하며[34] 형들을 용서한다. 그런 후에 가족들이 애굽에 내려가 살게 된다. 이 모든 것은 결국 하나님의 언약이 이루어지는 과정인 것을 알 수 있다.

### (3) 이주와 죽음(46:~50:): 이주의 성취

야곱의 애굽 이주는 조부 아브라함 때에 하나님께서 이미 약속하셨고,[35] 하나님께서 야곱에게 직접 나타나셔서 애굽으로 내려가게 될

---

32 "여호와께서 요셉과 함께하시고 그에게 인자를 더하사 간수장에게 은혜를 받게 하시매 간수장이 옥중 죄수를 다 요셉의 손에 맡기므로 그 제반 사무를 요셉이 처리하고"(창 39:21-22).

33 "자기에게 있는 버금 수레에 그를 태우매 무리가 그의 앞에서 소리 지르기를 엎드리라 하더라 바로가 그에게 애굽 전국을 총리로 다스리게 하였더라"(창 41:43).

34 "당신들이 나를 이곳에 팔았다고 해서 근심하지 마소서 한탄하지 마소서 하나님이 생명을 구원하시려고 나를 당신들보다 먼저 보내셨나이다"(창 45:5).

35 "여호와께서 아브람에게 이르시되 너는 반드시 알라 네 자손이 이방에서 객이 되

것과 거기서 큰 민족을 이루게 될 것, 야곱이 죽은 후에는 애굽에서 장사하지 말고 조상의 묘지에 묻을 것을 요셉에게 맹세하게 한다.[36] 이는 가나안 땅을 주시기로 약속하신 하나님에 대한 확고한 신앙이다.[37] 야곱은 하나님의 약속대로 가족을 데리고 애굽으로 이주한 칠십 명의 명단을 명확하게 밝힌다. 이는 사백 년 뒤에 얼마나 번성했는지에 대한 근거가 된다.

야곱의 가족은 바로의 선처로 라암셋을 거처로 삼는다(창 47:11). 야곱은 요셉에게 애굽이 아닌 조상의 묘에 매장할 것을 맹세하게 한다. 바로가 야곱의 가족에게 거처를 마련해 주는 것과 야곱의 시신이 가나안 조상의 묘에 장사되는 것은 하나님께서 사백여 년 전, 아브라함-이삭-야곱에게 언약하신 결과이다. 이스라엘 열조의 인생은 하나님의 언약에 의해서 설계되고 실현됨을 알 수 있다.

야곱은 요셉을 장자로 인정하여 요셉의 두 아들에게 축복함으로써 이스라엘 열두 지파의 조상이 된다. 야곱은 임종 전에 자신의 사역을 완수하는데, 열두 아들의 미래와 분복에 대해 축복한다. 특히 유다는 왕의 혈통으로 지정되어 아브라함에게 약속하신 왕정국가의 통치

---

어 그들을 섬기겠고 그들은 사백 년 동안 네 자손을 괴롭히리니"(창 15:13).

36 "이스라엘이 죽을 날이 가까우매 그의 아들 요셉을 불러 그에게 이르되 이제 내가 네게 은혜를 입었거든 청하노니 네 손을 내 허벅지 아래에 넣고 인애와 성실함으로 내게 행하여 애굽에 나를 장사하지 아니하도록 하라 내가 조상들과 함께 눕거든 너는 나를 애굽에서 메어다가 조상의 묘지에 장사하라 요셉이 이르되 내가 아버지의 말씀대로 행하리이다 야곱이 또 이르되 내게 맹세하라 하매 그가 맹세하니 이스라엘이 침상 머리에서 하나님께 경배하니라"(창 47:29~31).

37 "하나님이 이르시되 나는 하나님이라 네 아버지의 하나님이니 애굽으로 내려가기를 두려워하지 말라 내가 거기서 너로 큰 민족을 이루게 하리라 내가 너와 함께 애굽으로 내려가겠고 반드시 너를 인도하여 다시 올라올 것이며 요셉이 그의 손으로 네 눈을 감기리라 하셨더라"(창 46:3~4).

자가 된다.[38] 하나님께서 열조와의 언약대로 세우신 선민 이스라엘은 하나님의 다스림을 받는 신정국가이며, 왕의 체제로 구성된 왕정국가가 된다. 야곱은 임무가 완료되어 하나님의 부름을 받는데, 요셉은 하나님의 예언과 야곱의 당부대로 가나안 땅 막벨라 굴에 장사한다(창 50:13). 요셉 역시 임종이 가까워지자 하나님께서 이 민족을 애굽에서 인도하여 열조에게 맹세한 가나안 땅에 반드시 인도할 것이므로 형제들에게 "내 해골을 메고 올라가겠다 하라"(창 50:25)는 확약을 받는다. 야곱과 요셉은 조상들에게 세우신 여호와의 언약은 반드시 실현될 것을 확신한다. 이는 그들의 생애가 하나님의 언약대로 섭리되었기 때문에 미래의 선민 역사도 반드시 언약대로 실현됨을 확신한 것이다.

창세기는 여호와께서 아담-노아-아브라함에게 나라언약을 수립하시고, 이삭과 야곱에게 계승하는 내용이다. 이는 하나님께서 언약을 수립, 계승하셔서 언약을 이루시는 여호와의 살아계심을 증거하려는 것이다. 언약의 계승은 선택과 유기의 혈통으로 구분되는데, 선택의 혈통은 아담과 노아 그리고 셈과 아브라함의 족보를 통해서 입증된다. 이는 창세기의 중요한 인물인 아담-노아-셈-아브라함-이삭-야곱으로 명시되며 하나의 혈통 체계를 구성한다.

창세기의 나라언약과 계승은 언약대로 오신 그리스도를 통해서 하나님의 나라인 교회가 세워지며 계승될 것에 대한 예표이다.

---

38  "내가 너로 심히 번성하게 하리니 내가 네게서 민족들이 나게 하며 왕들이 네게로부터 나오리라"(창 17:6).
   "규가 유다를 떠나지 아니하며 통치자의 지팡이가 그 발 사이에서 떠나지 아니하기를 실로가 오시기까지 이르리니 그에게 모든 백성이 복종하리로다"(창 49:10).

# 창세기의 신학적 주제들

## 1) 창조의 의미

창조는 하나님의 영광을 선포하는 계시사역의 출발이다. 창조는 종말을 전제하며 본질의 세계를 향해 전진한다. 창조와 종말은 원의 극점을 펼쳐놓은 것과 같이 결국에는 본질의 세계로 귀결된다.[39] 본질의 세계는 피조세계의 모든 것이 작정되었으며, 존재하는 생명의 DNA가 내재되어 있다. 나타난 창조의 세계는 보이지 않는 본질의 세계를 보여 주는 것이며, 본질에 의해서 존재한다.[40]

영원한 본질의 세계를 드러낸 창조는 하나님의 나라와 직결된다. 하나님의 나라는 영원한 세계부터 계획하신 것이므로 창조를 통해 하나님의 나라를 실현하신다.[41] 하나님의 나라는 하나님의 영광을 드러내는 절정의 사역으로써 하나님의 존재를 드러내시며 영광을 찬양하게 한다.[42]

---

39 "이는 만물이 주에게서 나오고 주로 말미암고 주에게로 돌아감이라 그에게 영광이 세세에 있을지어다 아멘"(롬 11:36).
40 "우리가 그를 힘입어 살며 기동하며 존재하느니라 너희 시인 중 어떤 사람들의 말과 같이 우리가 그의 소생이라 하니"(행 17:28).
   "우리가 주목하는 것은 보이는 것이 아니요 보이지 않는 것이니 보이는 것은 잠깐이요 보이지 않는 것은 영원함이라"(고후 4:18).
41 "찬송하리로다 하나님 곧 우리 주 예수 그리스도의 아버지께서 그리스도 안에서 하늘에 속한 모든 신령한 복을 우리에게 주시되"(엡 1:3).
42 "하늘이 하나님의 영광을 선포하고 궁창이 그의 손으로 하신 일을 나타내는도다"(시 19:1).
   "여호와의 이름을 찬양할지어다 그의 이름이 홀로 높으시며 그의 영광이 땅과 하늘 위에 뛰어나심이로다 그가 그의 백성의 뿔을 높이셨으니 그는 모든 성도 곧 그를

## 2) 언약의 의미

최초의 인간을 창조하신 하나님은 나라를 수립하기 위해 언약을 세우신다. 나라언약은 하나님 사역의 중심이며 피조세계에 현존하는 국가들을 통해 확인할 수 있다. 하나님의 언약의 내용은 나라이며, 나라언약을 수립하시는 이유는 창세전부터 스스로 세우신 영원한 작정 때문이다. 영원부터 존재하는 하나님의 나라는 아담-노아-아브라함을 통해 이스라엘이라는 국가의 형태로 구현되며, 최종적으로는 그리스도를 통해서 완성된다.

하나님의 존재는 영원부터 세우신 뜻을 언약-성취의 형식으로 실현하심으로써 계시된다.[43] 하나님의 자기 계시는 성경에서 '언약 성취'의 구조로 드러나 성경의 통일성을 확보하는 진리체계로 작용한다.[44]

## 3) 족보의 의미

족보는 인간의 혈통관계를 기록하지만 성경의 족보는 인간으로 출발하여 하나님의 아들 그리스도의 정체성과 신원을 증명한다. 성경의 족보는 신구약 성경을 하나의 체계로 구성하는 통일성의 근간이 되는데, 이는 구약의 족보는 아담-노아-아브라함-다윗으로 계승되어 신약

---

가까이 하는 백성 이스라엘 자손의 찬양 받을 이시로다 할렐루야"(시 148:13~14).
43  하늘에 속한 신령한 복(엡 1:3) ⇨ 아담에게 복 주심(창 1:28) ⇨ 노아에게 복 주심(창 9: 1~2) ⇨ 아브라함에게 복 주심(창 12:1~3). 이와 같이 하늘에 속한 신령한 복인 하나님의 나라는 인류의 시조인 아담에게 시작하여, 인류의 심판 이후 노아에게 계승되며, 이스라엘의 조상 아브라함을 통해 구체적으로 성취된다.
44  "내가 네게 내 언약을 세워 내가 여호와인 줄 네가 알게 하리니"(겔 16:62).
"일을 행하시는 여호와, 그것을 만들며 성취하시는 여호와, 그의 이름을 여호와라 하는 이가 이와 같이 이르시도다"(렘 33:2).

의 그리스도까지 종결되기 때문이다.

결국 성경의 족보는 예수께서 하나님의 아들 그리스도이심을 확증하는 근거이자 영원하신 하나님이 세상에 오신 것을 증명하는 단서가 된다. 성경에 등장하는 족보의 궁극적인 기록 목적은 하나님이 살아계심과 피조세계의 주관과 운영의 권세가 하나님에게 있다는 사실을 확실하게 증거하기 위함이다.

성경의 족보는 하나님의 선택과 유기 사역에 의해서 절대적인 주권을 입증한다. 이는 성경 족보의 실체로 오신 하나님의 아들 그리스도를 통해 구원하시는 사역으로 확인된다.

### 4) 타락의 의미

인류의 시조 아담의 타락은 충격적인 사건이다. 아담의 타락으로 말미암아 인류는 죄인이 되었고 심판에 이른다. 하지만 아담의 타락에는 하나님의 심오한 의도가 내포되어 있다. 하나님은 아담의 타락으로 인류를 죄악과 사망의 심판에 처하게 하지만, 그럼에도 불구하고 언약은 파기되지 않고 계승되고 성취되어 당신의 신실하심을 보여주시는 것이다.[45]

또한 아담의 타락은 그리스도의 구속을 통해 인류를 구원하심으로써 은혜의 영광을 찬송하는 계기가 된다.[46] 혹자는 인간의 타락을

---

45  "일을 행하시는 여호와, 그것을 만들며 성취하시는 여호와, 그의 이름을 여호와라 하는 이가 이와 같이 이르시도다… 여호와의 말씀이니라 보라 내가 이스라엘 집과 유다 집에 대하여 일러 준 선한 말을 성취할 날이 이르리라"(렘 33:2, 14).

46  "여호와께서 그에게 상함을 받게 하시기를 원하사 질고를 당하게 하셨은즉 그의 영혼을 속건제물로 드리기에 이르면 그가 씨를 보게 되며 그의 날은 길 것이요 또 그의 손으로 여호와께서 기뻐하시는 뜻을 성취하리로다"(사 53:10).

부정적으로 판단하지만 도리어 그리스도를 통해 생명을 얻게 되는 변곡점이 된다.[47]

---

47 "아담 안에서 모든 사람이 죽은 것같이 그리스도 안에서 모든 사람이 삶을 얻으리라"(고전 15:22).

# 창세기 개론

| 여호와의 언약[48] | |
|---|---|
| 언약의 나라(창~말): 구약성경 | |
| 나라의 실현(창~에): 역사서 | |
| 백성의 번성(창~신): 모세오경 | |
| 언약을 수립하시는 여호와 – 언약의 계승[49] – 나라의 건립 | |
| **1. 아담의 언약(1:~5:)** | 1) 언약과 범죄(1:~3:)<br>2) 선택적 사역(4:~5:) |
| **2. 노아의 언약(6:~11:)** | 1) 범죄와 심판(6:~8:)<br>2) 언약의 구현(9:~11:) |
| **3. 열조의 언약(12:~50:)** | 1) 아브람 언약(12:~20:)<br>2) 이삭의 계승(21:~26:)<br>3) 야곱의 계승(27:~36:)<br>4) 이주의 실현(37:~50:) |
| 언약의 신빙성 확보 | |

창세기는 복의 계승 역사이다. 하나님께서는 보이지 않는 본질의 세계 즉, 영원한 하나님의 나라를 창조로 계시하시고, 하나님 나라의 요소인 복을 주신다. 복의 내용은 국민(생육 번성), 국토(땅 정복), 국권(다스리라)으로 확정된다. 하나님께서는 아담과 노아 그리고 아브라함에 이르기까지 연속적으로 복을 주신다. 이는 하늘에 속한 신령한 복,[50] 즉 하나님의 나라를 세우기 위한 계시적인 의도이다.

---

48 여호와의 언약은 계시의 기본형식으로써 성취를 전제한다. 신구약성경은 언약과 성취로 구성되며 구약성경은 여호와의 나라언약이고, 신약성경은 그리스도의 교회 성취로 전개된다. 성경의 원리는 창세 전 그리스도를 통해서 하늘에 속한 신령한 복을 언약하심이다(엡 1:3~5).

49 "내가 너로 큰 민족을 이루고 네게 복을 주어 네 이름을 창대하게 하리니 너는 복이 될지라"(창 12:2).

• 창세기는 여호와께서 아브라함에게 세운 언약은 이삭과 야곱에게 선택적으로 계승되며 민족의 번성을 위해서 애굽으로 이주하게 한다.

50 "찬송하리로다 하나님 곧 우리 주 예수 그리스도의 아버지께서 그리스도 안에서 하늘에 속한 모든 신령한 복을 우리에게 주시되"(엡 1:3).

## 1. 아담의 언약(1:~5:): 나라의 기원

1) 언약과 범죄(1:~3:): 나라의 원형

(1) 창조와 언약(1:): 나라의 언약

① 말씀의 창조(1:1~25): 창조의 질서

② 언약의 수립(1:26~31): 절대적 명령

(2) 에덴의 창설(2:): 나라의 실현

① 창조의 내력(2:1~6): 종결과 안식

② 에덴의 내력(7~25): 나라의 실체

(3) 인간의 범죄(3:): 선악의 주체

① 범죄의 진상(1~13): 선악의 인식

② 심판과 보호(14~24): 언약의 확신

2) 선택적 사역(4:~5:): 선택과 유기

(1) 제물의 시험(4:1~15): 시험의 주체

① 가인의 범죄(1~8): 분노의 살인

② 가인의 심판(9~15): 빈곤과 보호

(2) 가인의 족보(16~26): 족보의 구별

① 가인의 혈통(16~24): 유기의 혈통

② 아벨의 계승(25~26): 선택의 혈통

(3) 아담의 족보(5:): 선택의 혈통

① 창조의 성격(1~2): 하나님 형상

② 혈통의 계승(3~32): 하나님 아들

## 2. 노아의 언약(6:~11:): 세계의 기원

1) 범죄와 심판(6:~8:): 심판과 은혜

(1) 범죄와 선택(6:): 선택적 혈통

① 인류의 죄악(1~7): 혈통의 혼합

② 노아의 선택(8~22): 생명의 보존

(2) 구원과 심판(7:): 선택과 유기

① 구원의 대상(1~16): 생물의 선택

② 홍수의 심판(17~24): 생물의 전멸

(3) 생명의 보존(8:): 언약의 확증
  ① 방주의 구원(1~19): 생명의 생존
  ② 노아의 제사(20~22): 보전의 약속

2) 언약과 구현(9:~11:): 세계의 확장
  (1) 언약의 수립(9:1~17): 나라의 요건
    ① 나라의 언약(1~7): 언약의 연속
    ② 언약의 표징(8~17): 언약의 확증
  (2) 번성과 확산(18~29): 후손의 성격
    ① 후손의 확장(18~19): 인류의 구분
    ② 후손의 예언(20~29): 아들의 미래
  (3) 족보의 현황(10:~11:): 번성과 확장
    ① 후손의 경계(10:): 지역의 분할
    ② 셈족의 후예(11:): 분산과 선택

3. 열조의 언약(12:~50:): 선민의 기원

1) 아브라함 언약(12:~20:): 선민의 나라
  (1) 언약과 영토(12:~14:): 선민의 기초
    ① 언약의 수립(12:): 선민의 나라
    ② 토지의 구분(13:): 토지의 확정
    ③ 토지의 확보(14:): 전쟁의 승리
  (2) 언약의 확증(15:~16:): 신빙성 확보
    ① 혈통의 규정(15:): 선택적 혈통
    ② 하갈의 혈통(16:): 유기적 혈통
  (3) 왕국의 통치(17:~20:): 국가의 형태
    ① 언약과 개명(17:~18:): 언약의 확증
    ② 불의와 정의(19:~20:): 언약의 가치

2) 이삭의 계승(21:~26:): 언약의 상속
  (1) 출생과 시험(21:~22:): 상속의 계승
    ① 이삭의 출생(21:): 상속의 혈통
    ② 이삭의 시험(22:): 생명의 보호

(2) 이삭의 결혼(23:~24:): 상속자 확정
    ① 사라의 죽음(23:): 세대의 교체
    ② 이삭의 결혼(24:): 혼인의 의미
(3) 족보와 조약(25:~26:): 정통성 확보
    ① 세대의 교체(25:): 복의 계승자
    ② 언약의 수립(26:): 이삭의 이주

3) 야곱의 계승(27:~36:): 확정된 축복
(1) 계승과 피신(27:~28:): 언약의 상기
    ① 장자권 계승(27:): 부당한 방법
    ② 야곱의 피신(28:): 언약의 확인
(2) 번성과 귀향(29:~34:): 결혼과 번창
    ① 야곱의 혼인(29:~30:): 출산의 경쟁
    ② 귀환의 배경(31:~34:): 상봉과 정착
(3) 족보의 의미(35:~36:): 혈통의 구별
    ① 야곱의 혈통(35:): 계승의 혈통
    ② 에서의 혈통(36:): 에돔의 족보

4) 이주의 실현(37:~50:) 예언의 성취
(1) 요셉의 수난(37:~40:): 이주의 준비
    ① 형들의 범죄(37:~38:): 살해의 모의
    ② 요셉의 투옥(39:~40:): 등극의 준비
(2) 요셉의 신분(41:~45:): 예언의 성취
    ① 요셉의 등극(41:~43): 형들의 시험
    ② 형제의 상봉(44:~45:): 용서와 화친
(3) 이주와 죽음(46:~50:): 이주의 성취
    ① 가족의 이주(46:~47:): 번성의 준비
    ② 축복과 유언(48:~50:): 언약의 확신

**출애굽기의 구조**
  1. 백성의 준비(1:~11:): 번성의 확증
  2. 백성의 승리(12:~18:): 해방의 실증
  3. 백성의 제도(19:~40:): 정체성 확보
**출애굽기의 신학적 주제들**
**출애굽기 개론**

# 출애굽기
## 선민의 정체성 확립

# 출애굽기
## 선민의 정체성 확립

출애굽기의 주제는 '백성을 규정하시는 여호와'이다.[1] 하나님께서 아브라함과의 언약대로 애굽의 사백 년 노예생활을 통해서 큰 민족을 이루어 해방시켜 주셨고, 노예 신분의 민족을 '제사장 나라'로 규정하심으로써 민족의 정체성을 확립하신다.

출애굽기의 요절은 "너희가 내게 대하여 제사장 나라가 되며 거룩한 백성이 되리라 너는 이 말을 이스라엘 자손에게 전할지니라"(19:6)라는 것이다. 선민은 하나님께만 제사를 드려야 하는데, 이들 선민은 하나님께서 선택한 민족으로서 하나님의 아들, 자녀, 백성이기 때문이다. 제사는 하나님과 언약백성 간의 소통과 속죄의 기능을 발휘하며 하나님을 경외하는 예배의 방식이다.

---

1　히브리어 성경의 도입은 '이러하니'라는 첫 말씀으로 되어 있다. 출애굽기라는 명칭은 히랍어 역경인 『70인역 성경』에서 본서 출애굽기 19장 1절에 나오는 말씀과 본서의 중심적 제목을 따라 붙인 이름이다.

출애굽기의 기록 목적은 하나님께서 조상들과의 언약대로 애굽의 노예 생활을 통해서 자손을 번성시켜 주시고, 작정하신 시점에 맞추어 해방시켜 주시며 언약백성의 정체성을 제사장 나라로 규정해 주시고, 그들에게 율법과 성막을 건축하게 하심으로써 언약을 이루시는 여호와이심을 확증하시는 것이다.

출애굽기의 주안점은 다음과 같다.

첫째, 창세기의 후반부에 나타난 야곱 가족이 애굽으로 이주한 숫자와 출애굽기 시작 부분의 야곱 가족의 명단과는 어떠한 연결점이 있는가를 밝혀야 한다.

둘째, 이스라엘 백성이 애굽에서 해방되는 시점과 백성들의 숫자가 어떠한 의미가 있는지를 파악해야 한다.

셋째, 하나님께서 이스라엘 백성을 애굽에서 해방시키실 때에 열 가지의 표적을 보여 주신 의미를 알아야 한다

넷째, 하나님께서 애굽에서 해방된 이스라엘 백성의 정체성을 제사장 나라로 규정하신 이유와 목적은 무엇이며, 제사장 나라는 이스라엘 역사에서 어떻게 반영되는지를 확인해야 한다.

다섯째, 하나님께서 이스라엘 백성에게 주신 율법의 근본정신은 무엇이며, 율법을 주신 목적은 무엇인가를 깨달아야 한다.

여섯째, 성막은 이스라엘 백성에게 어떠한 의미가 있으며, 성막의 역사적인 변화는 무엇인지 정립해야 한다.

# 출애굽기의 구조

| 백성을 규정하시는 여호와 – 민족의 구성[2] | |
|---|---|
| **1. 백성의 준비(1:~11:) 번성의 확증** | 1) 자손의 시련(1:~2:)<br>2) 도전의 준비(3:~4:)<br>3) 도전의 실행(5:~11:) |
| **2. 백성의 승리(12:~18:) 해방의 실증** | 1) 선민의 해방(12:~13:)<br>2) 선민의 승리(14:~15:21)<br>3) 선민의 보호(15:22~18:) |
| **3. 백성의 제도(19:~40:) 정체성 확보** | 1) 민족의 규정(19:~24:)<br>2) 성막의 규례(25:~31:)<br>3) 성막의 건립(32:~40:) |

하나님께서는 이스라엘의 조상 아브라함에게 나라를 세워 주실 것에 대한 복을 주셨다(창 12:1~3). 언약백성의 민족 형성은 하나님께서 조상 아브라함과 약속하신 대로 이방의 객이 되어 사백 년간의 노예생활을 통해서 번성한다(창 15:13~14). 이와 같은 맥락에서 창세의 끝부분과 출애굽기의 도입은 긴밀하게 연결되고 있다.

하나님께서 선민의 조상과의 언약을 이루시기 위해서 야곱의 가족을 애굽으로 이주시키시고, 그곳에서 생육하고 번성하게 하신다. 하나님께서 선민의 조상들과 약속하신 대로 사백 년의 기한이 차매 그들을 애굽에서 해방시키신다. 하나님께서 선민 해방의 역사를 이루시기 위해서 지도자 모세를 세워 섭리하신다.

하나님께서 열 가지의 재앙을 통해서 언약백성을 애굽에서 해방시켜 홍해를 건너 광야에 데리고 나오신다. 그리고 언약백성들에게 민족의 정체성을 규정해 주신다. 제사장 나라의 헌법인 율법을 주시고, 제사장 나라의 종교적 의식을 위해서 성막을 제작하게 하신다.

---

2   "너희가 내게 대하여 제사장 나라가 되며 거룩한 백성이 되리라"(출 19:6).
   • 출애굽기는 여호와께서 애굽 노예에서 번성한 언약백성을 해방시켜 시내산에 운집시키고, 민족의 정체성을 '제사장 나라'로 규정하는 내용이다.

# 1 백성의 준비(1:~11:): 번성의 확증

하나님께서 아브라함과의 약속대로 야곱의 가족 칠십 명을 가나안에서 애굽으로 이주시키시고, 노예생활의 학대를 통해서 생육하고 번성하게 하신다. 열조와 약속하신 대로 이들을 애굽에서 해방시키기 위해 지도자 모세를 준비하시고, 애굽의 권세에 도전하게 하신다. 도전의 방식은 열 가지의 재앙과 표적을 통해서 애굽 신들의 무능함과 하나님의 권능을 대비해서 보여 주며 승리하게 하시는 것이다. 이와 같은 섭리의 근거는 하나님께서 세우신 열조와의 언약에 기초하며 하나님께서 작정하신 약속의 시점에 따라서 집행된다.

| 백성을 규정하시는 여호와 – 민족의 구성 | | |
|---|---|---|
| 1. 백성의 준비(1:~11:): 번성의 확증 | | |
| 1) 자손의 시련(1:~2:) | 2) 도전의 준비(3:~4:) | 3) 도전의 실행(5:~11:) |
| (1) 자손의 학대(1:) | (1) 모세의 소명(3:) | (1) 승리의 약속(5:~6:) |
| (2) 모세의 고난(2:) | (2) 표징과 약속(4:) | (2) 표적의 시행(7:~11:) |

## 1) 자손의 시련(1:~2:): 예언의 성취

하나님께서 언약백성에게 큰 민족을 이루어 주시는 방법은 아브라함과의 언약대로 노예의 신분으로 고통스런 환경에서 생육 번성하게 하신다.[3] 이는 단순히 노예생활이 주는 고통을 겪게 하기 위한 것이 아니라 언약을 실현하는 과정임을 깨닫게 해서 여호와가 살아계심을 증거하는 방편이다.

---

3  "여호와께서 아브람에게 이르시되 너는 반드시 알라 네 자손이 이방에서 객이 되어 그들을 섬기겠고 그들은 사백 년 동안 네 자손을 괴롭히리니"(창 15:13).

### (1) 자손의 학대(1:): 번성의 수단

모세는 생육 번성의 근거를 확보하기 위해 애굽에서 이주할 당시의 가족 명단을 밝힌다. 이는 하나님께서 큰 민족을 이루어 주시겠다는 것에 대한 언약을 확증하기 위함이다.[4] 하나님의 언약대로 이스라엘 백성은 400여 년이 지나면서 강하고 큰 민족으로 번성했다. 애굽은 노예 이스라엘의 번성과 강대함에 위협을 느껴 학대와 고역을 가중시키고, 바로왕은 이스라엘 산모가 어린아이를 해산할 때 사내아이는 죽이라 명령한다. 하지만 하나님께서는 산파들에게 은혜를 베풀어 애굽 왕에게 거짓 보고를 하며, 사내아이를 죽이시지 않는다. 하나님께서 산파들에게 은혜를 주시며 어린 생명을 보호하심은 이스라엘 조상 아브라함에게 큰 민족으로 세우겠다는 언약을 성취하심으로써 여호와이심을 증거하기 위함이다.[5]

### (2) 모세의 고난(2:): 준비의 과정

하나님께서 열조와의 언약대로 선민을 큰 민족으로 번성하게 하시며 그들을 언약대로 애굽의 노예에서 해방하기 위해서 민족의 지도자를 준비하신다. 바로왕이 사내아이를 낳으면 죽이라고 했으나 오히려 모세는 바로 공주의 보호를 받고 모친이 유모가 되어 생명을 보호받는다. 모세는 장성하여 동족의 싸움에 관여하다 부지 중 살인을 범하여 미디안 광야로 피신하는데, 그곳에서 십보라를 아내로 맞고 사

---

4   "내가 너로 큰 민족을 이루고 네게 복을 주어 네 이름을 창대하게 하리니 너는 복이 될지라"(창 12:2).
5   "하나님이 이르시되 나는 하나님이라 네 아버지의 하나님이니 애굽으로 내려가기를 두려워하지 말라 내가 거기서 너로 큰 민족을 이루게 하리라"(창 46:3).

십 년을 광야에서 생활한다. 하나님께서 모세는 장성한 자로 세우시는 과정 중에 애굽의 학대가 가중되어 선민의 탄식 소리가 하늘에 상달된다.

이와 같이 하나님께서는 열조와의 언약대로 이스라엘 백성의 해방 시점을 조성하신다.[6] 지금까지의 과정을 보면, 출산하는 사내아이의 살해 명령, 모세의 출생과 보호, 모세의 과실치사, 미디안 광야로 피신, 결혼 그리고 백성에게 가중되는 노동으로 인해 고통이 극에 도달한 것에서 하나님께서 언약을 이루기 위해 준비하신 것을 알 수 있다.

### 2) 도전의 준비(3:~4:): 신 존재 확증

노예의 신분으로 강대국 애굽에 도전하는 건 무모한 짓이다. 하지만 언약백성인 이스라엘에게는 여호와의 존재가 이를 가능하게 한다. 하나님께서는 사백 년 동안 노예생활로 자존감을 상실한 언약백성에게 확신을 주어 도전하게 하신다.

#### (1) 모세의 소명(3:): 여호와 동행

하나님께서는 선민의 출애굽을 위해서 먼저 지도자 모세에게 확신을 갖게 하시는데, 그 방법은 여호와의 존재를 다양하게 설명하는 데에 있다.

① 소명의 배경(1~12): 하나님께서 이스라엘 백성의 고통을 보셨기

---

6  "하나님이 그들의 고통 소리를 들으시고 하나님이 아브라함과 이삭과 야곱에게 세운 그의 언약을 기억하사 하나님이 이스라엘 자손을 돌보셨고 하나님이 그들을 기억하셨더라"(출 2:24~25).

에 직접 내려가서 건져내고[7] 가나안 땅을 주시겠다고 말씀하신다. 이스라엘 조상의 하나님이란 하나님께서 아브라함에게 큰 민족을 이루어 주실 것과 가나안 땅 정복 그리고 왕정국가를 언약하셨고, 그 언약을 이삭과 야곱에게 계승하신다는 의미다. 또한 하나님이 자기 백성의 고통을 보셨다는 것은 아브라함에게 약속하신 해방의 때가 왔음을 뜻한다.[8] 이에 대해 모세는 내가 어떻게 바로에게 가며, 이스라엘 자손을 해방시킬 수 있는지 반문하지만, 하나님께서 모든 것에 함께 하시겠다고 약속하신다.

② 해방의 준비(13~22): 모세는 애굽 왕이 여호와의 이름을 물을 때 무엇이라 답할지를 묻는다. 모세 역시 이스라엘의 하나님이 어떤 분인지를 확인하려는 것이다. 이에 하나님은 대상에 따라 설명을 달리 하시는데, 애굽의 바로에게는 '스스로 있는 자'임을 밝히라 명하신다. '스스로 있는 자'는 사람의 손으로 조각한 애굽의 신들과 차별되며, 피조물과 구분되는 창조주요, 영원부터 자존하신 분으로써 우상과는 본질적으로 다른 신이다. 또한 자기 백성 이스라엘에게는 '너희 조상의 하나님이 보내셨다'라고 말하게 하시며, '여호와'의 이름은 '나의 영원한 이름이요 대대로 기억할 나의 칭호'(15)라고 밝힌다. 여호와의 뜻은 '언약대로 이루시는 분'이시며, 그 이름이 영원한 이유는 하나

---

7  "여호와께서 이르시되 내가 애굽에 있는 내 백성의 고통을 분명히 보고 그들이 그들의 감독자로 말미암아 부르짖음을 듣고 그 근심을 알고 내가 내려가서 그들을 애굽인의 손에서 건져내고 그들을 그 땅에서 인도하여 아름답고 광대한 땅, 젖과 꿀이 흐르는 땅 곧 가나안 족속, 헷 족속, 아모리 족속, 브리스 족속, 히위 족속, 여부스 족속의 지방에 데려가려 하노라"(출 3:7~8).

8  "여호와께서 아브람에게 이르시되 너는 반드시 알라 네 자손이 이방에서 객이 되어 그들을 섬기겠고 그들은 사백 년 동안 네 자손을 괴롭히리니"(창 15:13).

님의 언약은 절대적인 것으로서 반드시 이루시는 영원하신 분이시기 때문이다. 신의 존재를 확인한다는 것은 인간에게 가장 중요한 가치이고, 용기와 확신을 갖게 하며 삶의 동력이다.

하나님의 마지막 표징은 애굽 사람의 패물을 취하라는 것인데, 이는 조상 아브라함에게 약속한 언약의 증표이며 해방이 임박함을 알리는 것이다.[9]

### (2) 표징과 약속(4:): 신적인 권위

하나님이 함께하시겠다는 약속에도 불구하고 불안해하는 모세에게 여러 가지 표적을 통해 확신을 갖게 하신다. 뱀이 된 지팡이가 꼬리를 잡으니 다시 지팡이로 변하는 표적은 애굽의 신을 뱀과 지팡이로 조롱하듯 능력자이심을 보여 주신다. 또한 하나님은 손에 문둥병이 발생했다 치유되는 표적을 보이시며, 그들이 지팡이 표징을 믿지 않으면 문둥병의 표적을 보게 되리라 하신다. 이 두 표적을 믿지 않으면 나일강물이 피로 변하는 표징을 보이라고 하신다. 나일강이 피로 변하는 표적은 나일강을 주관하는 신에 대한 모독으로 피의 상징인 죽음과 파괴를 선언하시는 것이다.

여호와께서 여러 가지 표적을 보여 주었음에도 모세는 자신의 언변이 부족하다는 핑계를 댄다. 이에 사람의 입을 창조하신 하나님께서 모세의 입과 함께 있어 할 말을 가르치실 것을 약속하시며, 아론을 동행시키고 이적을 행할 지팡이를 주신다. 모세가 아내와 아들들과 함께 애굽으로 돌아가는 길에 여호와께서 모세에게 이르시되 애

---

9 　"그들이 섬기는 나라를 내가 징벌할지며 그 후에 네 자손이 큰 재물을 이끌고 나 오리라"(창 15:14).

굽 왕이 강퍅해서 말을 듣지 않을 것이니 이스라엘 백성은 하나님의 아들이요 장자이기 때문에 그들을 괴롭힌 애굽의 장자가 죽을 것도 예고하신다.

여호와께서는 이와 같은 약속을 한 후에 돌연 모세의 아들이 할례 받지 않았다는 것을 들어 모세를 죽이려 하시는데, 아내 십보라가 아들의 표피를 베어 모세를 피 남편이라 하며 살린다. 이는 하나님께서 언약의 증표인[10] 할례를 시행하게 함으로써 모세로 하여금 언약대로 애굽에서 해방에 대한 믿음을 갖게 하시는 중요한 절차이다.

모세는 일련의 과정을 거치며 여호와에 대한 확신을 갖고 아론을 통해 장로들을 모아 백성에게 이적을 베풀어 그들에게도 믿음을 갖게 한다.

### 3) 도전의 실행(5:~11:): 권세의 확증

하나님께서 치밀한 계획과 근거를 보이시며 이를 백성에게 알려주시는 것으로 섭리하신다. 하나님의 언약은 고난과 고통을 통해 이루어지는 것을 잊어선 안 된다. 이스라엘 백성은 강대한 애굽 권세에 도전하는 과정을 통해 하나님이 여호와이심을 확인하는 것이 근본 목적임을 알아야 한다.

#### (1) 승리의 약속(5:~6:): 이름의 확증

여호와의 약속대로 모세와 아론은 바로왕에게 이스라엘 백성이 여

---

10 "너희 중 남자는 다 할례를 받으라 이것이 나와 너희와 너희 후손 사이에 지킬 내 언약이니라 할례를 받지 아니한 남자 곧 그 포피를 베지 아니한 자는 백성 중에서 끊어지리니 그가 내 언약을 배반하였음이니라"(창 17:10, 14).

호와께 제사를 드릴 수 있도록 요청하지만, 오히려 고역과 학대가 가중되어 백성들의 원망을 듣는다. 여호와께서 실망한 모세에게 아무도 범접할 수 없는 탁월한 능력으로 애굽에서 해방시켜 주실 것을 약속하신다. 그리고 당신의 존재를 '여호와'로 확증해 주시는데, 열조에게는 전능의 하나님으로 나타났지만 여호와라고는 알리지 않았음을 밝히신다.[11] 이 말은 열조에게는 창조주의 권능으로 큰 민족으로 번성할 것과 가나안 땅 정복의 언약을 세웠지만, 아직 성취하지는 않으셨다는 뜻이다. 하지만 이제는 애굽의 고역에서 해방시켜 가나안 땅을 정복하게 해 주심으로써 '언약을 성취하시는' 여호와이심을 확증하도록 하신다는 것이다.[12]

여호와께서 이에 대한 증거로 출애굽 시의 중보사역자인 모세와 아론의 족보를 언급하심으로써 이들의 정통성을 확보한다. 모세는 하나님께서 중보자로 부르시고,[13] 이스라엘 민족의 지도자로 세우셨으며, 아론은 히브리 제사를 집례하는 책임자로 세우신 것에 신적 권위와 사역의 정통성을 강조한다. 이들을 따른다는 것은 모세와 아론을 지도자로 세우신 하나님의 뜻에 순복하는 것이다. 이에 대한 반증은

---

11 "내가 아브라함과 이삭과 야곱에게 전능의 하나님으로 나타났으나 나의 이름을 여호와로는 그들에게 알리지 아니하였고"(출 6:3).
12 "내가 아브라함과 이삭과 야곱에게 주기로 맹세한 땅으로 너희를 인도하고 그 땅을 너희에게 주어 기업을 삼게 하리라 나는 여호와라 하셨다 하라"(출 6:8).
13 하나님께서 사람과 직접 대면하실 수 없기 때문에 대리인을 통해 하시는데, 모세는 정치 지도자로 아론은 종교 지도자로 세워 관리하신다. 모세와 아론에게 권위를 부여하기 위해 그들의 조상을 하나님이 창조하셨다는 것을 족보로 확인시켜 주신다. 중보자는 하나님과 사람 사이의 관계에서 하나님을 대신해서 뜻을 전달하고, 사람을 대신해서 하나님께 간구하는 역할이다. 공식적으로 인증된 중보사역은 선지자·제사장·왕이 있는데, 하나님께서 이들을 세울 때는 반드시 기름을 부어 권위를 부여한다.

후에 모세의 권위에 도전한 고라 당(민 16:)과 모세를 책망한 미리암(민 12:)의 사건에서 확인된다.

### (2) 표적의 시행(7:~11:): 승리의 확증

하나님은 표적을 시행하시기 전에 여호와의 이름대로 반드시 성취하실 것을 확약하시고, 중보사역자를 세우시며 그에게 신적 권위를 부여하신다. 바로 왕은 신적 권위를 지닌 모세의 말을 듣지 않겠지만, 하나님께서 많은 표적을 통해서 큰 심판을 내려 애굽에서 내 백성 이스라엘 자손을 인도해 낼 때 여호와인 줄 알게 될 것을 확언하신다.

하나님께서 중보자인 모세와 아론을 통해 이적을 시행하신다. 지팡이가 뱀으로 변하는 이적을 아론과 바로의 술객들이 같이 시행했으나 아론의 뱀이 술객의 뱀을 삼킨다. 뱀은 바로왕의 왕관에도 새겨진 것처럼 왕권을 상징하는데, 아론의 뱀이 술객의 뱀을 삼킨 것은 하나님 권세가 바로왕을 굴복시킨 것을 의미한다.

표적은 애굽의 신들을 무력화하고 바로의 왕권을 굴복시킴의 상징이다. 이와 같이 열 가지 재앙을 통한 표적엔 각기 중요한 의미가 있다.

첫째, 피로 변한 나일강 재앙, 피는 생명을 뜻하는데 강이 피로 변했다는 것은 애굽의 생명줄이 죽음의 강이 되었다는 것을 뜻한다. 물에서는 악취가 진동하고 물고기가 죽었다는 표징은 나일강을 관장하는 신 '크눔'을 무력화함이다(7:14~25).

둘째, 개구리 재앙은 애굽 전역에 개구리가 확산되어 사람에게 해를 끼침으로써 부활과 다산을 상징하는 개구리의 신 '헥트'를 조롱함이다(8:1~15).

셋째, 티끌 재앙은 땅의 티끌을 치면 이가 되는 이적인데, 이는 사람과 동물에게 해를 끼치는 곤충을 조정하지 못하는 땅의 신 '셉'을 조롱함이다(8:16~19).

넷째, 파리 재앙은 말과 사람의 몸속에 들어가는 파리 떼로 애굽이 황폐해지는 것을 막지 못한 곤충의 신 '하드콕'을 조롱함이다(8:20~32).

다섯째, 가축의 전염병인 악질 재앙은, 이를 제어하지 못하는 황소의 신 '아피스', 암소의 신 '하도르'를 조롱함이다(9:1~7).

여섯째, 독종재앙은 전염성이 강한 피부병인데, 이를 치료하지 못함으로써 의술의 신 '임호텝'을 조롱함이다(9:8~12).

일곱째, 우박재앙은 개국 이래 가장 혹독한 재앙으로 이를 통제하지 못한 하늘의 신 '누트'를 조롱함이다(9:13~35).

여덟째, 메뚜기 재앙은 메뚜기를 통제하지 못해 흉년이 들게 됨으로써 곤충 재앙을 막는 신 '세라피아'의 무력함을 드러낸다(10:1~20).

아홉째, 흑암 재앙은 어둠으로 인해 삼일 동안 모든 활동이 중단된다. 하지만 이스라엘이 거하는 곳에는 광명이 비치는데, 이는 태양의 신 '라'를 무력하게 한다(10:21~29).

열째, 장자가 전멸하는 재앙은 다산의 신 '오시리스'와 생명의 신 '이시스'를 무능한 우상으로 전락시키는 재앙이다(11:1~10).

여호와께서는 열 가지 재앙의 이적을 시행하심으로써 우상의 무능과 허구성을 드러내신다.[14] 우상에 대비되는 창조주 하나님의 권능을 증거하심으로써 애굽 사람과 이스라엘 백성들에게 여호와의 존재를 확증하신다.[15]

---

14  제자원, 『그랜드 종합주석, 출애굽기』 성서아카데미, 1999. p. 119.
15  "내가 내 손을 애굽 위에 펴서 이스라엘 자손을 그 땅에서 인도하여 낼 때에야 애굽 사람이 나를 여호와인 줄 알리라 하시매"(출 7:5).

이 표적에도 불구하고 하나님은 애굽 왕이 하나님의 백성 이스라엘을 놓아 주지 않을 것을 예고하셨다. 이는 혹독한 재앙이 남아 있음을 의미하는데, 바로 애굽의 짐승과 사람의 첫 것이 몰사되는 마지막 피의 재앙이다.

하나님께서는 피의 재앙으로 애굽에서의 탈출을 확언하시고, 이스라엘 백성들에게 애굽 사람의 은금 패물을 구하게 하신다. 이것은 노동에 대한 정당한 요구이며 이에 응했다는 것은 애굽 사람들이 재앙을 통해서 선민의 신 여호와를 보았으므로 가능한 일이었다. 은금 패물의 획득은 오래 전 아브라함에게 "네 자손이 큰 재물을 이끌고 나오리라"라는 약속이 이루어진 것이다.[16] 이 패물은 성막 제작과 광야 금송아지의 제작에 사용되기도 한다.[17]

---

16 "그들이 섬기는 나라를 내가 징벌할지며 그 후에 네 자손이 큰 재물을 이끌고 나오리라"(창 15:14).
17 "아론이 그들의 손에서 금 고리를 받아 부어서 조각칼로 새겨 송아지 형상을 만드니 그들이 말하되 이스라엘아 이는 너희를 애굽 땅에서 인도하여 낸 너희의 신이로다 하는지라"(출 32:4).

## 2 백성의 승리(12:~18:): 해방의 실증

하나님께서는 열조와의 언약대로 이스라엘 백성을 애굽의 노예생활
을 통해 번성시키시고, 400년의 약속 기간에 맞추어 해방시키신다.
홍해 바다의 장애물로 애굽의 군대를 전멸하신 하나님은 이스라엘 백
성을 바다를 건너게 하여 구원하신다. 그리고 그들에게 언약대로 해
방시키신 여호와의 존재를 잊지 않게 하려고 유월절 절기를 지키게
하신다. 또한 이스라엘 백성을 광야에서 보호하며 인도하시기 위해서
만나를 주시고 안식일을 지키도록 하신다.

| 백성을 규정하시는 여호와 – 민족의 구성 | |
|---|---|
| **2. 백성의 승리(12:~18:): 해방의 실증** | |
| 1) 선민의 해방(12:~13:) | (1) 탈출과 의미(12:)<br>(2) 교훈과 인도(13:) |
| 2) 선민의 승리(14:~15:21) | (1) 도하와 승리(14:)<br>(2) 찬양과 확신(15:1~21) |
| 3) 선민의 보호(15:22~18:) | (1) 시험과 기념(15:22~16:)<br>(2) 승리와 제도(17:~18:) |

### 1) 선민의 해방(12:~13:): 언약의 실현

여호와께서는 언약대로 정해진 시점에 해방시키시고, 민족이 나아
가야 할 방향과 목적을 제시해 주시며, 구름기둥과 불기둥으로 인도하
신다.

## (1) 탈출의 의미(12:): 유월절 제정

열 번째 장자 재앙의 목적은 이스라엘이 해방되며,[18] 나아가 애굽의 모든 신들을 하나님 앞에서 무력화시켜 하나님의 능력이 드러나게 하는 것이다. 언약백성은 여호와만 섬겨야 하며 우상숭배는 절대적으로 금지한다. 애굽 사람이나 유대인 모두는 장자가 몰사하는 피의 재앙으로 애굽의 신은 무능하며 여호와만이 참 신이심을 확증한다.[19] 이와 같은 재앙으로 인해 애굽에서 해방된 사건은 여호와께서 아브라함에게 세우신 언약을 실현하심으로써 의심 없이 여호와를 확신하게 한다.

유월절 절기의 재물은 양의 첫 새끼를 제물로 사용하는데, 이는 장자의 생명을 처음 난 짐승의 생명으로 대신 드림으로써 대속의 은총을 기념한다. 애굽의 장자는 죽지만 죽음의 사자가 이스라엘 백성의 집을 뛰어넘는 유월절 절기가 되어 대대손손 이 사건을 기억하고 여호와의 영광을 찬양하며 경외하게 된다.

하나님의 섭리는 정확하다. 여호와께서 아브라함에게 사대 만에 큰 민족을 이루어 가나안 땅으로 돌아올 것을 언약하신 대로 성취된 섭리이기 때문이다.[20] 하나님의 언약은 큰 민족으로 번성하는 기간, 해

---

18  장자재앙은 11장에서 간단히 언급했는데, 하나님께서 애굽에 내리신 열 번째 재앙으로 이스라엘이 애굽을 탈출하는 데 결정적인 역할을 한다.

19  "내가 그 밤에 애굽 땅에 두루 다니며 사람이나 짐승을 막론하고 애굽 땅에 있는 모든 처음 난 것을 다 치고 애굽의 모든 신을 내가 심판하리라 나는 여호와라"(출 12:12).

20  "내가 너로 큰 민족을 이루고 네게 복을 주어 네 이름을 창대하게 하리니 너는 복이 될지라"(창 12:2).
"하나님이 이르시되 나는 하나님이라 네 아버지의 하나님이니 애굽으로 내려가기를 두려워하지 말라 내가 거기서 너로 큰 민족을 이루게 하리라"(창 46:3).
"이스라엘 자손이 라암셋을 떠나서 숙곳에 이르니 유아 외에 보행하는 장정이 육십만 가량이요"(출 12:37).
"이스라엘 자손이 애굽에 거주한 지 사백삼십 년이라"(출 12:40).

방의 시점, 패물을 갖고 나오게 될 것까지 정확하게 성취되었으므로 언약대로 성취하시는 여호와이심이 명백하다.[21]

### (2) 교훈과 인도(13:): 동행의 사역

여호와께서 처음 난 모든 것은 거룩히 구별하여 여호와께 드리라 하셨고 애굽의 종 되었던 집에서 해방된 그날을 기념하여 유교병을 먹지 말라 하셨다. 이는 여호와의 권능으로 이스라엘 백성을 인도하셨기 때문이다.[22]

그들을 근접한 블레셋의 길이 아닌 홍해 길로 인도하신 것은 애굽으로 돌아가지 못하게 하려 하심이다.[23]

이스라엘 백성은 고센에서 홍해의 길로 행진할 때 요셉의 유골을 갖고 나왔다. 이는 사백 년 전 요셉의 유언을 지킴으로써 애굽에서 해방된 것을 확증하는 것이다.[24] 여호와의 역사는 해방 사건에 멈추지 않고 구름과 불기둥으로 인도하는 행진의 과정에서도 확증된다. 이는 여호와께서 이스라엘 백성에게 과거의 애굽 해방, 현재의 광야 인도, 미래의 가나안 정복을 향해서 끝까지 함께하신다는 확증의 의미다.

---

21  "여호와께서 아브람에게 이르시되 너는 반드시 알라 네 자손이 이방에서 객이 되어 그들을 섬기겠고 그들은 사백 년 동안 네 자손을 괴롭히리니 그들이 섬기는 나라를 내가 징벌할지며 그 후에 네 자손이 큰 재물을 이끌고 나오리라"(창 15:13~14).
22  "이스라엘 자손 중에서 사람이나 짐승을 막론하고 태에서 처음 난 모든 것은 다 거룩히 구별하여 내게 돌리라 이는 내 것이니라 하시니라 … 처음 난 모든 수컷들은 내가 여호와께 제사를 드려서 내 아들 중에 모든 처음 난 자를 다 대속하리니"(출 13:2, 15).
23  "바로가 백성을 보낸 후에 블레셋 사람의 땅의 길은 가까울지라도 하나님이 그들을 그 길로 인도하지 아니하셨으니 이는 하나님이 말씀하시기를 이 백성이 전쟁을 하게 되면 마음을 돌이켜 애굽으로 돌아갈까 하셨음이라"(출 13:17).
24  "요셉이 또 이스라엘 자손에게 맹세시켜 이르기를 하나님이 반드시 당신들을 돌보시리니 당신들은 여기서 내 해골을 메고 올라가겠다 하라 하였더라"(창 50:25).

## 2) 선민의 승리(14:~15:21): 신뢰와 찬양

애굽을 탈출한 이스라엘 백성은 홍해 바다를 마주하며 진퇴양난의 위기에 봉착한다. 하지만 홍해는 장애물이 아니라 여호와의 능력을 이스라엘 눈앞에서 목도하게 하는 방편이다.

### (1) 홍해 도하(14:): 위기적 상황

여호와께서 애굽 바로왕의 마음을 강퍅하게 하심으로 애굽에서 탈출한 이스라엘 백성을 죽이려고 군마를 이끌고 추격하게 하신다. 이에 이스라엘 백성은 하나님과 모세를 원망한다. 모세는 "여호와께서 너희를 위하여 싸우시리니 너희는 가만히 있을지니라"(14:14)는 말로 백성을 위로한다. 모세의 확신대로 여호와께서는 모세에게 권능의 지팡이를 들어 바다 위에 손을 내밀어 갈라지게 하시며 마른 땅으로 인도하신다.

여호와께서 홍해를 가르시며 구름기둥은 애굽 군대 사이에 이동시켜 그들을 어지럽게 하시자, 이에 모세가 다시 손을 바다에 내미니 바다의 물이 애굽 군대를 전멸시킨다. 여호와의 능력을 본 이스라엘 백성은 여호와와 그의 종 모세를 신뢰하게 된다. 이스라엘 백성의 출애굽 과정은 열조와의 언약대로 성취하시는 하나님이 곧 여호와이심을 알게 하는 것이다.

### (2) 찬양과 확신(15:1~21): 능력의 확증

찬양은 여호와에 대한 경험치에서 나온다. 이스라엘 백성은 홍해 바다에서 하나님의 능력을 경험했다. 막강한 애굽의 전차 부대를 짙은 어둠으로 몰아 자기들끼리 싸우다 죽게 하시며, 바다에 몰살시키시고 밝은 태양 아래 홍해를 갈라지게 하여 이스라엘 백성은 통과하도록 하셨다. 애굽의 군대를 피할 수 없는 홍해 바다에서 대치하게 하시더니 극적으로 구출해 주심으로써 찬양하게 하신다.

이와 같은 섭리의 목적은 조상들과의 언약대로 이스라엘 백성을 해방시킴으로써 살아계신 하나님, 언약을 성취하시는 여호와를 알고 경외하게 하려하심이다.

### 3) 선민의 보호(15:22~18:): 광야의 교육

하나님께서 언약백성을 애굽에서 해방시켜 광야로 인도하실 때에 신 광야에서 2개월 체류하며 만나를 주실 것과 물과 전쟁으로 시험하시고, 율법에 의한 행정 원칙과 나아갈 길과 해야 할 일을 제시하신다.

#### (1) 시험과 기념(15:22~16:): 생존의 필수

홍해바다를 무사히 건넌 이스라엘 백성은 하나님의 능력의 영광을 찬양했다. 곧 이어 백성은 광야에서 사흘 만에 먹을 물이 없어서 하나님을 원망하는데, 하나님께서는 쓴 물이 달게 되는 표적을 보여 주시고, 간단한 법도와 율례를 주시며 질병에서 구출해 주실 것을 약속하신다.

하나님께서 먹을 양식 때문에 원망하는 언약백성에게 하늘로부터 주어지는 만나를 주시겠다고 약속하시며 율법 준행의 여부를 시험하시겠다고 말씀하신다. 이스라엘 백성은 하늘에서 내리는 하늘 양식 만나를 처음으로 경험하게 되는데, 만나는 일용할 분량만 거두게 하시되 안식일에는 여섯째 날에 이틀 분의 양식을 주사 쉬게 하신다. 날마다 거두어 먹어야 하는 만나의 의미는 광야에서 하나님의 보호하심으로 생존했고 인도 받았음을 깨닫게 한다. 하나님께서는 인간 생존의 필수 요소인 물과 음식을 통해서 하나님의 존재를 확증하게 하신다.[25]

### (2) 승리와 제도(17:~18:): 시험과 조직

하나님께서는 언약백성을 반복적으로 시험하시는데, 르비딤에서 물이 없어 모세를 원망하는 백성에게 모세가 반석을 쳐서 생수가 솟아나게 하시는 표적으로 생존하게 하신다. 이는 백성이 여호와의 존재를 시험했다는 의미로 그곳을 맛사(시험하다)와 므리바(싸우다)로 지명하신다.[26]

하나님께서 싸움의 장소로 명명하신 므리바에서 아말렉 군대와 처음 전투가 벌어지는데, 모세가 손을 내리면 패배하고 손을 들고 기도하면 승리하게 하심으로써 여호와가 함께해서 인도하신다는 것을 백성에게 알게 한다. 아말렉과의 전쟁에서 여호수아가 처음으로 등장하는데, 이는 하나님께서 모세의 중보자 역할을 백성에게 증명하시고, 여호수아에게 전쟁의 경험을 쌓게 하여 가나안 정복의 지도자가 되게 하시려는 계획의 일환이다.

전쟁에 승리한 모세는 가족을 맡겨 두었던 장인 이드로와 재회하며, 그동안 여호와의 기적의 역사를 전한다. 경륜이 많은 이드로는 여호와를 찬양하며 모세에게 행정 체계를 가르친다. 중보자 모세는 하나님과 직접 소통하나, 백성의 치리는 중간 지도자를 세우는 것으로

---

25  "사람이 사는 땅에 이르기까지 이스라엘 자손이 사십 년 동안 만나를 먹었으니 곧 가나안 땅 접경에 이르기까지 그들이 만나를 먹었더라"(출 16:35).

26  "너희는 므리바에서와 같이 또 광야의 맛사에서 지냈던 날과 같이 너희 마음을 완악하게 하지 말지어다"(시 95:8 ).

행정 체계를 확립한다. 이는 하나님과 모세 그리고 중간 지도자와 백성의 단계를 조직하며 유기적인 관계로 다스리는 것인데, 신약 교회 역시 하나님과 중보자 그리스도 그리고 교회의 직임에 따라 운영된다.[27]

---

27  "은사는 여러 가지나 성령은 같고 직분은 여러 가지나 주는 같으며 또 사역은 여러 가지나 모든 것을 모든 사람 가운데서 이루시는 하나님은 같으니"(고전 12:4).

## 3 백성의 제도(19:~40:): 정체성 확보

여호와께서는 이스라엘 백성의 신분을 애굽의 노예에서 제사장 나라의 민족으로 다시 규정하신다. 이는 이스라엘 백성의 정체성 확립이자 하나님께 제사를 드리는 예배의 관계로 이방 나라와 차별화된 거룩한 관계임을 명시한다.

하나님께만 제사를 드리는 거룩한 민족은 성막의 제사를 드림으로 확증되기 때문에 하나님은 모세를 통해서 성막을 제작하게 하신다.

| 백성을 규정하시는 여호와 – 민족의 구성 | |
|---|---|
| **3. 백성의 제도(19:~40:): 정체성 확보** | |
| 1) 민족의 규정(19:~23:) | (1) 제사장 나라(19:)<br>(2) 율법의 수령(20:~23:) |
| 2) 성막의 규례(24:~31:) | (1) 수여의 준비(24:)<br>(2) 규례의 수여(25:~31:) |
| 3) 성막의 건립(32:~40:) | (1) 언약의 수령(32:~34:)<br>(2) 성막의 완공(35:~40:) |

### 1) 민족의 규정(19:~23:): 정체성 확립

이스라엘이 이방 나라와 다른 점은 하나님의 아들, 장자, 백성이기 때문에 하나님과 같이 거룩해야 하는 것과 하나님께만 제사를 드리는 제사장 나라라는 것이다. 제사장 나라는 비단 제사뿐 아니라 그 나라의 법 정신과 문화가 이방 나라와 확실하게 구별된다.

## (1) 제사장 나라(19:) 선민의 신분

제사장 나라는 이스라엘 백성이 애굽에서 해방된 지 삼 개월이 되었을 때 여호와께서 시내 광야에서 모세를 통해서 선언해 주셨다. 제사장 나라로 규정하기에 앞서 이스라엘이 애굽에서 해방된 이유는 모든 세계가 하나님께 종속되어 있고, 이스라엘이 하나님의 소유가 됨은 열조와 맺은 언약 때문임을 확고히 한다.[28] 그러므로 이스라엘 백성은 여호와께만 제사를 드리는 제사장 나라이며, 모든 것과 차별화된 거룩한 백성임을 규정하는 것이다.

이스라엘 백성은 첫째, 하나님과 절대적인 언약관계이고, 둘째로 하나님께 제사를 드림으로 소통하는 예배적인 관계이며, 셋째로 하나님의 거룩한 생기(DNA)를 부여받은 생명의 관계이다.[29]

## (2) 율법의 수령(20:~23:): 선민의 헌법

여호와께서 이스라엘에게 제사장 나라의 헌법인 율법을 주신다. 이는 이방나라의 법과 근본적으로 다르다. 모든 나라의 법은 국민에게 주권이 있지만, 제사장 나라에서의 율법은 유일하신 여호와께 모든 권한이 있다. 또한 율법은 여호와가 살아계심을 확신하게 하며 우상숭배를 금하는 데 있다. 제사장 나라의 백성은 참 신인 여호와만을 섬겨야 한다.

여호와께서 모세에게 주신 열 가지 계명의 근본 정신은 열조와의

---

28  "세계가 다 내게 속하였나니 너희가 내 말을 잘 듣고 내 언약을 지키면 너희는 모든 민족 중에서 내 소유가 되겠고"(출 19:5).

29  생명의 관계란 하나님께서 아담을 하나님의 생기로 창조하셨고, 아담의 혈통은 노아에게까지 계승되며 노아의 후손으로 아브라함이 출생했고, 아브라함의 씨로 큰 민족이 형성되었다는 뜻이다.

언약대로 이스라엘 백성을 애굽에서 해방시켜 주신 여호와의 존재를 잊지 않는 것이다. 여호와가 살아계심을 인식하고 그 이름을 기억하면 다른 신을 섬기지 않고 우상을 제작하지 않으며 안식일을 준수하게 된다.

또한 하나님이 살아계심을 인식하면, 생명의 주관자를 알기에 살인하지 않는다. 여호와께서 주신 분복을 인정함으로써 남의 아내나 이웃의 물건을 탐하여 도둑질하지 않고 거짓 증언을 하지 않게 된다. 십계명은 하나님을 인식하고 사랑하면 이웃과의 관계에서도 분복을 넘어서는 행동을 하지 않고 사랑하게 됨을 가르쳐 주고 있다.

여호와께서는 제사장 나라의 헌법인 율법을 주시고, 여호와의 사자를 앞서 보내 약속의 땅 가나안 정복의 확신을 주시며, 그들을 점진적으로 쫓아내어 여호와만 섬기라고 하신다. 이는 가나안 땅 정복과 정착의 과정에도 여호와가 살아계심을 확증하며 살아갈 것을 촉구하는 것이다. 마지막으로 여호와께서 약속하신 계명을 돌판에 기록해 주시기 위해 시내산에서 모세를 부르신다.

## 2) 성막의 규례(24:~31:): 제사의 의미

여호와께서 이스라엘 백성을 제사장 나라로 규정하고 율법의 계명을 주신 후 이제는 제사장 나라를 실현하기 위해 성막의 제도를 주신다. 성막은 여호와가 임재하시는 장소로 여호와께서 이스라엘 백성과 함께하심을 알게 한다.

또한 성막은 하나님과 이스라엘 백성간의 언약의 관계를 확증하며, 하나님과의 소통과 교제의 근간이 된다. 제사장 나라의 성막은 천막으로 제작한 장막 성전에서 솔로몬 때에 건물 성전으로 확장되며 그

리스도를 통해서 신령한 생명 성전으로 성취된다.[30]

### (1) 수여의 준비(24:): 중보의 체제

하나님께서 성막의 규례를 수여하실 때 모세만 대면하시고 하나님의 뜻을 백성에게 전달하게 하신다. 이는 하나님 계시의 전달방식으로서 중보자를 세워 하나님의 뜻과 존재를 확증시키는 신정 국가의 정치체제이기도 하다. 하나님께서 모세를 통해서 성막의 규례를 선포하시면 모세는 백성들에게 전달하여 확약을 받는다.

성막의 규례는 하나님께서 정하신 양식대로 제작되며, 제사 역시 하나님께서 정해 주신 규례대로 드리게 하심으로써 하나님께만 거룩한 제사를 드리는 제사장 나라의 성격을 확고히 한다. 모세는 하나님의 뜻에 순복하기 위한 언약서를 낭독하며 피를 제단에 뿌림으로써 백성의 다짐을 확고히 한다.

모세는 율법과 계명의 돌판을 하나님께 직접 수령하기 위해서 여호와의 영광이 임재한 구름 속에서 40일간 머문다. 하나님께서 수여하실 돌판은 백성을 다스리기 위한 규범이며, 하나님의 규례대로 제작된 성막은 제사를 통한 속죄의 은총과 소통의 수단이다.

### (2) 규례의 수여(25:~31:): 성막의 양식

여호와께서 성막을 제작하게 하실 때 백성들로 하여금 애굽에서 갖

---

30  생명성전은 예수께서 부활을 통해서 실체적으로 건축하신 것이다(요 2:19~22). 성전은 장막에서 건물로 그리고 부활의 생명으로 변천한다. 하나님께서는 그리스도의 생명으로 거듭난 자들을 성전이라 명하신다.
"너희는 너희가 하나님의 성전인 것과 하나님의 성령이 너희 안에 계시는 것을 알지 못하느냐"(고전 3:16).

고 나온 패물을 기쁨의 예물로 드리게 하신다. 언약백성의 절대적인 가치는 성막을 통해서 속죄의 은총을 깨닫고 여호와께서 살아계심을 알고 경외하는 데 있기 때문에 성막 건축을 위한 물품은 기쁨의 예물로 드리라는 것이다. 성막의 건축은 인간의 설계로 고안된 것이 아니라 하나님의 계시에 의한 양식을 원칙으로 한다. 그래야만 성막을 통해서 하나님을 기억하고 경외하는 소통의 장소로써 의미가 있기 때문이다.

성막은 언약궤가 안치된 지성소와 떡과 등대 그리고 향단을 설치한 성소로 구분된다. 지성소는 하나님께서 임재하신 곳이며 백성들의 죄를 용서받는 속죄 장소이고, 일 년에 한 번 대제사장만이 출입한다.

성막의 근본 목적은 여호와의 임재를 확증하며 경외하게 하기 위한 것이다. 하나님의 임재는 언약관계를 기초로 하며, 에덴 동산과 조상들의 제단에도 함께하셨다. 제사장 나라의 백성에게 허락하신 성막은 하나님 아버지와 아들의 언약관계를 확증하는 장소이며, 여호와의 언약은 영원히 불변함을 증거한다. 이스라엘 백성의 자부심은 성막을 통해서 고취되며 성막에서 드리는 제사를 통해서 확증된다.

성막을 설계하신 여호와께서 성막의 제조자를 임명하시는데, 그는 하나님의 뜻을 해석하는 지혜, 하나님께서 주신 도면을 이해할 수 있는 총명, 신앙적인 경험의 축적된 지식으로 제작할 수 있는 실력이 겸비된 자이다. 이는 하나님께서 부르신 사명자는 하나님께서 선택하여 은사를 주시고 목숨을 다하기까지 최선을 다하게 하심을 뜻한다.

여호와께서 이스라엘 자손이 영원히 지켜야 할 안식일의 규례를 명하신다. 안식일은 애굽의 휴식 없는 노예생활에서 여호와의 은총으로 해방되어 자유와 안식을 누리게 하는 삶이다. 이는 여호와께서 육일 동안 창조를 마치시고 일곱째 날에 쉬신 것에 근거해 이스라엘 백성도 엿새 동안 노동을 마치고 휴식함으로 애굽의 노예 생활에서 자유와 안식을 얻게 하신 여호와의 살아계심을 확증하며 경외케 하기 위함이다.

여호와께서 성막 제작의 준비를 마치시고 모세에게 십계명을 기록한 두 개의 증거 돌판을 수여하신다. 성막 제작의 근본 목적은 증거의 돌판을 통해서 언약대로 애굽에서 해방시켜 주신 여호와의 존재를 기억하게 하기 위함이다.

### 3) 성막의 건립(32:∼40:): 선민의 가치

하나님께서는 성막을 건립하기 전에 백성을 시험하시는데, 이는 돌판을 통해서 계시된 하나님의 뜻에 따라서 우상을 숭배하지 말고 유일하신 하나님만 섬길 것을 알게 하시려는 것이다. 율법의 근본정신은 조상과의 언약대로 이스라엘 백성을 애굽에서 해방시켜 제사장 나라로 세워 주신 여호와 하나님만 섬기기 위함이다. 성막은 하나님과 제사장 나라 백성이 거룩한 관계임을 확인하며 하나님만 섬기게 하는 용도이다.

### (1) 언약의 수령(32:∼34:): 파기와 갱신

이스라엘 백성은 하나님의 계시를 받기 위해 산에 올라간 모세가 40여 일 지나도 내려오지 않자 모세를 대신할 금송아지를 제작하여 민족을 인도할 신으로 삼는다. 이스라엘 백성은 애굽에서 인도한 자를 모세로 오인하는데, 이는 중보자 모세를 통해 하나님이 섭리하심을 망각한 것이다. 아론은 백성을 부추겨 금송아지를 만들고 애굽에서 인도한 신으로 규정한다. 그리고 다음날을 '여호와의 명절'로 공포한다. 이스라엘 백성은 애굽의 열 가지 재앙과 홍해 바다의 기적을 통해 여호와를 배웠고, 노예에서 해방되어 제사장 나라의 백성으로 신분이 격상됨으로써 하나님의 백성임을 확약받았음에도 죄를 범했다. 그래서 하나님으로부터 부여받은 돌판을 깨뜨린 모세는 레위 사람으로 하여금 우상숭배자 삼천 명 가량을 죽이게 한다.

여호와께서 모세에게 두 번째 돌판에 계명을 주실 때 구름 가운데 강림하셔서 여호와의 이름을 선포하시고, 가나안 땅 정복을 확언하시며 원주민과 약조하지 말고 그들의 신상을 깨뜨릴 것과 다른 신에게 절하는 우상숭배의 행위에 대해 경고하신다. 그리고 출애굽의 사건을 기억할 수 있도록 무교절을 지키라고 엄중히 말씀하신다.

여호와께서 친히 써 주신 두 돌판을 갖고 내려왔을 때 모세의 얼굴에 광채가 나는 것을 본 이스라엘 백성은 여호와께서 주신 말씀인 것을 믿게 된다. 처음 돌판을 주셨을 때 백성은 금송아지를 만들어 숭배했으나 하나님은 은혜로우신 여호와의 이름을 선포하시며 깨뜨린 돌판 대신 두 번째 돌판을 주신다. 이는 백성의 죄는 심판하시지만 여호와의 언약은 파기되지 않으며 그 언약은 영원히 변하지 않는다는 것을 알게 하시기 위함이다.

그리고 이스라엘 백성의 범죄 이후에 여호와의 이름을 선포하시며 가나안 땅 정복의 확신을 선언하신다. 제사장 나라의 율법은 이스라엘 대대에 여호와만이 유일하신 참 신이심을 확고히 하는 것으로서 절대적 가치가 있다.

### (2) 성막의 완공(35:~40:): 규례의 시행

여호와께서는 성막을 제작하기 전에 거룩한 안식일에 일하지 말

것을 당부하시고, 성막 제작에 필요한 예물을 자원하여 드리도록 하신다. 그리고 성막 제작자를 직접 지명하시며 하나님의 영에 의한 지혜와 총명으로 제작하게 하신다.[31] 거룩한 안식일을 지킨다는 것은 출애굽의 여호와를 기억하며 예물을 통해서 성막을 짓게 하는 의미가 있다. 이는 제사장 나라 이스라엘은 하나님과 긴밀히 연결된 일체적 관계로서 하나님의 거룩하신 본성대로 이방과 확연히 차별화되는 거룩한 민족임을 확증한다.

여호와의 명으로 제작하신 성막은 여호와의 계획대로 차질 없이 진행된다. 이는 여호와께서 예물 드리는 자들의 자원하는 마음과 제작자들이 성령 충만하도록 지도하신 결과이다. 후대 솔로몬이 성전을 건축할 때에 원만하게 진행되는 것에서도 확인된다.[32]

이는 예수께서 건축하신 생명 성전의 의미와 같이 하나님의 선택과 그리스도의 구속사역 그리고 성령의 깨닫게 하심에서도 알 수 있다. 여호와의 명으로 제작하신 성막은 천막과 천막 사이가 유기적으로 연결되어 있다. 성소에는 항상 등불이 켜져 있고 향단의 향은 꺼지지 않으며 떡은 안식일마다 진설한다. 이는 하나님의 임재와 언약백성의 관계가 항상 유지되며, 하나님의 보호하심이 영원할 것을 증거한다. 여호와께서 언약하신 백성의 생육 번성과 생명 존속을 위해서 그들의 범죄에 대한 속죄의 제사가 지속됨으로써 성막을 통한 은혜의 영광이 충만하다.

---

31 "내가 유다 지파 훌의 손자요 우리의 아들인 브살렐을 지명하여 부르고"(출 31:2, 참고. 35:30~35).

32 "이 성전은 건축할 때에 돌을 그 뜨는 곳에서 다듬고 가져다가 건축하였으므로 건축하는 동안에 성전 속에서는 방망이나 도끼나 모든 철 연장 소리가 들리지 아니하였으며"(왕상 6:7).

지성소에는 여호와의 임재와 만남의 장소로서 언약의 신빙성을 확증하는 언약궤가 설치되어 있다. 언약의 증거품인 만나 항아리와 십계명 두 돌판 그리고 표징의 증거물인 아론의 싹 난 지팡이가 보관되어 있다. 지성소는 여호와께서 임재하시는 핵심적인 공간이며, 속죄의 판결이 이루어지는 곳이다.[33] 성막 입구에는 놋으로 만든 제단을 설치해서 속죄와 감사의 제사를 드리게 한다. 제사장 나라의 정체성은 '거룩'에 있는데 '거룩'은 성막의 제사를 통해서 완성된다.

끝으로 성막의 완성과 함께 제사를 드리는 제사장의 거룩한 예복을 제작한다. 제사장은 중보사역의 일원으로서 백성의 죄를 속하며 정결하게 하는 집례자이다. 그는 하나님 앞에 나가야 하기 때문에 몸과 의복의 성결은 필수이다. 모세는 최초로 제사장 지파의 아론과 그의 아들들을 씻기고 기름을 부어 거룩한 제사장으로 세운다.[34] 이것은 기름부음을 받음은 영원한 제사장의 직임을 부여받았다는 것을 의미하며, 제사장의 사역이 지속됨을 뜻한다. 이는 하나님의 아들 그리스도께서 인간 제사장의 반열에 속하지 않고 하늘의 대제사장으로 오셔서 단번에 영원한 제사를 드릴 것에 대한 예표이다.[35]

---

33 "속죄소를 궤 위에 얹고 내가 네게 줄 증거판을 궤 속에 넣으라 거기서 내가 너와 만나고 속죄소 위 곧 증거궤 위에 있는 두 그룹 사이에서 내가 이스라엘 자손을 위하여 네게 명령할 모든 일을 네게 이르리라"(출 25:21~22).

34 "그 아버지에게 기름을 부음같이 그들에게도 부어서 그들이 내게 제사장의 직분을 행하게 하라 그들이 기름부음을 받았은즉 대대로 영영히 제사장이 되리라 하시매"(출 40:15).

35 "그리로 앞서 가신 예수께서 멜기세덱의 반차를 따라 영원히 대제사장이 되어 우리를 위하여 들어 가셨느니라"(히 6:20). "율법은 약점을 가진 사람들을 제사장으로 세웠거니와 율법 후에 하신 맹세의 말씀은 영원히 온전하게 되신 아들을 세우셨느니라"(히 7:28 ). "염소와 송아지의 피로 하지 아니하고 오직 자기의 피로 영원한 속죄를 이루사 단번에 성소에 들어가셨느니라…이로 말미암아 그는 새 언약의

모세는 여호와의 명령을 준행함으로써 출애굽 2년 1월 1일에 성막을 완공했다. 성막의 완공일자는 출애굽을 기념할 수 있는 날이다. 출애굽의 사건은 여호와의 율법 전문에 기록되며(출 20:2), 성막 완공 일자와도 일치한다. 이는 이스라엘 역사의 정점에 출애굽의 사건이 있으며, 출애굽의 사건은 여호와께서 500여 년 전 아브라함과 언약하신 성취의 날로써[36] 여호와의 존재를 확증하는 결정적인 단서이기 때문에 율법을 수여하는 전문에 기록되는 것이고, 장막을 완공하는 완공일과 일치됨을 알 수 있다

성막이 완공되는 날 구름으로 여호와의 영광이 성막 위에 충만하게 임하심을 이스라엘 모든 백성이 확증하고, 구름이 성막 위에 덮여 백성들을 인도한다.

출애굽기는 창세기 종결부에 등장하는 칠십 인의 야곱 가족의 이주로 시작됨으로써 창세기와 연결성을 갖는다. 창세기 50장 마지막 단원에서는 야곱과 요셉의 죽음을 다루는데, 야곱은 아들들에게 자신의 시신을 가나안 땅 에브론에 묻고 그곳으로 돌아갈 것을 약속했다.[37] 요셉은 형제들에게 하나님께서 반드시 조상들과 약속하신 가나안 땅을 정복하게 해 주실 것이므로 그때 자신의 해골을 고향 땅에

---

중보자시니 이는 첫 언약 때에 범한 죄에서 속량하려고 죽으사 부르심을 입은 자로 하여금 영원한 기업의 약속을 얻게 하심이라"(히 9:12, 15), "그가 거룩하게 된 자들을 한 번의 제사로 영원히 온전하게 하셨느니라"(히 10:14).

36 "여호와께서 아브람에게 이르시되 너는 반드시 알라 네 자손이 이방에서 객이 되어 그들을 섬기겠고 그들은 사백 년 동안 네 자손을 괴롭히리니"(창 15:13).

37 "그가 그들에게 명하여 이르되 내가 내 조상들에게로 돌아가리니 나를 헷 사람 에브론의 밭에 있는 굴에 우리 선조와 함께 장사하라"(창 49:29).
"우리 아버지가 나로 맹세하게 하여 이르되 내가 죽거든 가나안 땅에 내가 파 놓은 묘실에 나를 장사하라 하였나니 나로 올라가서 아버지를 장사하게 하소서 내가 다시 오리이다 하라 하였더니"(창 50:5).

묻어 달라고 당부한다.[38] 이와 같이 창세기의 마지막은 야곱과 요셉이 가나안 땅 정복의 확신을 강조하고, 이는 출애굽기의 애굽 탈출과 연결되어 있음을 알 수 있다.

여호와께서 아브라함과 언약하신 대로 아브라함 씨의 생육 번성은 이방에서 400년 노예 생활을 통해서 성취된다.[39] 애굽의 노예 신분으로 번창한 이스라엘 민족은 400년 만에 애굽을 탈출하여 시내산에 도달한다. 이스라엘 백성은 2년여 기간 동안 시내산에 머물며 제사장 나라의 신분으로 탈바꿈하며 거룩한 백성으로 규정된다. 여호와께서 이스라엘 백성에게 제사장 나라의 헌법인 율법을 부여하시고, 제사장 나라의 사역을 실현하기 위해서 성막을 건축하게 하신다. 출애굽기의 종결은 성막 건축의 완공이며, 레위기는 완공된 성막에서 실현할 제사와 제사장의 제도 그리고 백성의 생활을 통한 성결규례로 전개된다.

노예에서 해방되어 제사장 나라와 거룩한 백성으로 거듭나는 출애굽기의 역사는 죄와 사망에서 의와 생명을 얻게 하기 위한 그리스도의 죽음과 부활의 예표이다.[40] 선민 이스라엘 백성이 노예에서 벗어나 하나님의 백성이 된 것같이 하나님께 창세전부터 선택받은 자들이 그리스도를 믿음으로 생명을 얻고 하나님의 성도요 교회가 되는 것이다.

---

38 "요셉이 그의 형제들에게 이르되 나는 죽을 것이나 하나님이 당신들을 돌보시고 당신들을 이 땅에서 인도하여 내사 아브라함과 이삭과 야곱에게 맹세하신 땅에 이르게 하시리라 하고 요셉이 또 이스라엘 자손에게 맹세시켜 이르기를 하나님이 반드시 당신들을 돌보시리니 당신들은 여기서 내 해골을 메고 올라가겠다 하라 하였더라"(창 50:24~25).

39 "여호와께서 아브람에게 이르시되 너는 반드시 알라 네 자손이 이방에서 객이 되어 그들을 섬기겠고 그들은 사백 년 동안 네 자손을 괴롭히리니"(창 15:13).

40 "이는 그리스도 예수 안에 있는 생명의 성령의 법이 죄와 사망의 법에서 너를 해방하였음이라"(롬 8:2).

# 출애굽기의 신학적 주제들

## 1) 도입과 종결

출애굽기의 시작은 창세기 후반부에서 칠십 명 야곱 가족이 애굽으로 이주한 명단과 동일하다.[41] 이는 모세오경이 상호 간에 맥락적인 연결을 구축함으로써 한 권의 책이며 통일성이 있음을 확증한다. 출애굽기는 민족 형성 과정과 애굽에서의 해방 그리고 제사장 나라의 규정인데, 창세기에서 열조에게 하신 언약에서 그 근거를 찾을 수 있다(창 12:1~3). 하나님께서 오백여 년 전에 아브라함에게 사백 년간의 노예생활에서 해방되기까지의 기간이 민족 형성의 배경이 될 것을 명백히 언약하신다.[42]

## 2) 재앙의 의미

하나님이 모세를 통해 내리신 재앙은 애굽에게 고통스러운 사건이지만 선민에게 하나님의 능력을 확증하는 표적이다. 하나님은 아브라함에게 수립했던 출애굽의 언약을 성취하기 위해 당신 능력을 극대화한 표적을 보여 주시며, 출애굽 과정뿐 아니라 광야에서도 자연의 운행과 질병의 창궐 및 치료라는 표적을 통해 가나안 정복에의 확신을

---

41  "애굽으로 내려간 이스라엘 가족의 이름은 이러하니라"(창 46:8).
42  "여호와께서 아브람에게 이르시되 너는 반드시 알라 네 자손이 이방에서 객이 되어 그들을 섬기겠고 그들은 사백 년 동안 네 자손을 괴롭히리니 그들이 섬기는 나라를 내가 징벌할지며 그 후에 네 자손이 큰 재물을 이끌고 나오리라"(창 15:13~14).

심어 주신다.

성경에선 얼핏 재앙으로 보이는 일들에 이면의 의미가 있다. 아담의 타락에서 구원받아 생명이 소생된 역사, 인류의 물 심판에서 노아의 방주를 구원하시는 역사, 애굽의 노예였던 이스라엘이 해방되어 국가를 설립하는 역사, 바벨론의 포로에서 본토로 돌아와 성전을 재건하는 역사, 예수가 십자가 죽음으로부터 부활하여 생명을 주시는 역사를 통해 지구의 종말로부터 하나님 나라가 도래한다.

### 3) 제사장 나라

하나님께서 언약백성의 정체성을 노예의 신분에서 제사장 나라의 신분으로 격상시킨다. 그리고 하나님과의 일체적 관계임을 알게 하시는데, 이는 하나님과 언약백성은 거룩한 관계이기 때문에 제사를 통해서 죄와 부정을 씻어 거룩하게 하신다는 것이다.

하나님께 드리는 제사는 살아계신 하나님과 언약백성 간의 거룩한 관계의 소통이며 속죄의식이다. 이는 노예에서 거룩한 신분으로 격상된 백성들이 제사를 통해서 하나님을 경외하며 감사하고, 죄 용서를 받는다는 뜻이다. 하나님께서 언약백성을 제사장 나라로 규정하신 이유는 하나님은 영의 본질이시고, 언약백성은 하나님의 생기로 존재하는 영적인 존재이며 예배하려는 본성이 있기 때문이다. 하나님과 언약백성의 관계는 하나님의 영으로 창조된 백성이기 때문에 하나님만 예배하고 섬기며 제사하는 제사장 나라이다. 이와 같은 예배의 본성은 아담의 타락으로 파괴되었기에 하나님께서 제사의식을 통해서 회복하신 것이다.

이것은 신약시대에는 예수를 통해 드리는 영적 예배에 대한 모형이며 예표이다. 예수께서는 영적 예배의 중요성을 언급하시고 "하나님은 영이시니 예배하는 자가 영과 진리로 예배할지니라"(요 4:24) 하시며 예배의 당위성을 천명하신다. 이는 하나님은 영의 본질로 존재하시기 때문에 그리스도를 통해서 거듭난 영으로 예배함으로써 하나님의 살아계심과 언약백성의 관계를 규명한다. 거듭난 영은 이스라엘 백성이 노예에서 거룩한 하나님의 아들 신분으로 변화된 것같이, 영적으로 죽은 자들이 그리스도의 부활의 생명으로 다시 태어남을 뜻한다. 이제는 그리스도를 믿음으로 거듭난 생명을 얻은 자들만이 하나님을 아버지로 부를 수 있으며[43] 영적 예배를 드릴 수 있다는 뜻이다.[44] 이처럼 그리스도를 믿음으로 영적 존재로 거듭난 인간의 절대적인 가치는 신에 대한 확신과 예배에 있다.

### 4) 율법의 이해

구약의 율법은 하나님을 기억하여 경외하게 하려는 데 목적이 있지만, 신약에서는 예수께서 율법을 완전히 성취하심으로써 하나님의 아들 그리스도이심을 확증하려는 데 있다. 이스라엘 백성은 율법을 지키지 못함으로써 하나님의 심판을 받았으나 그리스도께서는 율법이 요구하는 심판을 죽음으로 지불하시어 택한 자들의 정죄함을 면하게

---

43 "너희는 다시 무서워하는 종의 영을 받지 아니하고 양자의 영을 받았으므로 우리가 아빠 아버지라고 부르짖느니라"(롬 8:15).

44 "그러므로 형제들아 내가 하나님의 모든 자비하심으로 너희를 권하노니 너희 몸을 하나님이 기뻐하시는 거룩한 산 제물로 드리라 이는 너희가 드릴 영적 예배니라"(롬 12:1).

하셨다.[45]

　신약에서 율법의 의미는 죄를 깨달아 죄인임을 알게 함으로써 심판의 대상이란 사실을 알게 하는 것이다. 그러한 죄인 대신 그리스도께서 율법의 요구를 지불하신 사실을 믿음으로 새 생명을 얻는 것이다. 즉, 율법은 죄인인 것을 인식하게도 하고, 그리스도의 공로에 의한 무조건적인 사랑을 깨닫게도 한다.

## 5) 성막의 기원

　성막<sup>聖幕</sup>은 천막으로 제작된 장막 성전이다. 성막은 제사장 나라의 존재감을 확인하며 하나님께서 선민을 치리하는 신정 정치의 처소이다. 이는 성막이 이방 신전과 다른 구도와 제사의식을 갖고 있으며, 제사장을 통해서 하나님의 뜻을 판결하고 선언하게 하는 중보정치의 요람이란 뜻이다. 성막은 하나님의 임재하심을 통해서 실제로 생명 제사를 체험하는 장소이다. 이는 성막에서 드리는 제사를 통해서 살아계신 하나님의 존재를 확증하며, 정죄와 사죄가 결정되는 생명 심판의 장소이기 때문이다. 즉, 성막 제사는 짐승 제물을 통해서 백성의 죄가 짐승에게 전가되어 백성의 죄는 용서받으며 생명을 보존하기 때문에 생명제사와 생명심판의 의미가 부여된다.

　출애굽기 마지막 부분은 성막이 제작되어 하나님께서 성막 위에 구름과 불의 형상으로 임재하시고, 모든 백성이 하나님의 임재하심을

---

45 "그러므로 이제 그리스도 예수 안에 있는 자에게는 결코 정죄함이 없나니 이는 그리스도 예수 안에 있는 생명의 성령의 법이 죄와 사망의 법에서 너를 해방하였음이라"(롬 8:1~2).

바라보며 행진하는 내용이다. 이는 제사장 나라의 정체성을 확증하며 하나님의 다스리심을 경험하는 선민의 특권이다.

신약에는 하나님의 아들 그리스도의 실체적인 성막이 나타나는데, 이는 하나님 아들의 죽음과 부활을 통해서 세워진 생명성전을 뜻한다. 생명성전은 하나님의 나라인 교회로서 그리스도의 생명으로 거듭난 성도로 세워지며 영원히 존재하는 영생의 나라이다.[46]

---

46 "유대인들이 이르되 이 성전은 사십육 년 동안에 지었거늘 네가 삼 일 동안에 일
으키겠느냐 하더라 그러나 예수는 성전된 자기 육체를 가리켜 말씀하신 것이라"
(요 2:20~21).
"너희는 너희가 하나님의 성전인 것과 하나님의 성령이 너희 안에 계시는 것을 알
지 못하느냐"(고전 3:16).
"그의 안에서 건물마다 서로 연결하여 주 안에서 성전이 되어 가고"(엡 2:21).
"성 안에서 내가 성전을 보지 못하였으니 이는 주 하나님 곧 전능하신 이와 및 어
린 양이 그 성전이심이라"(계 21:22).

# 출애굽기 개론

| 백성을 규정하시는 여호와 – 민족의 구성 | |
|---|---|
| **1. 백성의 준비(1:~11:) 번성의 확증** | 1) 자손의 시련(1:~2:)<br>2) 도전의 준비(3:~4:)<br>3) 도전의 실행(5:~11:) |
| **2. 백성의 승리(12:~18:) 해방의 실증** | 1) 선민의 해방(12:~13:)<br>2) 선민의 승리(14:~15:21)<br>3) 선민의 보호(15:22~18:) |
| **3. 백성의 제도(19:~40:) 정체성 확보** | 1) 민족의 규정(19:~24:)<br>2) 성막의 규례(25:~31:)<br>3) 성막의 건립(32:~40:) |

## 1. 백성의 준비(1:~11:): 번성의 확증

### 1) 자손의 시련(1:~2:) 예언의 성취

#### (1) 자손의 학대(1:): 번성의 수단

① 이주자 명단(1:1~5): 언약의 연속
② 선민의 학대(1:6~22): 민족의 형성

#### (2) 모세의 고난(2:): 준비의 과정

① 출생의 배경(2:1~10): 구원자 준비
② 구원의 준비(2:11~25): 열조의 언약

### 2) 도전의 준비(3:~4:): 신 존재 확증

#### (1) 모세의 소명(3:): 여호와 동행

① 소명의 배경(3:1~12): 언약의 확정
② 해방의 준비(3:13~22): 절대적 신관

#### (2) 표징과 약속(4:): 신적인 권위

① 표징의 의미(4:1~9): 절대적 신뢰
② 소명의 수행(4:10~23): 협력적 관계
③ 할례와 이적(4:24~31): 언약의 입증

### 3) 도전의 실행(5:~11:): 권세의 확증

#### (1) 승리의 약속(5:~6:): 이름의 확증

① 제사의 청원(5:1~14): 바로의 거절
② 해방의 확언(6:1~25): 언약의 확증
③ 탈출의 약속(26~30): 불신적 태도

#### (2) 표적의 시행(7:~11:): 승리의 확증

① 해방의 약속(7:1~2): 업무의 분담
② 해방의 방식(7:3~7): 이적과 심판
③ 재앙의 의미(7:8~11:): 전능자 확증

## 2. 백성의 승리(12:~18:): 해방의 실증

### 1) 선민의 해방(12:~13:): 언약의 실현

(1) 탈출의 의미(12:): 유월절 제정

① 유월절 규례(1~28): 생명의 구원
② 애굽의 심판(29~36): 승리의 확증
③ 해방의 성취(37~42): 열조의 언약
④ 유월절 약속(43~51): 해방의 기념

(2) 교훈과 인도(13:): 동행의 사역

① 규례의 준수(1~16): 초태생 의미
② 인도의 방향(17~18): 애굽의 단절
③ 요셉의 유골(19): 언약의 상기
④ 인도의 방법(20~22): 표징의 인도

### 2) 선민의 승리(14:~15:21): 신뢰와 찬양

(1) 도하와 승리(14:): 위기적 상황

① 백성의 원망(1~14): 절박한 상황
② 모세의 사역(15~31): 이적의 행사

(2) 찬양과 확신(15:1~21): 능력의 확증

① 홍해의 역사(1~12): 절대적 능력
② 정복의 확신(13~21): 언약의 신뢰

### 3) 선민의 보호(15:22~18:): 광야의 교육

(1) 시험과 기념(15:22~16:) 생존의 필수

① 시험과 기준(15:22~27): 율법의 교육
② 양식의 교체(16:1~21): 분배의 원칙
③ 안식일 준수(22~30): 해방과 자유
④ 만나의 의미(31~36): 역사의 전승

(2) 승리와 제도(17:~18:): 시험과 조직

① 원망과 승리(17:1~13): 교육적 방편
② 승리의 의미(14~16): 계승적 교육
③ 행정과 원칙(18:1~23): 업무의 분담
④ 모세의 치리(24~27): 치리의 원칙

## 3. 백성의 제도(19:~40:): 정체성 확보

### 1) 민족의 규정(19:~24:): 정체성 확립

#### (1) 제사장 나라(19:): 선민의 신분

① 언약의 수립(1~6): 선민의 성격

② 임재의 상황(7~15): 모세와 면담

③ 임재의 상황(16~25): 모세와 면담

#### (2) 율법의 수령(20:~23:): 선민의 헌법

① 계명의 원리(20:): 신 존재 확증[47]

② 율례의 이치(21:~23:) 관계의 의미[48]

### 2) 성막의 규례(24:~31:): 제사의 의미[48]

#### (1) 수여의 준비(24:): 중보의 체제

① 중보의 사역(24:1~2): 신정국 통치

② 언약의 증거(24:3~8): 생명의 언약

③ 언약의 돌판(24:9~18): 존재의 확증

#### (2) 규례의 수여(25:~31:): 성막의 양식

① 성막의 제도(25:~27:)[49]: 정해진 약식

② 제사의 규례(28:~29:)[50]: 성별의 원칙

③ 규례의 완료(30:~31:)[51]: 주체의 인식

---

47  ① 계명의 원천(20:1~2): 여호와 인식  ② 계명의 내용(3~17): 여호와 확증
③ 계명의 의미(18~21): 온전한 예배

48  ① 노예의 제도(21:1~11): 인격적 처우  ② 개인 소유권(12~22:17): 분복의 인정
③ 우상의 처리법(22:18~20): 완전한 단절  ④ 약자의 보호(21~23:9): 과거사 인
식  ⑤ 종교 의식법(10~19): 주체의 인식  ⑥ 율례의 의미(20~33): 신관의 정립

49  ① 성물의 헌납(25:1~7): 자세와 종류  ② 목적과 방법(25:8~9): 건축의 의미
③ 성막의 내부(10~40): 예배의 장소  ④ 성막의 외부(26:1~37): 양식의 원칙
⑤ 성막의 마당(27:1~19): 제작의 원칙  ⑥ 성소의 등불(27:20~21): 용도의 규정

50  ① 제사장 임무(28:1~5): 여호와 섬김  ② 의복의 양식(6~43): 성별의 의복
③ 위임의 규례(29:1~9): 거룩한 직분  ④ 제사의 의식(29:10~28): 속죄와 거룩
⑤ 직임의 승계(29~42): 거룩의 계승  ⑥ 제단의 의미(29:43~46): 거룩의 장소

51  ① 향단의 제작(30:1~10): 영원한 관계  ② 생명의 공세(30:11~16): 균등한 세금
③ 물두멍 제작(30:17~21): 성결한 의식  ④ 관유와 향유(30:22~38): 거룩한 기름

3) 성막의 건립(32:~40:): 선민의 가치

  (1) 언약의 수령(32:~34:): 파기와 갱신

    ① 범죄와 심판(32:): 우상의 숭배[52]

    ② 모세의 응답(33:): 가나안 정복

    ③ 언약의 갱신(34:): 우상의 단절[53]

  (2) 성막의 완공(35:~40:): 규례의 시행

    ① 제도와 내부(35:~36:): 봉사와 연결[54]

    ② 성구의 구성(37:~38:): 양식과 결산

    ③ 완공의 의식(39:~40:): 의복과 절차

---

    ⑤ 작업자 선정(31:1~11): 선택적 사역　⑥ 안식일 준수(31:12~17): 유기적 관계
    ⑦ 증거판 전달(31:18): 영원한 기념
52　① 범죄의 내용(32:1~6): 우상의 숭배　② 범죄의 심판(32:7~35): 증거판 파괴
53　① 여호와 선포(34:1~7): 정체성 확증　② 가나안 정복(8~11): 언약의 확신
    ③ 우상의 제거(12~17): 원주민 차별　④ 절기의 준수(18~26): 언약의 상기
    ⑤ 십계명 기록(27~35): 절대적 언약
54　① 안식일 준수(35:1~3): 해방의 기념　② 봉사의 자세(4~35): 자율적 섬김

**레위기의 구조**
 1. 제사의 규례(1:~10:): 성막의 용도
 2. 정결의 규례(11:~17:): 생활의 거룩
 3. 생활의 원리(18:~27:): 유일신 확증
**레위기의 신학적 주제들**
**레위기 개론**

# 레위기
## 선민의 성별규례

# 레위기
## 선민의 성별규례

레위기의 주제는 '백성을 성별하시는 여호와'로, 이스라엘 백성이 성막을 완공한 출애굽 이후 2년 1월 1일부터(출 40:17) 시내산을 떠난 2년 2월 20일(민 10:11) 사이에 시내산에서 기록되었다.

레위기의 요절은 "나는 너희의 하나님이 되려고 너희를 애굽 땅에서 인도하여 낸 여호와라 내가 거룩하니 너희도 거룩할지어다"(11:45)이다. 여호와께서는 애굽의 노예 신분으로 살던 언약백성을 해방시켜 제사장 나라의 백성으로 규정하시며, 레위기에서 '거룩한 백성'으로 확정하신다.

레위기의 기록 목적은 하나님께서 언약백성에게 제사장 나라의 규례를 통해서 거룩한 백성을 삼으시려는 것이다. 하나님의 백성(아들, 장자)은 하나님의 거룩한 본성을 닮은 거룩한 백성이 되게 하신다.

레위기의 주안점은 세 가지로 정리해 볼 수 있다.

첫째, 하나님께서 이스라엘 백성을 거룩하게 하시려는 이유이다.

둘째, 거룩의 개념을 정리하는 것이다.

셋째, 제사장의 중보사역과 제사의 의미를 파악하는 것이다.

# 레위기의 구조

| 백성을 성별하시는 여호와[1] – 민족의 성격 | |
|---|---|
| **1. 제사의 규례(1:~10:)** | 1) 제사의 원칙(1:~7:)<br>2) 제사장 규례(8:~10:) |
| **2. 정결의 규례(11:~17:)** | 1) 정결의 원칙(11:~15:)<br>2) 속죄의 제사(16:~17:) |
| **3. 생활의 원리(18:~27:)** | 1) 생활의 규범(18:~22:)<br>2) 종교적 규범(23:~27:) |

언약 백성의 성별

이스라엘 나라의 정체성은 제사장 나라의 거룩한 백성이다. 제사장 나라는 하나님 께만 제사를 드리는 신정 국가의 표상이며, 거룩한 백성은 하나님의 거룩하심과 상 통하는 선택된 민족의 속성이다. 또한 제사장 나라의 거룩한 백성 이스라엘은 인생 전반에 걸쳐 이방나라와 종교, 문화, 사회 전반에서 차별화된다.

---

1   "…내가 거룩하니 너희도 거룩할지어다"(레 11:45).
   • 레위기는 제사장 나라로 규정된 언약백성의 거룩한 특성을 제사제도를 통해 수 립한다.

# 1  제사의 규례(1:~10:): 성막의 용도

하나님께서 이스라엘 백성을 애굽에서 해방하시며 시내산에서 제사장 나라로 민족의 정체성을 확립하신다. 이후 모세를 통해 제사장 나라의 헌법인 율법을 수여하시고, 성막을 제작하게 하신다. 레위기는 출애굽 2년이 지난 즈음 성막 건립 이후 계속해서 성막의 사용법과 성막에서 드릴 제사의 규례를 명하시는 내용이다.

| 백성을 성별하시는 여호와 – 민족의 성격 | |
|---|---|
| **1. 제사의 규례(1:~10:)** | |
| 1) 제사의 원칙(1:~7:) | 2) 제사장 규례(8:~10:) |
| (1) 예물의 규례(1:~6:7)<br>(2) 제사의 절차(6:8~7:) | (1) 제사장 임직(8:~9:)<br>(2) 제사의 착오(10:) |

## 1) 제사의 원칙(1:~7:): 규례의 의미

이스라엘 백성은 하나님께만 제사를 드리는 제사장 나라 백성이기 때문에 제사의 모든 원칙은 하나님께서 정해 주신 제도와 의식에 따른다. 이는 제사의 규례를 통해서 이방제사와 이방신을 구별하며 거룩하신 하나님의 존재를 확증하기 위함이다.

### (1) 예물의 규례(1:~6:7): 방법과 목적
#### ① 번제의 예물(1:)

하나님께 대한 온전한 경외심과 헌신을 상징하며, 집에서 기르던 가축의 수컷을 제물로 드려 피를 단 사면에 뿌리고, 제물 전체를 불사르며 재는 진 밖의 정결한 곳에 버린다. 예물을 드리는 자의 역할은 자신이 가져온 예물을 죽이고, 가죽을 벗기며 각을 뜨고 내장과 정갱이를 물로 씻어서 희생을 위해 준비하는 것이다. 제사장은 예물로 가져온 짐승의 피를 취하여 단 사면에 뿌리고, 각 뜬 고기를 단 사면에 피워진 불 위에 벌여 놓는다. 제물 해체의 과정은 완전한 희생을 의미하는데, 피는 죄인의 생명을 속죄하기 위한 것이요, 제물을 태우는 행위는 향기로운 제사를 위한 것이다. 이는 그리스도께서 죽기까지 온전히 하나님의 뜻에 순복하심에 대한 예표이다.

② 소제의 예물(2:)

하나님께 자원하여 드리는 희생과 감사의 표현이다. 피 없는 제사로써 곡식 가루를 빻아 드리고 기름과 유향도 태워 드리며 소금을 뿌려 드리는 화제火祭이다. 곡식을 빻음은 완전한 희생이며, 기름과 유향을 태우는 제사는 기쁨의 향기를 드림이다. 소금을 뿌림은 정결과 언약을 상징하는 것으로 하나님께 정결을 표하며 하나님의 언약을 기념하는 것이다. 이는 그리스도께서 하나님의 언약을 성취하기 위하여 온전한 희생 드림의 예표이다.

③ 화목제의 예물(3:)

자원의 감사와 서원의 제사로 드리는 예물로써, 하나님께 평화와 번영의 감사를 드리고 음식을 나누는 친교의 제사이다. 화목제는 피를 뿌리며, 제물 내장의 기름은 태우고 기름과 피는 먹지 않는다. 제물에서 떼어낸 기름은 기름진 소가 풍요의 상징으로 육중한 힘을 의미하고, 그 기름을 태움은 풍요의 주체이며 힘의 근원이신 하나님께 되돌리는 상징적인 행위이다. 피는 사면에 뿌리고 땅에 묻으며 먹어서는 안 된다. 피는 신성한 생명을 상징하는 것이므로 부정한 인간이 먹

거나 만지면 부정하게 되기 때문에 땅에 묻어 처리한다.[2] 이는 그리스
도의 제물로 죽으심을 통해서 하나님과 죄인을 화목하게 하시는 제사
의 예표이다.[3]

④ 속죄제의 예물(4:)

속죄제는 의무적으로 드리는데, 계명 중에서 하나라도 범하면 속
죄의 용서를 위해서 반드시 드려야 한다. 제사의 대상자는 제사장, 회
중, 족장 등의 모든 이가 해당된다. 속죄의 절차는 제물의 머리에 안
수하여 죄를 전가하며, 제물의 피를 사면에 바르고 뿌림으로써 생명
의 속죄를 드리고,[4] 송아지 전체를 진영 밖에서 태움으로써 죄에 대한
부정을 완전히 정화하는 것이다. 이는 그리스도의 죽으심으로 영원한
속죄제사 드림의 예표이다.[5]

⑤ 속건제의 예물(5:)

속건제는 하나님의 성물이나 남의 물건을 도적질, 거짓 증인, 부정
한 사체의 접촉, 무심중에 맹세한 것 등의 부정한 범죄 사안에 대한
죄를 속하며 배상하는 제사다. 제사의 절차는 흠 없는 숫양의 피를
뿌리며 기름과 콩팥을 태워 드리고, 범한 성물이나 훔친 물건의 1/5

---

2　"이러므로 첫 언약도 피 없이 세운 것이 아니니 모세가 율법대로 모든 계명을 온
　　백성에게 말한 후에 송아지와 염소의 피 및 물과 붉은 양털과 우슬초를 취하여 그
　　두루마리와 온 백성에게 뿌리며 이르되 이는 하나님이 너희에게 명하신 언약의 피
　　라 하고 또한 이와 같이 피를 장막과 섬기는 일에 쓰는 모든 그릇에 뿌렸느니라 율
　　법을 따라 거의 모든 물건이 피로써 정결하게 되나니 피 흘림이 없은즉 사함이 없
　　느니라(히 9:18-22).
3　"또 십자가로 이 둘을 한 몸으로 하나님과 화목하게 하려 하심이라 원수 된 것을
　　십자가로 소멸하시고"(엡 2:16).
4　히 9:22.
5　"염소와 송아지의 피로 하지 아니하고 오직 자기의 피로 영원한 속죄를 이루사 단
　　번에 성소에 들어가셨느니라"(히 9:12).

을 배상한다. 이는 그리스도의 죽으심으로 죄에 대한 율법의 요구를 완전하게 배상하심의 예표이다.

### (2) 제사의 절차(6:8~7:): 제사장 임무
#### ① 각종 제사에 대한 제사장의 임무(6:)

번제, 일반 백성의 소제, 제사장 위임 시의 소제, 속죄 제사를 드릴 때 제사장과 관련된 규례이다.

첫째, 제사장은 항상 드리는 번제를 통해서 제단의 불이 꺼지지 않도록 해야 하며, 이는 하나님을 향한 예배의 지속성을 뜻한다.

둘째, 제단에 나갈 때 세마포로 반드시 하체를 가려야 하는데, 이는 타락한 인간의 하체는 수치와 치욕을 상징하기 때문이다.[6]

셋째, 일반 백성이 드린 소제물은 아론 자손의 남자들만 거룩한 회막 뜰에서 먹어야 한다. 제물은 거룩한 것이므로 거룩한 장소에서 대표성을 가진 남자만 먹을 수 있으며 그 제물의 십일조는 제사장의 가족이 먹을 수 있다.

넷째, 제사장의 위임식 때 드린 소제물은 전부 번제단에서 태운다. 이는 제사장이 온전히 하나님께 드려짐을 뜻한다.

다섯째, 속죄 제사를 드릴 때 제사장의 옷에 묻은 제물의 피는 거룩한 장소에서 씻어야 한다. 이는 속죄의 피가 훼손되어 하나님께 드리는 제사의 정결함이 훼손되지 않게 하기 위함이다.

---

6  "가나안의 아버지 함이 그의 아버지의 하체를 보고 밖으로 나가서 그의 두 형제에게 알리매 셈과 야벳이 옷을 가져다가 자기들의 어깨에 메고 뒷걸음쳐 들어가서 그들의 아버지의 하체를 덮었으며 그들이 얼굴을 돌이키고 그들의 아버지의 하체를 보지 아니하였더라"(창 9:22~23).

여섯째, 백성이 드린 속죄 제물을 삶아서 먹었을 경우 토기土器는 깨뜨리고 유기鍮器는 깨끗이 씻어야 한다. 이는 하나님께 드리는 제물이 거룩하기에 토기土器는 냄새가 배서 깨뜨리고 유기는 깨끗이 씻는 것으로 제물의 거룩성을 끝까지 유지한다.

이와 같이 제사와 제사장의 거룩은 그리스도께서 온전한 제사를 드리시고 거룩한 제사장의 사역을 온전히 성취하실 것에 대한 예표이다.

② 제사장의 직무와 제사법의 보충(7:)

첫째, 속건제를 드릴 때 제사장은 희생제물의 피를 단에 바르고, 내장의 기름은 태워서 하나님께 드리고 고기는 제사장이 먹는다. 이는 사죄를 목적으로 하는 제물은 엄격히 제한하여 제물의 거룩함을 유지하는 것이다.

둘째, 제사장은 번제물의 가죽과 소제물의 가루 외에 구운 소제물은 취할 수 있는데, 구운 소제물은 성막의 봉사자들에게 공평히 분배한다.

셋째, 화목제물은 제물을 드린 자와 제사장 모두가 공동으로 식사에 참여하지만 부정한 자는 제외한다. 이는 하나님과의 화목에 부정한 자는 참여하지 못하게 함으로써 거룩함을 유지하기 위함이다.

넷째, 피와 기름은 금지하는데, 피와 기름은 생명의 대속을 위해서 필요한 제물이다. 그렇기 때문에 생명을 상징하는 피와 기름을 금지하게 함으로써 제물의 거룩함과 생명의 근원이신 하나님을 기억하게 한다.

다섯째, 제물의 가슴과 뒷다리는 제사장의 몫으로 주어 분복 없는 제사장의 생계를 유지하게 함으로써 온전히 거룩한 제사에만 전념하게 한다.

이와 같이 제사장의 보호와 거룩함은 그리스도께서 온전히 하나님의 뜻을 이루시며 거룩한 제사장이심에 대한 예표이다.

## 2) 제사장 규례(8:~10:): 제사장 위치

제사를 집전하는 제사장을 성별하게 하기 위해서 임직식을 준비한다.

### (1) 제사장 임직(8:~9:): 위임과 취임

제사장은 제사를 담당하는 중요한 책무로 하나님께서 지명하신 아론 지파만의 직무이다. 하나님께 언약백성의 죄를 속량하는 중보사역자로 기름을 부어 임직한다.

모세는 아론을 대제사장으로 아들들을 제사장으로 임명하기 위한 거룩한 위임예식을 거행한다. 모세는 아론과 그 아들들을 물로 씻겨 정결하게 하고, 거룩한 예복을 입히고 기름을 부어 하나님의 제사장 직무를 맡기며, 칠일 동안 위임제사를 집행한다.

위임식의 제사는 죄 사함을 위한 속죄제, 헌신과 충성을 맹세하는 번제, 하나님과 화목의 소통을 위한 화목제, 성결의 삶을 다짐하는 소제로 드린다. 대제사장은 머리에 '여호와께 성결'이란 글귀가 적힌 관을 쓴다. 아론과 그 아들들의 제사장 위임식은 화목제사로 완료된다.

제사의 성립은 제사장을 거룩히 성별하며, 이스라엘 백성의 죄를 대속해서 거룩히 하고, 그들로 하여금 성별한 생활과 충성을 다짐하게 한다. 마지막에는 화목제사의 희생 고기를 먹고, 남은 것은 부정하지 않게 완전히 불에 태운다. 이와 같은 절차의 위임식은 여호와께서 모세에게 명령하신 대로 집행되었다(레 8:17, 21, 29). 일주일 동안 진행되는 완전한 성결의식을 통해 거룩한 제사장의 직무를 담당할 수 있게 된다.

제사장의 위임식에서 백성을 대표하는 중보자는 반드시 거룩해야 제사를 드릴 수 있다. 그래야만 부정한 백성의 죄가 용서되며 그들의 생명이 보전된다.

아론과 그 아들들은 칠일 간의 위임식이 완료되어 거룩한 봉사자가 되었으므로 지체 없이 제사장의 직무를 수행한다. 그들은 자신들을 위한 속죄제사, 번제, 화목 제사를 드리고, 백성들을 위한 제사로 공식적인 제사장의 직무를 시작한다. 절차에 따라 제사를 마치고 백성을 향하여 축복하며, 하나님의 영광이 온 백성에게 나타나 하나님의 불이 번제물과 기름을 태우신다. 이는 제사를 받으셨다는 하나님의 표징으로 백성들은 기쁨과 찬양으로 경배하며 모든 위임식과 취임 제사는 끝이 난다. 하나님의 임재는 아론과 그의 아들들이 드린 위임식의 제사와 백성을 위해 드린 취임 제사를 받으심으로 확증된다. 이는 하나님의 아들 그리스도만이 온전히 거룩하신 분으로 하나님께 나가실 수 있음에 대한 예표이다.

### (2) 제사의 착오(10:): 원칙적 심판

하나님께서 규정해 주신 제사의 원칙은 제사장 나라의 백성과 소통하시는 하나님의 존재를 확증하는 것이다. 그러므로 모든 제사의 규칙은 반드시 하나님께서 규정하신 대로 집행해야 한다. 제사의 확고한 원칙에도 불구하고 아론의 아들 나답과 아비후는 여호와께서 규정해 주신 번제단의 불을 사용하지 않음으로써 죽임을 당한다. 이는 거룩하고 화목한 위임식의 분위기가 일순간 파괴되는 엄중한 심판이다. 하나님의 성막에서 정해진 규례를 벗어난 거룩의 훼손은 여호와의 명령에 대한 불신이며 거룩한 하나님과 성막에 대한 모독이다.

하나님께서 제사장의 음주를 금지하는 규례를 정하시는데, 이는 술로 인하여 정신이 혼미해 부정한 것과 정결한 것을 분별하지 못하고 하나님의 규례를 망각하게 될 것과 백성에게 율법을 온전히 가르치지 못하는 행위를 방지하기 위함이다. 제사장의 음식은 누룩을 넣지 말고 단 결 거룩한 곳에서 먹어야 한다. 제사장의 성별은 음식의 조리와 먹는 장소까지라도 거룩해야 함을 명시한다. 속죄 제물은 회중의 죄가 용서되었음을 보여 주기 위해서 반드시 먹어야 하는데 아론은 제사 절차상의 오류로 태워 버렸다. 아론은 제물 먹는 것이 교만한 태도이기에 겸손하게 태웠다고 변명하지만, 제물을 불로 태우는 것과 먹는 것은 속죄 제사의 마무리로서 예식을 통해 속죄가 완성되고 죄가 사해지기에 반드시 먹어야 하는 것이다. 이는 아론 제사장은 흠이 있으나 하나님의 아들 그리스도는 온전한 대제사장으로 사역하실 것에 대한 예표이다.[7]

---

7  "레위 계통의 제사 직분으로 말미암아 온전함을 얻을 수 있었으면 (백성이 그 아래에서 율법을 받았으니) 어찌하여 아론의 반차를 따르지 않고 멜기세덱의 반차를 따르는 다른 한 제사장을 세울 필요가 있느냐"(히 7:11).

## 2  정결의 규례(11:~17:): 생활의 거룩

이스라엘은 하나님의 백성이기 때문에 하나님의 거룩한 속성을 지녀
야 한다. 하나님의 백성의 생활은 이방인들과 모든 면에서 구별되며,
종교와 사회 그리고 문화 전반에 걸쳐 이방인과 다르다.

| 백성을 성별하시는 여호와 – 민족의 성격 | |
|---|---|
| **2. 정결의 규례(11:~17:)** | |
| 1) 정결의 원칙(11:~15:) | 2) 속죄의 규정(16:~17:) |
| (1) 음식의 규례(11:)<br>(2) 신체의 규례(12:~15:) | (1) 대속의 규칙(16:)<br>(2) 성소의 지정(17:) |

### 1) 정결의 원칙(11:~15:): 회복의 제사

정결의 법은 음식, 출산, 질병, 성생활 등의 기본적인 생활부터 정
결과 부정 그리고 세속과 거룩을 규정하고, 부정해졌을 경우 정결하
게 하는 의식까지 제시한다. 하나님의 거룩하심은 제사장 나라의 백
성까지도 거룩하게 하신다.

### (1) 음식의 규례(11:): 음식의 판별

음식은 어류, 조류, 곤충류, 파충류, 기는 것을 분류하여 정결과 부
정을 판단한다. 음식은 언약백성의 생존에 필요한데, 이는 생육하고
번성하기 위한 하나님의 언약을 이루기 위함이다. 언약백성은 일상의
음식에 대한 판단 과정을 통해서 하나님을 기억하며 관계를 돈독히
하게 된다.

하나님께서 아담에게 선악을 알게 하는 열매로 시험하심으로써 음식을 통한 신神 인식의 중요성을 알게 하신바 있다. 언약백성 이스라엘은 그들의 일상적인 음식문화를 통해서 거룩하신 하나님의 존재를 확증한다. 사단은 예수를 시험할 때 먹을 것으로 유혹했지만, 둘째 아담 그리스도께서는 음식에 대한 유혹을 이기시고 음식이 아니라 하나님의 말씀으로 살게 됨을 역설하셨다. 예수께서는 주기도문에서 일용할 양식의 중요성을 천명하시며 간구할 것을 교훈했다. 구약의 양식은 육의 생명을 보존하며 거룩함을 유지하게 했지만, 신약의 양식은 진리이신 그리스도이며, 그의 말씀으로 영적인 생명을 얻고 거룩한 백성으로 성장함을 규명했다.

(2) 신체의 규례(12:~15:): 질병의 판단

① 여성의 해산(12:): 출산은 언약백성의 생육 번성과 직결되며 여성의 생리적인 불결과 관련이 있다. 남자아이와 여자아이의 산후 조리 기간이 다르다. 이에 대해 역사적으로는 여자아이를 낳으면 산모의 회복기간이 두 배나 길다는 고대인들의 사상으로 이해하기도 하고, 신학적으로는 여자가 남자보다 먼저 범죄했기 때문이라고 한다.[8] 출산 후 부정한 기간이 종료된 여인은 자녀를 주신 것에 대한 감사와 자녀의 축복된 장래를 기원하는 번제를 드리고, 출산의 부정함에서 정결하기 위해 속죄 제사를 드린다. 이는 생육 번성의 축복에 감사하며 정결의 속죄를 통해서 거룩한 백성임을 확증하는 것이다.[9]

---

8　제자원 『그랜드 종합주석』 레위기, 성서아카데미, 1999 p. 660
9　"이는 아담이 먼저 지음을 받고 하와가 그 후며 아담이 속은 것이 아니고 여자가 속아 죄에 빠졌음이라"(딤전 2:13~14). 하지만 현재는 여자들의 성숙한 신앙이 이러한 차별에 구애받지 않는다.

② 피부의 질병(13:~14:): 나병은 악성과 피부질환 및 대머리를 포함한 광범위한 질병이다. 제사장은 나병을 진단하며 회복되면 여건에 맞게 제물의 피로 정결의식을 집행한다. 나병자는 옷을 찢고 머리를 풀며 윗입술을 가리고 부정하다고 외쳐야 한다. 찢어진 옷을 계속 입고 다니는 것은 지속적으로 죽음의 기운이 엄습하고 있음과 애도의 마음을 표현하기 위함이다. 또한 외모를 꾸미지 않고 흐트러진 상태로 계속 다니며 입술을 가리는 행동은 수치당하고 있음을 뜻하며, 부정하다고 외침으로써 타인의 접근을 막아 전염을 미연에 차단한다. 병이 있는 날 동안은 늘 부정하므로 혼자 진 밖에서 살아야 하며, 공동체에서 차단되며 고립된 생활은 죽은 상태와 다름없다. 나병은 부정함의 대표적인 질병으로써 속죄의 피 제사를 통해서 정결하게 회복되어 거룩한 백성임을 확증한다.

③ 남자의 유출병(15:): 유출병은 문란한 성생활을 통해서 발생된 성병의 일종이기 때문에 정결의식이 필요하다. 성관계시 남자의 설정泄精은 하나님께서 '생육하고 번성하라'고 하신 명령에 위배되기 때문에 부정하다. 여자의 유출병은 월경의 현상인데, 생리 중인 여성과 동침하는 것도 부정하다. 피가 잘 멎지 않고 유출되는 혈류병도 부정하다. 유출병은 생명과 직결된 피를 쏟아내는 죽음을 의미하며, 죽음은 죄의 결과로 간주한다. 또한 생식 수단의 정액과 관련된 것은 죄로 규정하지 않기 때문에 몸을 씻기만 하면 된다. 성병이나 불결한 피와 관련된 유출병은 속죄 제사를 통해서 정결하게 됨으로써 거룩한 백성임을 확증한다.

인간의 혈액이 부정하면 질병에 노출되기에, 여호와께서는 피의 제사를 통해서 정결하게 하신다. 이는 그리스도의 피로(생명) 드려지는 속죄 사역으로 죄와 사망에서 의와 생명을 얻게 하심의 예표이다.

## 2) 속죄의 제사(16:~17:): 거룩의 회복

일 년에 한번 드리는 대속죄 제사는 회중 전체의 근본적인 정결을 위한 제도적 장치이다.

### (1) 대속의 규칙(16:): 백성의 정결

대속죄 제사는 일 년에 한번 전 백성의 죄를 묻고 판결받는 날로 회중 전체의 근본적인 정결을 위한 제도적 장치이다. 대제사장의 화려한 복장은 제사장 직무의 영광을 뜻하나 대속죄일에 입는 대제사장의 의복은 흰 세마포만 착용하고 출입하며, 흰 세마포는 거룩성을 강조하여 거룩한 속죄 제사임을 증거한다.

제물은 두 마리의 염소 중에서 제비로 뽑는데, 뽑힌 염소는 속죄 제물로 드리고 남은 한 마리는 아사셀을 위해서 사용한다. 아사셀은 '내어 보냄', '속죄의 염소를 위한다'는 뜻인데, 이는 염소를 광야의 낭떠러지나 절벽으로 보내 죽게 하는 의식으로써 완벽한 희생을 의미한다.[10] 이는 그리스도께서 희생제물이 되시는 것의 예표이다. 하나님은 언약백성의 생명을 보존하기 위해 속죄 제사를 통해 거룩한 관계가 유지되게 하신다.

### (2) 성소의 지정(17:): 부정한 제사

거룩한 백성이 드리는 제사는 이방의 우상 제사와 완전히 차별된다. ① 생축을 잡을 때는 반드시 성막의 문 앞에서 잡아야 하며, 반드

---

10 "염소와 송아지의 피로 하지 아니하고 오직 자기의 피로 영원한 속죄를 이루사 단 번에 성소에 들어가셨느니라"(히 9:12).

시 성막에서 제사를 드려야 한다. 성막은 장소 자체에 국한되기보다
는 하나님의 임재를 약속한 곳이기 때문에 다른 장소에서 드리는 제
사는 우상숭배가 된다.

② 숫염소에 대한 숭배를 금함은 숫염소는 '마귀'라는 뜻으로 고대
근동에서 마귀가 숫염소의 모양을 하고 있음에 근거한다. 또한 애굽
의 신 역시 숫염소의 형상이며, 숫염소를 섬기는 것은 숫염소와 여성
숭배자의 음행에서 연류되었으므로 음란하다. 하나님께서는 지정해
주신 성막의 중요성과 우상숭배의 행위를 원천적으로 제거하신다.

후대 예루살렘 성전은 하나님의 임재 장소이며 제사를 드리는 곳
으로 지정된다. 성전이 있는 예루살렘이 이스라엘의 성지가 된 것과
같이 고대의 성막은 신성한 장소이다. 이스라엘이 남북으로 분열되었
을 때 북이스라엘의 가장 큰 문제는 제사 장소에서 비롯되었다는 것
이 확인된다.[11] 예수님 당시 사마리아 여인도 예배 장소의 문제를 질의
한바 있다.[12] 그리스도께서 완성하신 예배는 정해진 시간과 정해진 장
소, 정해진 의식을 초월한 신령과 진정의 예배이다. 신령과 진정의 예
배는 장소와 의식보다는 예배 드리는 자의 영적인 상태와 진리에 의
한 분별력에 중점을 둔다.[13]

---

11 "만일 이 백성이 예루살렘에 있는 여호와의 성전에 제사를 드리고자 하여 올라가
면 이 백성의 마음이 유다 왕 된 그들의 주 르호보암에게로 돌아가서 나를 죽이고
유다의 왕 르호보암에게로 돌아가리로다 하고 이에 계획하고 두 금송아지를 만들
고 무리에게 말하기를 너희가 다시는 예루살렘에 올라갈 것이 없도다 이스라엘아
이는 너희를 애굽 땅에서 인도하여 올린 너희의 신들이라 하고"(왕상 12:27~28).

12 "우리 조상들은 이 산에서 예배하였는데 당신들의 말은 예배할 곳이 예루살렘에
있다 하더이다 예수께서 이르시되 여자여 내 말을 믿으라 이 산에서도 말고 예루
살렘에서도 말고 너희가 아버지께 예배할 때가 이르리라"(요 4:20~21).

13 "아버지께 참되게 예배하는 자들은 영과 진리로 예배할 때가 오나니 곧 이때라 아

③ 하나님께서 피 먹는 것을 엄벌하신다. 피는 생명을 뜻하며, 생명의 주관자는 하나님이시기 때문에 이런 행위는 하나님을 모독하는 행위이다. 인류 최초의 살인자 가인은 동생의 피를 흘리게 함으로 아벨의 핏 소리가 땅에서 호소함으로써 하나님의 저주를 받는다.[14] 하나님께서는 노아와 그의 아들들에게 고기는 먹어도 피는 먹지 말며, 다른 사람의 피를 흘리게 하는 자는 그의 생명도 찾으시겠다고 약속하셨다.[15] 이는 사람은 하나님의 형상대로 창조하셨으므로 생명의 주인은 하나님이시기 때문이다.

하나님의 성막은 생명의 피 제사를 드리는 장소이기 때문에 피를 함부로 다루면 안 된다. 피가 중요한 이유는 피를 통해서 속죄를 받고 생명을 보존할 수 있는 것과 같이 그리스도의 속죄 피를 통해서 영원한 생명을 얻게 되기 때문이다.[16]

---

버지께서는 자기에게 이렇게 예배하는 자들을 찾으시느니라 하나님은 영이시니 예배하는 자가 영과 진리로 예배할지니라"(요 4:23~24).

14  "땅이 그 입을 벌려 네 손에서부터 네 아우의 피를 받았은즉 네가 땅에서 저주를 받으리니 네가 밭을 갈아도 땅이 다시는 그 효력을 네게 주지 아니할 것이요 너는 땅에서 피하며 유리하는 자가 되리라"(창 4:11~12).

15  "그러나 고기를 그 생명 되는 피째 먹지 말 것이니라 내가 반드시 너희의 피 곧 너희의 생명의 피를 찾으리니 짐승이면 그 짐승에게서, 사람이나 사람의 형제면 그에게서 그의 생명을 찾으리라 다른 사람의 피를 흘리면 그 사람의 피도 흘릴 것이니 이는 하나님이 자기 형상대로 사람을 지으셨음이니라"(창 9:4~6).

16  "염소와 송아지의 피로 하지 아니하고 오직 자기의 피로 영원한 속죄를 이루사 단번에 성소에 들어가셨느니라"(히 9:12).

## 3  생활의 원리(18:~27:): 유일신 확증

이스라엘 나라의 정체성은 '제사장 나라'요, 이스라엘 백성의 정체성은 '거룩'이다. 레위기의 전반부는 제사와 관련된 규례를 통해서 거룩을 규정하고, 후반부는 백성의 실제 생활에서 시행해야 할 거룩한 생활방식을 설명한다. 이스라엘 백성의 거룩한 생활은 생활 전반이 이방과의 구별이며, 유일하신 하나님의 존재 인식에서 시작된다.

| 백성을 성별하시는 여호와 – 민족의 성격 | |
|---|---|
| **3. 생활의 원리(18:~27:)** | |
| 1) 생활의 규범(18:~22:) | 2) 종교적 규범(23:~27:) |
| (1) 실생활 규칙(18:~20:)<br>(2) 제사장 규칙(21:~22:) | (1) 성회의 절기(23:)<br>(2) 신앙적 규칙(24:~27:) |

### 1) 생활의 규범(18:~22:): 순결의 실제

이스라엘 백성은 거룩하므로 그들의 생활도 이방 민족과 구별된다. 하지만 이스라엘 백성은 애굽에서 400년간 노예생활을 했기 때문에 그들의 문화와 풍습에 오염되어 있어서 장차 가나안 땅을 정복하며 살아갈 때에도 거룩한 성별聖別이 요구된다.

#### (1) 실생활 규칙(18:~20:): 생활의 이치

이스라엘 백성은 하나님의 법도와 규례를 통해서 살아감을 원칙으로 한다. 이는 윤리적인 규범 준수라기보다는 생활규례를 통해서 이방인과 차별화되는, 범사에 여호와를 인정하는 신앙에서 나온다.

여호와께서 모세로 하여금 이스라엘 백성에게 생활규례를 주시기 전에 존재를 밝히신다. 시내산에서 율법을 주실 때에도 율법의 근본 정신은 애굽에서 해방시켜 주신 여호와를 확증하기 위한 것이다.[17] 또한 하나님의 거룩하심으로 언약백성에게 거룩한 생활을 선포한다. 언약백성의 거룩한 생활은 성막의 제사뿐만 아니라 그들의 실생활 전반에서 여호와의 존재를 확증하는 것이다.

① 이방풍속의 결별(18:1~5): 이스라엘 백성은 애굽의 400년 노예생활을 하면서 그들의 풍습에 동화되었다. 그중에서 이스라엘 백성의 종교와 사회생활은 애굽의 문란한 결혼 제도와 우상숭배가 체질화되었다. 애굽의 대표적인 성性문화는 근친상간인데, 성적인 악행과 불결을 단절할 필요가 있었다. 이와 같은 문란하고 부도덕한 골육지친骨肉之親간의 성생활은 가정을 파괴하며 무엇보다 정결한 생육 번성의 명령에 위배된다.

② 건전한 성적생활(18:6~28): 하나님의 질서에 위배되는 불결한 성생활은 파멸을 초래한다. 성적性的인 문제의 신학적인 핵심은 도덕률을 논하는 것이 아니라, 하나님께서 세우신 질서를 통해서 생육하고 번성하라는 언약 실현의 가치에 있다.[18] 하나님께서 세우신 성적인

---

17 "나는 너를 애굽 땅, 종 되었던 집에서 인도하여 낸 네 하나님 여호와니라"(출 20:2).
18 "하나님이 그들에게 복을 주시며 하나님이 그들에게 이르시되 생육하고 번성하여 땅에 충만하라, 땅을 정복하라, 하나님이 노아와 그 아들들에게 복을 주시며 그들에게 이르시되 생육하고 번성하여 땅에 충만하라, 전능하신 하나님이 네게 복을 주시어 네가 생육하고 번성하게 하여 네가 여러 족속을 이루게 하시고"(창 1:28, 9:1, 28:3)

질서 파괴는 노아 시대에 하나님께서 선택하신(창 5:) 하나님의 아들들이[19] 사람의 딸들을[20] 자기 마음대로 아내 삼는 무질서로 드러나 인류가 물 심판을 받은 바 있다. 소돔과 고모라도 성적인 타락으로 하나님의 불 심판을 받았다(창 19:). 이스라엘이 남북으로 분열되어 300여 년 동안 우상을 섬기며 타락한 성생활로 인해 멸망을 당했다.

③ 거룩한 사회생활(19:): 이스라엘은 여호와를 '계시'하기 위해서 선택한 민족이기 때문에 하나님의 거룩하심과 같이 이방과 구별되는 민족임을 선포한다(레 19:2). 이스라엘 백성의 거룩한 생활은 하나님을 가르치는 부모를 공경하며, 애굽에서 해방시켜 안식을 주신 여호와의 안식일을 준수하고, 애굽의 우상 사상을 단절하며 여호와만 섬기고, 하나님과의 화목관계를 확증하기 위한 화목 제사를 드리는 것이다. 그리고 하나님의 선택으로 하나 된 혈통의 이웃에게 도둑질, 거짓 증언, 거짓 맹세를 금하며, 억압과 착취를 금하고 공정한 재판으로 사회적인 약자를 보호한다. 가축과 식물의 교잡으로 유전자 변형을 금하여 창조주 하나님의 창조질서를 유지하며, 노예라도 정혼한 아내는 통간하지 말고, 과목의 열매를 3년 이후에 먹어야 하는데 이는 가나안 정복 시에 심은 과목은 가나안 족속으로 더럽혀진 부정을 씻고 정결해진 열매를 먹게 함으로써 거룩의 정신을 심어 주기 위함이다.

또한 생명을 상징하는 피를 금하며, 혼란을 야기하는 헛된 예언과

---

19  하나님의 아들들이란 근거는 창세기 5장의 족보에서 하나님의 모양(5:1), 아담의 형상과 모양으로 이는 창세기 1장 27절 하나님의 형상대로 창조하심이다. 하나님의 형상대로 창조된 아담의 타락 이후부터는 가인과 아벨(셋)을 구별하고 그들의 족보를 열거할 때 가인의 족보와 아담의 족보로 완전히 차별화한다.

20  "가인이 여호와 앞을 떠나서 에덴 동쪽 놋 땅에 거주하더니 아내와 동침하매 그가 임신하여 에녹을 낳은지라 가인이 성을 쌓고 그의 아들의 이름으로 성을 이름하여 에녹이라 하니라"(창 4:16~17).

마술을 금하여 거룩히 구별한다. 아랍의 신을 숭배하는 자들과 같은 두발 행위를 금하고,[21] 죽은 자를 위로하는 자해행위, 악신으로부터 보호받기 위한 문신, 딸을 이방 우상의 신전 창기로 바치는 행위를 금지함으로써 이방 풍습과 완전히 구별한다. 애굽의 노예에서 해방되어 자유를 누림에 대한 여호와의 안식일과 여호와의 임재 장소인 성소를 경외하며, 오랜 시간 여호와를 경외한 노인을 존경하며, 애굽의 노예에서 해방됨을 기억하여 타국인을 압제하지 말며 공정한 재판을 시행하여 이방과 거룩히 구별한다. 이 모든 규례와 법도를 언약대로 성취하시는 여호와를 기억하며 실천하는 것이 거룩한 생활이다.

④ 이교의 풍습 단절(20:): 거룩한 생활의 원리는 이방 종교와의 완전한 분리이다. 어린 아이를 불에 태우는 몰렉 숭배를 금지하여 약자의 생명을 보호하며, 여호와의 종교를 계승하는 부모 저주를 금지한다. 이방인과 같이 불결한 성적 행위를 금지하여 정결한 생육 번성을 유지하는 것과, 가나안 땅을 정복하게 되었을 때 그들의 신들을 섬기지 말고 정복하게 하신 여호와를 기억한다. 정결과 불결을 구별하는 거룩한 판별법을 실행함으로서 여호와의 거룩을 기억할 것과, 언약백성이 신접한 무당이 되면 죽임으로써 거룩한 생활을 영위하는 것이다. 언약백성의 생활원리는 이방의 풍습과 완전히 구별된 거룩한 생활로써 범사에 여호와를 인정하며 경외하는 것이다.

---

21 "머리 가를 둥글게 깎지 말며 수염 끝을 손상하지 말며"(레 19:27).

## (2) 제사장 규칙(21:~22:): 모본적 성결

제사장은 제사장 나라의 핵심적인 직임인데, 하나님과 백성의 언약 관계를 유지하는 거룩한 중보자의 역할을 한다.

① 성결의 의무(21:): 제사장이 부정하면 제사의 성립이 불가하며 백성의 속죄 및 하나님과의 소통이 단절된다. 제사장은 하나님과 언약백성의 중보사역자로서 하나님의 거룩하심을 가장 먼저, 완전히 수행해야 한다. 제사장의 신체는 정결해야 되기 때문에 친족의 시체 외에는 죽은 시체로 부정하게 되지 않도록 해야 하며, 죽은 자의 신을 찬양하는 이방종교의 풍습과 같이 머리털이나 수염을 깎음으로써 하나님의 이름을 더럽히지 말아야 하며, 부정한 창녀나 이혼녀를 취하면 안 된다.

하나님께서는 당신의 거룩하심으로 제사장도 거룩함을 백성에게 공지하신다. 제사장 딸의 음행은 아버지를 부정하게 하는 것이기 때문에 불사름으로써 제사장의 정결을 규정한다. 또한 제사장 지파인 아론의 자손은 신체적인 장애가 있으면 성소에 출입할 수 없도록 규제함으로써 성결을 유지한다.

제사장은 자신의 성결을 철저히 하며 이방 풍속을 쫓음으로써 하나님의 이름을 욕되게 해서도 안 되고, 가정을 엄격하게 돌아봐야 하며 성소를 더럽혀도 안 된다.

② 성물의 성결(22:): 제사장이 성결을 유지하는 것처럼 여호와께 드리는 성물聖物도 성결하게 관리해야 한다. 그러므로 제사장이 부정하면 성물을 취급할 수 없으며, 부정한 시체나 벌레에 접촉한 즉시 몸을 물로 씻어서 정결하게 해야 한다. 제사장이 먹는 성물은 일반인은

먹지 못하되 제사장이 돈을 주고 산 노예나 딸이 과부나 이혼녀이면 먹을 수 있다. 또한 백성이 제사장에게 드리는 예물은 흠 없는 수컷이어야 하며, 제물로 드릴 짐승이 새끼를 낳으면 칠일 간 정결하게 되는 규례와 같이 어미와 같이 있게 하고 팔일이 지나서 드리게 함으로써 정결을 유지한다.[22] 이방 풍습을 따라 거세한 짐승과 어미와 새끼를 한꺼번에 잡는 것은 생육 번성의 언약에 위배되기 때문에 금한다.[23]

여호와께서 제사장과 성물의 규례를 주신 다음 여호와의 계명을 지키며 여호와의 이름을 거룩히 할 것을 명령하신다. 이는 이스라엘 백성의 하나님 여호와이심을 알게 하려고 애굽에서 해방시켰기 때문이다. 제사장의 일거수일투족은 모든 것으로부터 구별된 거룩한 생활로써 제사 집례를 위한 준비의 태도를 갖춘다. 제사의 핵심은 제물과 제사장의 거룩에 있으며, 이는 하나님의 거룩하심으로 언약백성을 거룩하게 하기 위함이다.

## 2) 종교적 규범(23:~27:): 언약의 기념

이스라엘 백성의 일상은 이방인과 구별된 여호와 중심의 생활이다. 이스라엘은 사백 년 동안 애굽의 노예에서 해방되었기 때문에 그날을 기념하고, 여호와의 이름을 기억하며 경외한다.

---

22  "이스라엘 자손에게 말하여 이르라 여인이 임신하여 남자를 낳으면 그는 이레 동안 부정하리니 곧 월경할 때와 같이 부정할 것이며"(레 12:2).

23  "하나님이 그들에게 복을 주시며 이르시되 생육하고 번성하여 여러 바닷물에 충만하라 새들도 땅에 번성하라 하시니라"(창 1:22, 참고. 8:17).

(1) 성회의 절기(23:~25:): 역사의 인식

① 절기의 규례(23:): 안식일은 육 일간의 노동 뒤 칠 일째 날을 쉼으로써 휴식이 없던 애굽의 혹독한 노예생활에서 해방되어 안식의 평화를 기념하는 날이다. 안식일의 원형은 하나님께서 육 일간의 창조 사역을 마치시고 칠 일째 안식하심으로써 영원한 안식을 제시하셨던 데에 있다. 이는 그리스도께서 사흘 동안 죽으심으로 완전한 안식을 이루시고 부활하시는 영원한 안식의 예표이기도 하다. 영원한 안식의 실체는 천국의 안식을 뜻하며, 성도들이 지상에서 누리는 안식은 심령의 평안이다.

유월절은 하나님께서 애굽에 내린 열 번째 재앙에서 애굽의 장자는 전멸하고, 이스라엘의 장자는 대문에 뿌려놓은 양의 피를 보고 죽음의 사자가 뛰어 넘어갔음을 기념하는 절기이다. 이는 그리스도께서 어린양의 희생 제물로 죽으심으로써 언약백성을 죄와 사망에서 의와 생명을 얻게 하는 구속사역의 예표이다.

무교절은 유월절이 끝난 다음날부터 칠 일간 누룩 없는 무교병과 쓴 나물을 먹으며 절기의 첫날과 마지막은 안식함으로써 애굽의 노예 생활을 기억하며 해방의 감격을 기념하는 절기이다. 이는 그리스도께서 죽음과 부활 사역으로 죄와 사망에서 의와 생명을 얻게 하심의 예표이다.[24]

초실절은 가나안 땅을 정복해서 수확한 첫 곡물을 여호와께 드리는 절기인데, 이는 그리스도께서 부활의 첫 열매가 되실 것에 대한 예

---

24 "그런즉 한 범죄로 많은 사람이 정죄에 이른 것같이 한 의로운 행위로 말미암아 많은 사람이 의롭다 하심을 받아 생명에 이르렀느니라"(롬 5:18).

표이다.[25]

나팔절은 초실절로부터 오십 일째 되는 날로써 밀 수확의 첫 열매를 드리는 감사의 절기인데, 밀 수확의 맥추절 또는 열흘이 다섯 번 반복되어 오순절이라 한다. 이날은 새해 첫날로서 나팔을 불어 기념한다. 이는 그리스도의 승천 이후 오십 일 만에 오순절 성령이 강림하실 것에 대한 예표이다.[26]

속죄일은 일 년에 한 번 대제사장이 지성소에 들어가 백성의 죄를 속하는 날로, 이는 그리스도께서 성도의 죄를 영원히 속죄하실 것에 대한 예표이다.[27]

초막절은 이스라엘 백성이 애굽에서 해방되어 광야 사십 년간 천막생활을 기념하는 절기다. 번제, 소제, 화목제, 전제를 칠 일간 드림으로써 하나님께서 이스라엘 백성을 광야 사십 년 동안 낮에는 구름과 밤에는 불기둥으로 보호하시고 인도하심을 기념하는 절기이다. 초막절은 수장절이라고도 하며, 이는 올리브와 포도를 추수하는 절기이다. 초막절과 수장절은 광야생활의 보호와 추수의 기념 절기로써 그리스도께서 택한 백성들을 죄와 사망의 권세로부터 건져내서 영원한 장막으로 인도하여 영원히 거하게 하실 것에 대한 예표이다.

② 성호의 규례(24:): 여호와의 거룩한 이름을 잊지 않고 경외함이다. 여호와의 이름을 기억하기 위해서 성소의 등불을 항상 밝혀두는

---

25 "그러나 이제 그리스도께서 죽은 자 가운데서 다시 살아나사 잠자는 자들의 첫 열매가 되셨도다"(고전 15:20).

26 "요한은 물로 세례를 베풀었으나 너희는 몇 날이 못되어 성령으로 세례를 받으리라 하셨느니라"(행 1:5, 참고. 행 2:1~4).

27 "염소와 송아지의 피로 하지 아니하고 오직 자기의 피로 영원한 속죄를 이루사 단번에 성소에 들어가셨느니라"(히 9:12).

데, 이는 어둠 가운데 빛으로 오실 그리스도에 대한 예표이다. 또한 안식일마다 성소에 열두 개의 떡을 진설하고 유향을 피우고, 떡은 아론과 그 자손에게 주어 거룩한 장소에서 먹게 한다. 여호와께 향기와 떡을 진설함은 이스라엘 열두 지파가 하나님 앞에 향기로운 제사를 드림으로 애굽에서 해방시켜 주신 여호와를 기억하며 경외하게 하시기 위함이다. 이는 생명의 떡으로 오실 그리스도께서 죽으시고 부활하시어 영생을 얻게 하실 것에 대한 예표이다.

여호와의 이름을 모독하고 저주하는 자는 거룩한 진에서 끌어내어 머리에 안수하고 돌로 쳐죽이는 규례가 있다. 이는 여호와의 이름을 모독하면 징벌함으로써 거룩한 성호를 기억나게 함이며, 장차 죄인들의 죄를 전가 받아 죽으실 그리스도에 대한 예표이다.

백성들 간에 싸우다 상대를 죽인 자나 이웃에게 손상을 입힌 자를 행위대로 보복하는 배상 규례는 율법의 요구대로 택자를 위해 생명으로 보상하실 그리스도에 대한 예표이다.

③ 희년의 규례(25:): 여호와께서 이스라엘 자손이 먹을 식량을 충분히 거둘 수 있게 하기 위해서 언약의 땅 가나안에서 육 년 동안 파종하고 칠 년째가 되는 해에 안식하게 한다. 이는 언약대로 가나안 땅을 정복하게 하신 여호와를 기억하여 경외하게 하심이며, 장차 그리스도께서 신령한 말씀의 양식을 충분히 주실 것의 예표이다.

희년은 칠월 십일 속죄일로부터 안식년이 일곱 번 지난 오십 년째가 되는 해를 거룩한 날로 자유를 공포하고 각각 기업과 가족으로 돌아가야 하는 해이다. 희년은 자유가 보장된 해이기 때문에 노예들이 주인의 의사를 묻지 않고 자기의 처소로 돌아가거나 땅을 잃어버린 하나님의 백성들이 다시 자기의 터전을 되찾을 수 있다. 여호와께서 가난하게 되어 동족이나 이방인에게 몸이 팔린 이스라엘 자손으로 하여금 기업을 다시 찾게 하고, 자유를 얻어 가족에게 돌아가게 하신 이유는 애굽의 종살이에서 인도하여 내신 하나님을 잊지 않고 기억하여 경외하게 하려 하심이며, 장차 그리스도께서 영원한 하나님 나라의 기업을 누리게 하실 것의 예표이다.

### (2) 신앙적 규칙(26:~27:): 율법의 규준
① 율법의 원칙(26:): 율법의 근본정신인 여호와의 유일신 사상, 여호와의 안식일, 여호와의 성소를 경외하는 것이다. 이는 애굽에서 해방시켜 주신 여호와를 잊게 만드는 우상을 섬기지 말 것을 강조한다. 율법을 준행하게 될 시에는 나라의 풍요와 번창 그리고 번성과 중흥이 도래한다. 하지만 풍성한 복을 주셨음에도 불구하고 율법을 불순종할 때는 질병이나 이방에게 나라를 빼앗기거나 대적의 다스림을 받는 재앙을 당하게 된다. 이러한 경고에도 여호와 경외하기를 망각하고 율법을 범한다면 자녀와 가축이 멸하고 열방에 흩어지며, 대적의 땅에서 비참한 형극을 맞이하게 된다.[28] 율법은 여호와께서 이스라엘 백성을 언약대로 애굽에서 해방시켜 주심을 기억하며 경외하라고 주신 제사장 나라의 헌법이다. 이는 장차 그리스도께서 율법의 저주에서 해방시켜 의와 생명을 얻게 하실 것에 대한 예표이다.

---

28 "아들을 내놓아라 우리가 오늘 먹고 내일은 내 아들을 먹자 하매 우리가 드디어 내 아들을 삶아 먹었더니 이튿날에 내가 그 여인에게 이르되 네 아들을 내놓아라 우리가 먹으리라 하나 그가 그의 아들을 숨겼나이다 하는지라"(왕하 6:28-29, 참고. 왕하 6:24~33, 25:, 애 2:20~22).

② 서원의 규례(27:): 여호와께서 모세를 통해서 이스라엘 자손에게 명하심으로써 여호와 앞에 세운 언약의 서원은 반드시 지켜야 함을 강조한다. 방법은 서원자의 형편에 따라 예물의 분량을 정하며 이후의 상황에 따라 유동성을 갖게 하여 반드시 지킬 수 있게 한다. 성소의 한 세겔 단위는 고대 근동 노동자의 4일 품삯보다 많기 때문에 일반적으로 서원하기가 쉽지 않다. 서원 예물은 이 외에도 살아 있는 가축이나 주택 그리고 토지인데, 여호와께 온전히 바친 모든 것은 어떠한 예물이라도 반환할 수 없다. 이는 여호와께 드린 예물은 여호와의 것으로 거룩하게 되었기 때문에 부정한 인간에게 되돌릴 수 없으며, 우상숭배자나 여호와를 모독한 자는 부정하기 때문에 멸절한다. 또한 이미 여호와께 드려진 십일조는 하나님의 소유이므로 서원 예물로 사용될 수 없다. 서원은 여호와께 반드시 지켜야 될 약속으로, 레위기의 끝부분에 언급됨으로써 언약대로 성취하시는 여호와의 속성을 강조한다.

레위기는 하나님께서 제사장 나라의 백성에게 제사와 성별의 규례를 통해 거룩한 백성으로 살아갈 것을 약속하시는 내용이다. 거룩하신 하나님께서는 당신의 아들, 장자, 백성으로 삼으신 선민은 이방 민족과 근본적으로 구별됨을 규정하신다. 이는 장차 그리스도로 말미암아 창세전부터 선택하신 자들을 당신 아들이 되게 하실 것의 예표이다.[29]

출애굽기 마지막 단원의 장막 완공과 연속되어 레위기는, 여호와께서 회막에서 모세를 부르신 여호와가 이스라엘 자손에게 규례를 선포

---

29 "그 기쁘신 뜻대로 우리를 예정하사 예수 그리스도로 말미암아 자기의 아들들이 되게 하셨으니"(엡 1:5).

하게 하심으로 시작한다[30] (1:1~2). 시내산에서 제사장 나라의 거룩한 백성임을 규정한 것에 근거하여[31] 제사규례와 백성의 성별규례를 제정하시는 것이다.

레위기 전체 내용에서 백성의 성별규례를 명하시고, 종결부에서는 도입과 같이 계명으로 마감한다.

이와 같이 여호와께서 중보자 모세를 통해서 제사와 성별의 규례를 명하심은 장차 하나님의 아들 그리스도를 통해서 영원한 제사와 거룩한 백성을 삼으실 것에 대한 예표이다.

---

30  "그는 또 성막과 제단 주위 뜰에 포장을 치고 뜰 문에 휘장을 다니라 모세가 이같이 역사를 마치니"(출 40:33).
    "여호와께서 회막에서 모세를 부르시고 그에게 말씀하여 이르시되 이스라엘 자손에게 말하여 이르라 너희 중에 누구든지 여호와께 예물을 드리려거든 가축 중에서 소나 양으로 예물을 드릴지니라"(레 1:1-2).
31  "너희가 내게 대하여 제사장 나라가 되며 거룩한 백성이 되리라 너는 이 말을 이스라엘 자손에게 전할지니라"(출 19:6).

# 레위기의 신학적 주제들

## 1) 거룩의 개념

거룩의 사전적 의미는 '뜻이 매우 높고 위대하다', '성스럽고 위대하다'이다. 신학적 의미는 하나님의 본질적인 속성의 요소로 세속적인 현상과 가치를 초월하며 구별되는 존엄에 있다. 하나님은 피조물이나 우상과 비교되지 않는 거룩의 자존적인 본질이시다.

언약백성의 거룩은 피동적인 것으로써 하나님 기준의 가치 판단에 따른 성(聖)과 속(俗)의 구별에 있다. 언약백성의 거룩은 선과 악의 판단, 유일하신 하나님과 우상의 구별, 제사장 나라와 이방 나라의 구별, 하나님께서 제정하신 제사규례와 이방제사의 구별, 언약백성의 율법에 제정된 생활양식과 이방풍습의 구별, 하나님의 임재하시는 성전과 우상 신전과의 구별이다. 하나님은 거룩한 본성 자체이심으로 당신을 중심으로 선과 악 그리고 거룩함과 세속적인 것을 판단하시지만, 인간은 하나님께서 규정해 주신 규례를 통해서 분별할 수밖에 없다.

거룩하신 하나님께서 이스라엘 민족을 거룩한 백성으로 규정하심은 하나님과 인간의 관계가 언약의 관계이며, 유기적인 생명의 관계이기 때문이다. "나는 너희의 하나님이 되려고 너희를 애굽 땅에서 인도하여 낸 여호와라 내가 거룩하니 너희도 거룩할지어다"(레 11:45)라는 말씀은 언약대로 백성을 애굽에서 해방시키신 하나님의 전능함과 살아계심을 확증하게 하시고, 친 백성인 이스라엘도 하나님처럼 거룩하게 하시겠다는 뜻이다.[32]

## 2) 중보의 의미

출애굽기는 "이것은 여호와께서 시내산에서 이스라엘 자손을 위하여 모세에게 명령하신 계명이니라"(27:34)라는 구절로 끝맺고, 레위기는 "여호와께서 회막에서 모세를 부르시고 그에게 말씀하여 이르시되"로 시작된다(1:1). 이는 하나님께서 국민이 형성된 이후는 사람들과 직접 관계를 맺지 않으시고, 중보자를 통해서 섭리하심을 강조하시기 위함이다. 하나님의 뜻으로 통치할 중보자를 통한 섭리는 신정정치 체제의 원리이다.

구약시대의 중보사역의 직임은 모세와 같은 선지자, 아론과 같은 제사장, 다윗과 같은 왕이다. 하나님께서는 이들을 통해 백성을 교육하며, 제사를 드리고, 나라를 다스리게 하신다. 이것이 중보체제에 의한 신정정치이다. 이들을 세우실 때 하나님의 지명하심에 대한 증거로서 기름을 부어 거룩하게 하신다. 특히 모세는 온전한 중보자로서 하나님의 선지자요,[33] 아론에게 기름을 붓는 자요,[34] 민족의 통치자로 부름을 받은 자이다.[35] 이는 장자 오실 기름부음 받은 그리스도의 직임에 대한 예표이다.[36]

하나님께서 이스라엘 백성을 선지자·왕·제사장에 의해서 다스리

---

32  "나는 너희를 거룩하게 하는 여호와요"(레 22:32).
33  "네 하나님 여호와께서 너희 가운데 네 형제 중에서 너를 위하여 나와 같은 선지자 하나를 일으키시리니 너희는 그의 말을 들을지니라"(신 18:15).
34  "너는 아론과 그의 아들들에게 기름을 발라 그들을 거룩하게 하고 그들이 내게 제사장 직분을 행하게 하고"(출 30:30).
35  "이제 내가 너를 바로에게 보내어 너에게 내 백성 이스라엘 자손을 애굽에서 인도하여 내게 하리라"(출 3:10).
36  "아브라함과 다윗의 자손 예수 그리스도의 계보라"(마 1:1).

심은, 기름부음 받은 그리스도를 통해서 이루실 영원한 선지자·영원한 왕·영원한 제사장의 사역이며, 기름부음 받으실 그리스도께서 영원한 하나님의 나라를 다스릴 것에 대한 언약임을 알 수 있다. 또한 그리스도의 출현 이후 하나님의 중보자는 오직 하나님의 아들 그리스도가 유일하다.[37]

### 3) 제사의 의미

제사는 예로부터 전해 오는 종교적인 의식으로 모든 종교가 가지고 있지만, 하나님께 드리는 제사는 단순한 종교의식이 아니다. 하나님은 참 신이시며 창조주요, 영적인 존재이기 때문에 하나님과 인간과는 본질적으로 예배적인 관계를 맺고 있다.

성경에 나타난 제사의 원형은 인류의 시조인 아담의 타락에서 기인한다. 하나님께서 아담과 하와에게 사망선고 이후에 가죽옷을 지어 입히심은 죄에 대한 속죄 제사의 원형을 보여 주심이며, 아담에게 입히신 가죽옷을 통해 짐승의 생명(피)을 통해서만 죄의 용서가 이루어진다는 것을 보여 주신다.

이와 같이 제사는 죄에서 출발했으며, 죄는 반드시 생명을 대가로 지불해야 한다. 이것은 하나님께서 인류의 시조인 아담의 범죄에 대한 심판의 규정에서 시작된 것이다.[38] 죄에 대한 심판의 원칙은 반드시 실행되지만, 시조 아담에게 세우신 절대적인 언약 때문에 생명으로

---

37  예수께서는 직접 기름부음 받은 사실이 없지만 하나님의 아들로서 선지자직, 왕직, 제사장직을 온전히 수행하심으로 그리스도이심을 입증한다.

38  "선악을 알게 하는 나무의 열매는 먹지 말라 네가 먹는 날에는 반드시 죽으리라 하시니라"(창 2:17).

드리는 속죄의 제사를 시행하였고 하나님이 세우신 '생육하고 번성하라'(1:28)는 언약을 이루기 위해 짐승의 생명(피)으로 구속의 은총을 베푸신 것이다.

하나님과 타락한 인간은 예배적인 관계로 형성되어 있기[39] 때문에 제사는 영원히 시행되어야 할 중요한 과제이다. 그러므로 하나님께서는 언약관계로 맺어진 이스라엘 백성에게도 제사의 규례를 규정해 주신다. 언약백성 이스라엘은 하나님의 언약대로 애굽에서 큰 민족으로 번성한 후에 해방되고, 모세를 중심으로 시내산에 집결한다. 이때 하나님께서 모세를 통해서 이스라엘 민족의 정체성을 '제사장 나라'로 규정하신다.[40] 제사장 나라로서의 이스라엘 민족은 하나님의 언약백성이기 때문에 속죄의 제사를 통해서 생명을 보존하며 하나님과 예배적인 관계를 유지해야 한다.[41] 하나님께서 이스라엘 백성에게 제사장 나라를 유지하기 위해서 성막을 건축하게 하며, 성막에서 하나님께서 정해 주신 규례를 따라 제사를 드린다.

이와 같은 구약의 제사는 하나님의 아들 그리스도께서 당신의 생명을 제물로 드리심으로써 실체적인 제사가 완성된다.[42] 예수께서 영

---

39  하나님께서 인간을 영적인 존재로 창조하신 것은 하나님을 예배하게 하기 위함이다. 영靈의 기본적인 기능은 종교성이다. 예수께서도 "하나님은 영이시니 예배하는 자가 영과 진리로 예배할지니라"(요 4:24)라고 언급하신바 있다. 하나님께서 아담의 타락 이후에 제물을 통해 시험하신 것도 구약시대의 예배 요소는 짐승의 피를 통해 드려지기 때문이다(창 4:1~6).

40  "너희가 내게 대하여 제사장 나라가 되며 거룩한 백성이 되리라"(출 19:6).

41  "육체의 생명은 피에 있음이라 내가 이 피를 너희에게 주어 제단에 뿌려 너희의 생명을 위하여 속죄하게 하였나니 생명이 피에 있으므로 피가 죄를 속하느니라"(레 17:11).

42  "율법은 장차 올 좋은 일의 그림자일 뿐이요 참 형상이 아니므로 해마다 늘 드리는 같은 제사로는 나아오는 자들을 언제나 온전하게 할 수 없느니라 … 그 후에 말

원한 제사를 염두에 두시고, 사마리아 여인에게 시공간을 초월한 신령과 진리의 예배를 말씀하시는데,[43] 예수께서 말씀하신 신령과 진리의 예배는 구약시대에 드린 예루살렘 성전 제사를 종결하고, 그리스도의 죽음과 부활의 실체적인 제사를 통해서 부활의 생명으로 거듭난 자들이 진리의 말씀으로 하나님의 뜻을 분별하는 것이다. 바울은 신령과 진리의 예배를 산제사, 영적 예배로 규정하며 이는 하나님의 온전하신 뜻을 분별하고, 믿음의 분량에 만족하며, 하나님께서 베푸신 은사로 봉사하는 것임을 확고히 한다.[44]

구약의 제사는 타락한 인간이 양의 피를 통해서 하나님께 드리는 예배의 전형이며, 생명으로 드려지는 소통의 방식이다. 신약의 제사는 세상 죄를 지고 가는 하나님의 어린 양(요 1:29) 그리스도께서 성경대로 죄에 대해서 죽으심으로써 영원한 속죄를 이루시고,[45] 성경대로 부

---

씀하시기를 보시옵소서 내가 하나님의 뜻을 행하러 왔나이다 하셨으니 그 첫째 것을 폐하심은 둘째 것을 세우려 하심이라 이 뜻을 따라 예수 그리스도의 몸을 단번에 드리심으로 말미암아 우리가 거룩함을 얻었노라"(히 10:1, 9~10).

43 "아버지께 참되게 예배하는 자들은 영과 진리로 예배할 때가 오나니 곧 이때라 아버지께서는 자기에게 이렇게 예배하는 자들을 찾으시느니라 하나님은 영이시니 예배하는 자가 영과 진리로 예배할지니라"(요 4:23-24).

44 "그러므로 형제들아 내가 하나님의 모든 자비하심으로 너희를 권하노니 너희 몸을 하나님이 기뻐하시는 거룩한 산 제물로 드리라 이는 너희가 드릴 영적 예배니라 너희는 이 세대를 본받지 말고 오직 마음을 새롭게 함으로 변화를 받아 하나님의 선하시고 기뻐하시고 온전하신 뜻이 무엇인지 분별하도록 하라 내게 주신 은혜로 말미암아 너희 각 사람에게 말하노니 마땅히 생각할 그 이상의 생각을 품지 말고 오직 하나님께서 각 사람에게 나누어 주신 믿음의 분량대로 지혜롭게 생각하라 우리가 한 몸에 많은 지체를 가졌으나 모든 지체가 같은 기능을 가진 것이 아니니 이와 같이 우리 많은 사람이 그리스도 안에서 한 몸이 되어 서로 지체가 되었느니라"(롬 12:1-5).

45 "내가 받은 것을 먼저 너희에게 전하였노니 이는 성경대로 그리스도께서 우리 죄를 위하여 죽으시고"(고전 15:3 ).

활하사[46] 창세 전부터 선택된 자들에게 새 생명을 주사 하나님의 아들들이 되게 하심이다.[47]

"오직 그리스도는 죄를 위하여 한 영원한 제사를 드리시고 하나님 우편에 앉으사"(히 10:12).

46 "장사 지낸바 되었다가 성경대로 사흘 만에 다시 살아나사"(고전 15:4).

47 "곧 창세 전에 그리스도 안에서 우리를 택하사 우리로 사랑 안에서 그 앞에 거룩하고 흠이 없게 하시려고 그 기쁘신 뜻대로 우리를 예정하사 예수 그리스도로 말미암아 자기의 아들들이 되게 하셨으니"(엡 1:4-5).

# 레위기 개론

| 백성을 성별하시는 여호와[48] 민족의 성격 | |
|---|---|
| 1. 제사의 규례(1:~10:) | 1) 제사의 원칙(1:~7:)<br>2) 제사장 규례(8:~10:) |
| 2. 정결의 규례(11:~17:) | 1) 정결의 원칙(11:~15:)<br>2) 속죄의 제사(16:~17:) |
| 3. 생활의 원리(18:~27:) | 1) 생활의 규범(18:~22:)<br>2) 종교적 규범(23:~27:) |

---

48 "…내가 거룩하니 너희도 거룩할지어다"(레 11:45).
- 레위기는 제사장 나라로 규정된 언약백성의 거룩한 특성을 제사제도를 통해 수립한다.

# 1. 제사의 규례(1:~10:): 성막의 용도

## 1) 제사의 원칙(1:~6:~7): 규례의 의미

### (1) 예물의 규례(1:~6:7): 방법과 목적
① 번제의 예물(1:): 제물의 향기
② 소제의 예물(2:): 감사의 의미
③ 화목제 예물(3:): 화목의 감사
④ 속죄제 예물(4:): 속죄의 은총
⑤ 속건제 예물(5:~6:7): 배상의 원칙

### (2) 제사의 절차(6:8~7:): 제사장 임무
① 번제의 규례(6:8~13): 화기의 유지
② 소제의 규례(14~23): 제물의 유용
③ 속죄제 규례(24~30): 거룩성 유지
④ 속건제 규례(7:1~10): 제물의 분배
⑤ 화목제 규례(11~21): 식사의 유의
⑥ 제물 처리법(22~38): 영원한 소득

## 2) 제사장 규례(8:~10:): 제사장 위치

### (1) 제사장 임직(8:~9:): 위임과 취임
① 임직의 규칙(8:): 거룩한 직임[49]
② 취임의 규칙(9:): 속죄의 의식[50]

### (2) 제사의 착오(10:): 원칙적 심판
① 제사의 오류(1~7): 엄중한 심판
② 제물의 처리(8~20): 처리의 원칙

---

49　① 제사의 준비(8:1~4): 회중의 운집
　　② 성의의 착용(8:5~9): 거룩한 예복
　　③ 기름의 의미(8:10~13): 거룩한 의식
　　④ 제사의 거룩(8:14~29): 거룩한 위임
　　⑤ 관유의 거행(8:30~36): 거룩한 속죄
50　① 백성의 준비(9:1~7): 백성의 속죄
　　② 취임식 제사(9:8~14): 제사장 속죄
　　③ 취임과 축도(9:15~22): 백성의 거룩
　　④ 취임의 종결(9:23~24): 열납의 확증

## 2. 정결의 규례(11:~17:): 생활의 거룩

### 1) 정결의 원칙(11:~15:): 회복의 제사

(1) 음식의 규례(11:): 음식의 판별
  ① 음식의 판단(1~23): 선민의 구별
  ② 사체의 부정(24~40): 사체의 오염
  ③ 생물의 판단(41~47): 거룩의 판별

(2) 신체의 규례(12:~15:): 질병의 판단
  ① 산모의 정결(12:): 정결의 의식
  ② 나병 정결(13:~14:): 거룩의 판별
  ③ 유출병 정결(15:): 정결의 판별

### 2) 속죄의 규정(16:~17:): 거룩의 회복

(1) 대속의 규칙(16:): 백성의 정결
  ① 출입의 원칙(16:1~5): 지성소 제한
  ② 속죄제 규례(6~22): 회중의 제사
  ③ 아론의 규례(23~34): 정결의 의식

(2) 성소의 지정(17:): 부정한 제사
  ① 제사의 원칙(1~7): 장소의 지정
  ② 제물의 규제(8~9): 회막의 지정
  ③ 제물의 금기(10~16): 피의 처리법

## 3. 생활의 원리(18:~27:): 유일신 확증

### 1) 생활의 규범(18:~22:): 순결의 실제

(1) 실생활 규칙(18:~20:): 생활의 이치
  ① 이방풍속의 결별(18:1-5)
  ② 건전한 성적생활(18:6-28)
  ③ 거룩한 사회생활(19:)
  ④ 이교의 풍습 단절(20:)

(2) 제사장 규칙(21:~22:): 모본적 성결
  ① 성결의 의무(21:)
  ② 성물의 성결(22:)

2) 종교적 규범(23:~27:): 언약의 기념

  (1) 성회의 절기(23:~25:): 역사의 인식

   ① 절기의 규례(23:): 역사의 기억

   ② 성호의 규례(24:): 이름의 기억

   ③ 희년의 규례(25:): 안식의 기억

  (2) 신앙적 규칙(26:~27:): 율법의 규준

   ① 율법의 원칙(26:): 유일신 사상

   ② 서원의 규례(27:): 준수의 원칙

**민수기의 구조**

  1. 출발의 준비(1:~9:): 계수와 제사

  2. 광야의 여정(10:~25:): 반역의 결과

  3. 정복의 준비(26:~36:): 계수와 정복

**민수기의 신학적 주제들**

**민수기 개론**

# chapter 5

# 민수기

## 선민의 세대교체

# 민수기
## 선민의 세대교체

민수기의 표제는 '백성들의 수數'이며 주제는 '백성을 교체하시는 여호와'이다. 여호와께서는 광야에서 출발할 때 백성의 숫자를 계수하시고(1:46), 가데스에서 가나안을 정탐한 후 여호수아와 갈렙 외에 부정적인 보고를 한 열 지파의 이십 세 이상 된 자들을 광야에서 죽게 하신다. 이후 삼십팔 년의 광야 여정을 마칠 즈음 죽은 만큼의 숫자가 광야에서 태어나게 하심으로써 가나안 땅 정복의 언약을 불신한 세대를 교체하여 여호와 자신을 확증한다.

민수기의 요절은 14장 34절이며, 백성의 세대교체를 뒷받침하는 "너희는 그 땅을 정탐한 날수인 사십 일의 하루를 일 년으로 쳐서 그 사십 년간 너희의 죄악을 담당할지니 너희는 그제서야 내가 싫어하면 어떻게 되는지를 알리라 하셨다 하라"는 말씀이다.

민수기의 기록 목적은 하나님께서 언약을 불신한 세대를 교체하여서 광야의 시험과 교육을 통해 언약대로 섭리하시는 여호와를 확증하는 것이다.

민수기의 주안점은 네 가지로 나눌 수 있다.

첫째, 이스라엘 백성의 계수로부터 시작하는 이유를 알아야 한다.

둘째, 가데스바네아의 중요성은 무엇인지 확인해야 한다.

셋째, 하나님께서 세대를 교체하시는 근본적인 이유는 무엇인가를 파악해야 한다.

넷째, 하나님께서 성막과 함께 계셔서 백성들을 인도하시는 이유는 무엇인지 알아야 한다.

# 민수기의 구조

| 주제 | 백성을 교체하시는 여호와(민) – 세대의 교체 | | |
|------|------|------|------|
| 구조 | **1. 출발의 준비**<br>(1:~9:) | **2. 광야의 여정**<br>(10:~25:) | **3. 정복의 준비**<br>(26:~36:) |
| | 1) 군인의 계수(1:)<br>2) 배치와 임무(2:~4:)<br>3) 성별과 인도(5:~9:) | 1) 행진과 반역<br>(10:~14:)<br>2) 제사와 중보<br>(15:~19:)<br>3) 광야의 행로<br>(20:~25:) | 1) 계수와 교체<br>(26:~27:)<br>2) 율법의 교육<br>(28:~30:)<br>3) 정복과 분배<br>(31:~36:) |
| 쟁점 | 계수와 제사규례 | 반역과 세대교체 | 계수와 영토정복 |
| | 성막 중심의 규례 | 절대명령의 의미 | 교체세대의 확신 |
| 기간 | 20일 | 약 38년(20:1) | 약 6개월 |

하나님께서 모세를 통하여 시내산에 이 년 정도 머물며 제사장 나라의 율법과 성막(출애굽기) 그리고 성별규례(레위기)를 주셨다. 이후 광야의 행진을 위해 군인을 계수하며 지파별로 성막 중심의 대열을 정비하고, 가데스에서 정복지 가나안을 정탐하게 하신다. 이스라엘 백성 중 가나안 땅 정복을 불신한 세대는 죽고, 광야에서 태어난 세대는 시련을 거쳐 요단강 동편에 주둔한다. 광야생활은 여호와 언약의 절대성을 확고히 함으로써 가나안 땅 정복의 확신을 준다.

# 1 출발의 준비(1:~9:): 계수와 제사

하나님께서 애굽에서 해방된 이스라엘 백성을 약속의 땅 가나안으로 인도하기 위해 준비하신다. 먼저 광야에서 발생할 전쟁에 대비해서 참전할 수 있는 군인의 수를 계수하신다. 또한 성막을 중심으로 지파별로 정렬하여 임무를 부여하고 진영을 배치한다. 이후에는 규례를 주시고 여호와의 명령대로 진행하는 방법을 제시해 주신다.

| 백성을 교체하시는 여호와 – 세대의 교체 | | |
|---|---|---|
| **1. 출발의 준비(1:~9:): 계수와 제사** | | |
| 1) 군인의 계수(1:) | 2) 배치와 임무(2:~4:) | 3) 성별과 인도(5:~9:) |
| (1) 계수와 임명(1:1~16) | (1) 지파별 진영(2:) | (1) 부정과 사원(5:~6:) |
| (2) 계수의 결과(17~46) | (2) 레위의 사역(3:) | (2) 성막의 봉사(7:~8:) |
| (3) 레위의 임무(47~54) | (3) 속죄의 규례(4:) | (3) 유월절 규례(9:) |

## 1) 군인의 계수(1:): 계수와 임무

하나님께서 가나안 땅 정복의 출발 준비를 군인의 숫자를 파악하는 것으로 시작하는 데는 이유가 있다. 광야에서 발발할 전쟁에 대비하기 위함이기도 하지만, 숫자에 의해 좌우되는 인간에게 여호와의 존재를 확증하기 위한 수단으로 사용하려는 것이다.

이는 오백여 년 전 야곱의 가족 칠십 명이 애굽으로 이주해서 장정만 약 육십만 명으로 번성한다는 것으로 아브라함에게 세우신 언약을 성취하시는 여호와의 존재를 확증한다.

(1) 계수와 임명(1:1~16): 언약의 성취

① 지파별 계수(1~3): 하나님께서 출애굽 제2년 2월 1일의 광야 여정을 본격적으로 시작하기 20일 전에 처음 인구조사를 하도록 명령했다. 아브라함과 세운 언약대로 이스라엘 백성은 장정만 약 육십만 명으로 형성되었으며,[1] 이 시점은 애굽에 거주한 지 400년이 되는 때이며 해방의 출발점이다. 또 한 번의 간접적인 계수는 이스라엘 백성이 시내산에 집결해서 성막을 건축하는 데 필요한 성소의 예물을 집계하면서 실시한다.[2] 민수기는 성막을 완공하고 출발 직전 대열 정비를 위해 백성을 계수하는데 그 숫자는 603,550명이다.

백성의 계수는 아브라함과의 언약대로 큰 민족이 형성되었고 이를 통해 하나님의 언약은 신빙성이 있다는 사실을 확인했다. 광야에서 여호와에 대한 확신은 가나안 땅 정복의 동력으로 작동되기 때문에 매우 중요하다.

② 책임자 임명(4~16): 하나님의 군대는 신정국가로서의 질서체계가 확고하다. 이삼백만 명 가량의 백성을 능률적으로 인도하기 위해 광야 행군의 조직과 관리 책임자가 필요하다. 이스라엘 백성은 애굽에서 무질서한 노예생활을 하다가 가나안 땅 정복의 전쟁을 대비한 막중한 사명으로 모였다. 이들은 하나님의 중보자 모세를 중심으로 조직체계를 갖추고 하나님의 인도에 따라 행진할 것이다. 이는 그리스도의 몸 된 교회의 조직체제가 은사를 따라 직무가 주어짐을 뜻한다.

---

1   "이스라엘 자손이 라암셋을 떠나서 숙곳에 이르니 유아 외에 보행하는 장정이 육십만 가량이요"(출 12:37).
2   "계수된 자가 이십 세 이상으로 육십만 삼천오백오십 명인즉 성소의 세겔로 각 사람에게 은 한 베가 곧 반 세겔씩이라"(출 38:26).

### (2) 계수의 결과(1:17~46): 군인의 계수

하나님께서는 가나안 정복전쟁에 효과적으로 준비하기 위해 모세와 아론이 지명한 지도자들과 함께 이십 세 이상의, 전쟁을 치를 수 있는 자들로 군대를 편성해 광야에서의 전쟁을 대비시키신다. 모세와 아론 그리고 그들에 의해서 지명된 지도자들과 함께 군인을 계수하심을 통해 사소한 절차까지 하나님의 명령체계에 따라 진행됨을 알수 있다. 그렇게 계수한 결과 603,550명으로 집계된 숫자는 하나님의 언약이 성취되었음을 증거한다.

### (3) 레위의 임무(47~54): 종교적 업무

레위 지파는 계수하지 않으며 병역의무에서 제외되는데, 이는 종교적인 제사 업무에 전념하기 위해서이다. 이스라엘은 제사장 나라이기 때문에 국방의 의무와 같이 종교의 의무도 막중하다. 레위 지파는 하나님의 성막에서 봉사하며 하나님과 백성 간의 중보사역으로 책임을 완수해야 한다.[3] 제사장 나라의 근본은 하나님을 경외하고 예배하는 것이다. 이스라엘 민족의 중심에는 열조와의 언약을 성취하신 여호와가 존재한다. 레위의 임무는 400년간 애굽의 노예생활로 우상을 숭배하며 그 신들이 신神인 줄 알고 있던 선민에게 여호와만이 유일한 참 신이심을 알게 하는 것이다.

---

3  "레위인은 증거의 성막 사방에 진을 쳐서 이스라엘 자손의 회중에게 진노가 임하지 않게 할 것이라 레위인은 증거의 성막에 대한 책임을 지킬지니라 하셨음이라"(레 1:53).

## 2) 배치와 임무(2:~4:): 지파별 역할

군대의 진영 배치는 중앙에 성막이 있고 성막 안에 언약궤가 존재한다. 언약궤는 하나님께서 이스라엘 백성과 함께하시며 언약대로 성취하신 것에 대한 역사적인 표징이 담겨 있다. 이스라엘 역사의 중심에 여호와께서 존재하시며, 열조와의 언약대로 이스라엘을 큰 민족으로 번성시키시고, 약속의 때에 애굽에서 해방시킴을 언약궤로 확증했기 때문이다.

### (1) 지파별 진영(2:): 위치의 배정[4]

이스라엘 백성의 진영 또한 여호와께서 모세와 아론에게 명령하신 대로 배치되는데, 이는 여호와께서 이스라엘 백성과 함께하시며 광야의 길을 인도하심에 대한 증거이다.

이와 같은 목표에 따라 첫째, 이스라엘 백성의 대열을 지파별로 분류한 까닭은 조상의 가문이 승계되는 데 있다. 이스라엘 백성은 아브라함과 이삭 그리고 야곱의 열두 아들을 통해서 번성된 민족적 정통성과 대를 이은 혈통의 연속을 지니고 있다. 둘째, 레위는 온전히 제사와 관련된 사역을 담당한다. 행진의 위치 또한 성막을 중심으로 배치된다.

진영의 선봉에는 유다 지파가 자리하는데, 이는 유다에게 언약하신 통치자의 권세[5]를 시행함으로써 하나님의 다스림을 받는 신정국가 형태의 정치체제를 경험하게 한다.

---

4  • 열두 지파의 배치도

5  "규가 유다를 떠나지 아니하며 통치자의 지팡이가 그 발 사이에서 떠나지 아니하기를 실로가 오시기까지 이르리니 그에게 모든 백성이 복종하리로다"(창 49:10).

## (2) 레위의 사역(3:): 성막의 봉사[6]

레위는 하나님의 것으로 선택받고 구별된 지파로서 성막의 관리와 율법교육을 전담한다. 아론 가문은 제사장의 직분을 위임받으며, 레위인은 아론 지파에 맡겨진 자들로서 제사의 직무를 보조하는 역할을 한다. 레위 지파의 삼대 계보는 게르손, 고핫, 므라리로 이어진다. 레위 지파는 성막과 관련된 업무에 전념함으로써 백성을 대표한다.

레위 지파는 야곱의 예언대로 이스라엘 지파 가운데 흩어져 살며,[7] 성막의 봉사자로서 시내 광야에서 금송아지 숭배의 민족적인 범죄를 척결하는 데 전적으로 헌신한다. 하나님께서 레위를 하나님의 것으로 삼은 이유는 이스라엘 자손의 처음 난 자를 대신하여 성전에서 여호와를 섬기는 일에만 봉사하게 하여 이스라엘 백성의 생명을 보전하기 위함이다.

## (3) 속죄의 규례(4:): 범죄의 용서

하나님께서 이스라엘 백성의 범죄와 마찬가지로 제사장의 범죄에 대해서도 속죄 규례를 자세히 말씀하신다. 제사장은 제사를 집례하는 중책을 지녔으며, 백성의 모본이 되어야 하는 지도자이다. 속죄 규례의 핵심은 범법자들이 제물의 머리에 안수하여 죄를 전가하고, 제물의 피를 바르거나 휘장에 뿌리는 것이다. 제물의 피는 생명을 의미하며 피를 뿌리거나 바르는 속죄의식을 통해 생명을 보존받게 되는 것이다.

---

6  레위는 하나님의 것으로 선택하여 구별된 지파로서 성막의 관리와 율법교육을 전담한다.

7  "…내가 그들을 야곱 중에서 나누며 이스라엘 중에서 흩으리로다"(창 49:7).

### 3) 성별과 인도(5:~9:): 진영의 성별

하나님께서는 대열을 정돈하신 후 신앙공동체의 안녕과 질서를 유지하기 위해서 거룩한 성별규례를 주신다. 이스라엘 백성이 제사장 나라이며 거룩한 백성이기 때문에 그들의 건강과 가정을 보호하신다. 또한 집례를 위한 레위 지파의 규례와 여호와의 신앙을 위한 유월절의 규례를 명하셨다.

#### (1) 부정과 서원(5:~6:): 판결과 서원

하나님의 관심은 백성을 거룩하게 구별하기 위한 '성별'에 있기 때문에 광야나 가나안에서 발생할 수 있는 각종 부정에 대한 대처 방안을 규정해 주시며, 나실인의 서원으로 순수성을 보존하신다.

#### ① 부정의 대책(5:): 성별의 방안

광야 행진을 위한 대열 정비와 정복 전쟁을 위한 군대 조사 그리고 성막 중심의 이동에 따른 레위의 사역 분담으로 출발 준비가 완료되었다. 하나님께서는 제사장 나라의 신앙공동체에 대한 신체의 보호와 유지를 위해 정결의 방안을 제시하신다.

첫째, 부정의 격리(1~4): 문둥병과 유출병(성병) 환자를 진 밖으로 내어 보내 정결하게 될 때까지 기다린다. 이는 신앙공동체의 건강과 생명을 보존하기 위한 것이며, 거룩하신 여호와께서 백성의 진영 가운데 계시기 때문에 부정한 자들이 함께할 수 없음을 뜻한다.

둘째, 배상의 원칙(5~8): 이웃에 대한 재산권이나 인권 침해에 대한 성별규례이다. 남녀를 무론하고 이웃에게 피해를 주는 것은 신앙공동체를 파괴하고 하나님에 대한 범죄가 된다. 범죄자는 반드시 죗값을 치르는 손해배상과 속죄 제사의 예물을 드려야 한다.

셋째, 제사장 분깃(9~10): 제사장의 생계를 위한 하나님의 배려인데, 하나님께 먼저 드린 제물은 제사장의 몫이다. 구별된 것은 하나님께 드려진 예물로 소각하는 것 외에는 대부분 제사장의 생계와 생존의 문제가 하나님께 속해 있음을 뜻한다.

넷째, 부부의 의심(11~31): 부부관계에서 아내의 간통 혐의에 대한 의심을 해결하는 법이다. 의심은 부부간의 불화와 갈등의 요인이며 가정이 파괴될 수 있는 중요한 사안이다. 가정이 파괴된다는 것은 당사자에게 치명적인 상처가 되며, 생육 번성을 통해서 큰 민족으로 이루어 가시는 하나님의 질서체계에 어긋나게 된다. 그러므로 남편의 의심은 가정 파괴의 원인이 되기 때문에 반드시 해결하여 가정의 질서를 유지해야 한다. 의심을 해결하기 위한 소제는 보리 가루를 드리는데, 가루는 의심으로 인하여 고통받고 있음을 뜻한다. 기쁨을 상징하는 기름과 유향은 제물에서 제외하는데, 아내의 죄에 대한 유무를 판단하는 소제가 결코 기쁜 일이 아니기 때문이다. 소제를 통해 여자가 범죄했으면 양심에 두려움을 주고, 그렇지 않으면 해가 되지 않는다. 의심의 소제는 하나님 앞에서 가정의 거룩함을 유지하기 위한 것으로서 신앙공동체의 정결과 보존을 위한 거룩한 규례이다.

② 나실인 성별(6:): 서원의 규례

나실인은 종교의 순수성을 보존하기 위해 자신을 하나님께 드린 자이다. 나실은 '성별한다'는 뜻이다. 나실인은 스스로 서원하거나 출생하면서부터 또는 부모가 서원한다. 그들은 일정 기간이나 평생 동안 하나님을 위해서 봉사에 전념하는 자들로서 취하면 실수나 불결해질 수 있기 때문에 포도주나 독주를 금한다. 삭도를 머리에 대어

짧게 깎는 것 또한 금하는데, 이것은 이방인들의 짧은 삭발과 구별하기 위함이며 머리는 권위와 생명의 건재함을 상징한다. 나실인이 서원을 어기는 것은 하나님께 대한 범죄 행위로 머리를 밀게 하고 비둘기와 수양으로 속죄 제사를 드림으로써 성별한 몸으로 서원을 회복한다.

신앙공동체와 나실인의 정결 규례를 통해서 하나님께서 동행하시고 인도하실 것을 확약하신 다음 모세와 아론을 통해서 언약백성을 축복하신다. 여기서 여호와의 축복이란 복을 주시고 보존시켜 주시는 것이며, 언약백성들의 삶을 보호, 인도하시는 은혜를 베푸시고, 여호와의 얼굴을 백성에게 향하시어 함께하심을 알게 함으로써 평강을 누리게 하시는 것이다. 이와 같은 축복은 여호와의 이름으로 세우신 언약이기 때문에 반드시 이루어 주신다. 내일을 예측할 수 없는 광야의 위협적인 환경과 전쟁의 공포로부터 백성을 보호하시며 반드시 가나안 땅을 정복할 것에 대한 믿음을 주시는 것이다.

### (3) 봉사의 규례(7:~8:): 봉헌과 봉사

여호와께서는 이스라엘 백성을 불결과 부정으로부터 거룩히 성별하신다. 행군 중에도 성별하시는 것은 하나님과의 거룩한 관계를 유지하기 위한 것으로 대열 정비를 마치고 레위인의 직무를 명시한 다음 가장 중요한 성막의 봉헌예물 규례를 명령하신다.

### ① 성막 봉헌식(7:): 봉헌의 예물

이스라엘 12지파의 대표자들은 성막에 임재하신 하나님에 대한 신앙고백과 성별을 위해 지파별로 12일 동안 예물을 드린다. 이는 시내산에서 부여받은 언약에 대한 순종의 서원과 행군에 함께하시는 하나님에 대한 감사와 고백의 예물이다. 시내산 언약의 핵심은 민족의 정체성을 제사장 나라와 거룩한 백성으로 규정해 주신 것과 율법의 수여 그리고 성막의 건축이다. 이는 유일신 여호와 사상의 근본이자 이스라엘 민족의 정신이다.

성막의 봉헌 규례의 절차는 성막의 기구에 기름을 발라 거룩히 구별하고, 지파의 우두머리들이 12일 동안 제단의 봉헌을 위한 헌물을 레위인에게 드리고, 레위인은 헌물을 분배하여 직무대로 봉사하는 것이다. 제단에 기름을 바르던 도유식은[8] 출애굽 2년 1월 1일 단을 처음 사용하는 낙성일에 시행함으로써 단이 하나님께 드려졌음으로 단의 소유주가 하나님이심을 확증한다. 헌물은 성막을 중심으로 배치된 순서에 따라 드림으로써 성막의 소유주이신 하나님을 인식하게 한다. 하나님께서 성막을 거룩하게 하고, 지파별로 예물 드리는 규례를 마친 후 거룩한 언약궤와 정금으로 만든 두 그룹 사이에서 모세에게 말씀하심으로써 성막 규례의 거룩성을 밝혀 주신다.

② 레위인 규례(8:): 성막의 봉사[9]

시내산 언약 체결과 율법의 수령 그리고 성막의 봉헌식이 거행되는 날 성소의 등불을 대제사장 아론이 점화한다. 이것을 시작으로 레위인들은 이스라엘의 사회에서 공적인 사역을 담당한다. 등불과 등대의 제작 원칙은 하나님의 명령에 의한 양식대로 제작한다. 등불은 성소를 밝혀 진설병을 비추고, 등대는 밑판에서 꽃문양까지 하나로 연결

---

8  "모세가 장막 세우기를 끝내고 그것에 기름을 발라 거룩히 구별하고 또 그 모든 기구와 제단과 그 모든 기물에 기름을 발라 거룩히 구별한 날에"(민 7:1).

9  시내산 언약 체결과 율법의 수령 그리고 성막의 봉헌식이 거행되는 날 성소의 등불을 대제사장 아론이 점화한다. 이를 필두로 레위인들은 이스라엘의 사회에서 공적인 사역을 담당한다.

되어 있다. 등불은 어둠을 밝히는 빛의 역할을 의미하고, 거룩한 등대는 하나님과 백성들의 유기적인 관계를 뜻한다. 이는 빛으로 오신 그리스도께서 그의 백성과 일체적 생명관계로 연결되어 있음을 뜻한다.

레위인을 정결하게 하는 이유는 거룩한 하나님의 성막에서 봉사하는 지파로서 성소를 더럽히지 않게 하기 위함이다.[10] 레위인이 취임식을 거행하는 이유는 하나님께 드려진 거룩한 봉사자로서 하나님을 섬기는 일에 전념하는 자들임을 백성들에게 선포하기 위해서다.[11] 레위 지파는 하나님과 백성의 거룩한 중보자로서 이스라엘 백성의 죄를 정결하게 하며 소통의 중개자이다. 이는 그리스도께서 새 언약의 중보자로서 당신이 선택한 백성은 영원한 속죄로 영원한 하나님 나라의 기업을 얻게 하실 것에 대한 예표이다.[12]

### (5) 유월절 규례(9:): 절대적 명령

유월절은 언약백성들에게 최초로 주어진 절기이다. 애굽의 400년 종살이에서 하나님이 약속하신 기한이 되어 해방됨을 기념하는 날이다. 해방의 과정에서 애굽의 장자와 짐승의 첫 새끼는 모두 죽었지만, 언약백성은 문지방에 바른 피가 표징이 되어 생명을 보존하게 되었다.

---

10  봉사 기간은 5년 견습하고 30세부터 50세까지 가장 왕성할 때 사역한다.

11  "보라 내가 이스라엘 자손 중에서 레위인을 택하여 이스라엘 자손 중에 태를 열어 태어난 모든 자를 대신하게 하였은즉 레위인은 내 것이라"(민 3:12).

12  "이로 말미암아 그는 새 언약의 중보자시니 이는 첫 언약 때에 범한 죄에서 속량하려고 죽으사 부르심을 입은 자로 하여금 영원한 기업의 약속을 얻게 하려 하심이라"(히 9:15).

① 유월절 방책(1~14): 준수의 규칙

하나님께서는 유월절을 절기로 규정해 주심으로써 해마다 애굽의 종살이에서 해방된 것을 기념하게 한다. 유월절은 여건과 상황을 초월해서 모든 백성이 영원히 지켜야 한다. 유월절을 지키지 않으면 죽음의 형벌이 주어지며 타국인이라도 지키기를 원하면 참여할 수 있다. 죄와 사망에서 의와 생명을 얻게 되는 구속의 은총은 모든 여건을 초월하며 이방인까지 구원의 반열에 설 수 있다는 것을 증거한다.[13]

하나님께서는 애굽에서 해방된 언약백성들이 성별규례를 통해 하나님과 거룩한 관계임을 알게 하시고, 유월절의 의미를 통해 하나님과 언약의 관계에 있음을 알게 하신다.

② 회중의 인도(15~23): 절대적 명령

하나님께서는 광야의 행진에 앞서 이스라엘 백성의 성격을 규정하시는데, 제사장 나라로서 하나님과의 예배적 관계, 제사의 성별을 통한 하나님과의 거룩한 관계, 그리고 유월절을 통해 생명을 구원하신 하나님과 언약의 관계가 그것이다. 또한 성막에 임재하신 하나님께서 중보체제를 통해서 회중을 인도하심으로써 하나님과 백성의 관계를 돈독히 하신다.[14]

하나님께서는 가나안 땅 정복의 여정에 대한 준비를 마치시고 성막 위에 구름과 불의 모양으로 임재하시며 이스라엘의 광야생활을 인

---

13 "내가 애굽 땅을 칠 때에 그 피가 너희가 사는 집에 있어서 너희를 위하여 표적이 될지라 내가 피를 볼 때에 너희를 넘어가리니 재앙이 너희에게 내려 멸하지 아니하리라 너희는 이날을 기념하여 여호와의 절기를 삼아 영원한 규례로 대대로 지킬지니라"(출 12:13-14).

14 "곧 그들이 여호와의 명령을 따라 진을 치며 여호와의 명령을 따라 행진하고 또 모세를 통하여 이르신 여호와의 명령을 따라 여호와의 직임을 지켰더라"(민 9:23).

도하신다. 이스라엘 백성은 여호와께서 모세를 통하여 말씀하신 명령을 따라 행진하며, 여호와께서 부여하신 지파별 임무를 수행함으로써 제사장 나라의 질서 체계를 확립하고 하나님의 거룩한 백성이라는 정체성을 확고히 한다.

광야생활하는 동안 시내산에 20여 일 동안 머물면서, 여호와의 명령에 따라 백성을 계수하고, 대열을 정비하며, 임무를 완수하여 유월절의 절기를 기념하고, 진행한다. 이는 여호와께서 열조와의 언약대로 이스라엘 백성을 애굽에서 번성, 해방시킨 다음 가나안 땅을 정복하기 위한 준비로써 지금까지 언약을 이루신 여호와께서 약속의 땅 가나안을 반드시 정복하게 하심을 확증한다.

본 단원은 민수기의 핵심 부분이다. 가데스에서 가나안으로 파송된 정탐꾼들의 불신앙적인 보고에 의해 20세 이상의 백성들은 광야에서 죽게 되고, 20세 이하 된 자들은 살아남는다. 세대교체의 원인은 하나님께서 조상 때부터 언약하신 가나안 땅 정복에 대한 의심인데 이것은 결국 언약을 성취하시는 여호와에 대한 불신으로 이어지기 때문이다. 여호와께서 세우신 언약의 불신은 단순한 약속의 거부나 회피가 아니라 신의 존재를 거역하는 본질적인 문제이므로 반드시 심판하신다.

| 백성을 교체하는 여호와 – 세대의 교체 | |
|---|---|
| **2. 광야의 여정(10:~25:): 반역의 결과** | |
| 1) 행진과 반역(10:~14:) | (1) 행군의 방식(10:)<br>(2) 백성의 원망(11:)<br>(3) 지도자 반역(12:)<br>(4) 가나안 정탐(13:)<br>(5) 정탐의 결과(14:) |
| 2) 제사와 중보(15:~19:) | (1) 제사의 규례(15:)<br>(2) 중보의 질서(16:)<br>(3) 아론의 권위(17:)<br>(4) 제사장 직위(18:)<br>(5) 백성의 정결(19:) |
| 3) 광야의 행로(20:~24:) | (1) 가데스 회귀(20:)<br>(2) 동편의 정복(21:)<br>(3) 발락의 모락(22:)<br>(4) 발람의 예(23:~24:)<br>(5) 바알의 숭배(25:) |

## 1) 행진과 반역(10:~14:): 언약의 불신

광야에서의 반역과 불신의 사건은 이스라엘 백성의 범죄행위 자체
나 하나님의 은혜만을 강조하기 위한 것이 아니다. 범죄 사건은 가데
스의 정탐 보고에서 절정을 이룬다. 언약백성의 반역과 불신은 하나님
의 명령(언약)이 반드시 이루어진다는 사실을 확고히 하고 있다.

### (1) 행군의 방식(10:): 임무의 분담

하나님은 언약백성에게 광야생활의 전반에 대해서 명령하신다. 이
는 광야의 경험을 통해 하나님의 언약은 반드시 이루어진다는 것을
알게 하여 언약의 땅 가나안 정복의 확신을 갖게 하려는 것이다.

① 신호의 규정(1~10): 광야의 행군방식은 회중의 소집과 행진, 그
리고 전쟁과 절기의 제의를 드릴 때 나팔을 통해서 진행된다.

② 대열의 순서(11~28): 이스라엘 백성은 하나님께서 지정해 준 위
치에 따라 행군한다. 행군의 선봉에는 유다 자손이 군기를 들고 자리
하는데 이는 야곱이 유다에게 "통치자의 지팡이가 그 발 사이에서 떠
나지 아니하기를 실로가 오시기까지 이르리니 그에게 모든 백성이 복
종하리로다"(창 49:10)라고 축복했기 때문이다.

③ 동행의 요청(29~32): 모세는 하나님께서 행군 대열을 정비하시
면서 나팔을 통해서 인도한다고 약속했지만 광야의 지리적 형세에
밝은 호밥에게 동행을 요청하는 어리석음을 보인다.[15]

---

15 "그들이 여호와의 산에서 떠나 삼 일 길을 갈 때에 여호와의 언약궤가 그 삼 일 길
에 앞서 가며 그들의 쉴 곳을 찾았고"(민 10:33).

④ 회중의 인도(33~36): 언약궤는 하나님의 언약대로 애굽에서 해방시켜 주신 여호와의 신실하심을 증거하고, 언약을 성취하시는 여호와께서 동행하심을 뜻한다. 이는 이스라엘의 광야 행로에 여호와께서 함께하시며 조상들과의 언약대로 인도하실 것을 확증한다.

이스라엘 백성은 시내산 도착 일 년여 만에 본격적인 가나안 정복의 행군을 시작한다. 시내산에서의 일 년은 노예의 신분에서 제사장 나라의 거룩한 백성으로 변모하는데 중요한 분기점이 된다. 시내산의 체류 기간 동안에 아브라함에게 약속했던 나라 창건의 성격이 드러난다. 즉, 시내산에서 '제사장 나라'와 '거룩한 백성'으로 새로운 정체성을 확립한다는 뜻이다(출 19:6). 제사장 나라의 헌법은 율법(출 19:~24:)이고, 종교는 '성막(출 25:~40:)과 성별규례(레)'를 통해서 이루어지며 민수기 도입부에서 군사 편제와 행군 준비를 통해서 완료된다.

하나님께서 행군 대열을 정비하시면서 나팔을 통해서 인도하신다고 약속했지만, 모세는 광야의 지리적 형세에 밝은 호밥에게 동행을 요청하는 어리석음을 보인다. 하지만 하나님께서는 불신하는 모세에게 언약궤의 인도를 통한 확신을 주신다.[16] 언약궤는 하나님의 언약대로 애굽에서 해방시켜 주신 여호와의 신실하심을 증거하고, 언약을 성취하시는 여호와께서 동행하심을 뜻한다. 이는 이스라엘의 광야 행로에 여호와께서 함께하시며 조상들과의 언약대로 인도하실 것을 확증하는 것이다.

---

16 "그들이 여호와의 산에서 떠나 삼 일 길을 갈 때에 여호와의 언약궤가 그 삼 일 길에 앞서 가며 그들의 쉴 곳을 찾았고"(민 10:33).

## (2) 백성의 원망(11:): 불신의 태도

하나님이 백성들의 행진 방법을 제시한 이후 이스라엘 백성의 원망(11:)과 반역(12:) 그리고 불신(13:~14:)이 이어진다. 11장은 백성들의 원망과 모세가 세운 장로 칠십 인의 사역 그리고 하나님이 진노하시는 내용이다.

① 백성의 징계(1~15): 하나님께서 음식 때문에 원망하며 대열을 이탈한 자들에게 불로 징벌하신다.

② 장로의 예언(16~30): 여호와께서 모세에게 칠십인 장로와 지도자를 세워 그들에게도 예언하게 하시어 광활한 광야에서 효율적으로 업무를 분담케 하신다. 하지만 하나님의 의도를 파악하지 못한 여호수아는 모세에게 칠십 인 장로들의 예언을 금지하게 하라고 청원한다. 이는 하나님께서 여호수아에게 장로와 지도자들의 예언사역이 하나님의 영에 의해서 주어진 것임을 알게 하여 하나님께서 세우신 모세와 장로들의 관계가 유기적인 것임을 보여 준다. 이스라엘은 선민이요, 제사장 나라요, 거룩한 백성이요, 하나님의 다스림으로 존재하는 나라이기 때문에 중보체제는 신정국가의 적법한 통치 형태이다.

③ 백성의 징계(31~35): 이스라엘 백성의 대열에 불순분자의 선동으로 원망과 불신의 골은 깊어진다. 진노하신 하나님은 먼저 백성들에게 메추라기가 32km의 하룻길에 1m 정도의 높이로 쌓이도록 하시고 120말의 분량을 가져가게 하셨다. 이는 언약을 이루실 수 있는 하나님의 능력을 확증시켜 주심이다. 그리고 하나님께서 탐욕의 백성들은 고기가 없어지기 전에 재앙으로 죽게 하시고, 그곳을 기념하기 위해서 '기브롯 핫다아와' 즉, 탐욕의 무덤이란 지명을 남기셨다. 이와

같은 백성들의 탐욕은 조상들과 세운 언약을 이루실 하나님에 대한 불신의 결과인 것을 깨닫게 하기 위한 것이다.

### (3) 지도자 반역(12:): 중보자 권위

이스라엘은 하나님께서 세우신 나라이므로 하나님께서 다스리신 다. 하나님의 통치 방법은 중보자를 세워서 치리하시는 것인데 거기에 는 서열과 질서 그리고 각각의 임무 분담이 주어진다.

① 모세의 비방(1~10): 모세를 직접 대면하여 지도자로 세우시는 것으로 시작한다. 아론은 모세에게 기름부음을 받고 대제사장의 사 역을 담당한다. 모든 사역자들은 하나님의 부르심에 기초하며 모세를 통해 세우시고 모세를 중심으로 사역하게 하신다. 하나님께서는 중보 사역자들을 통해서 광야의 행진을 주도하시고 조상들과 세우신 가나 안 정복의 언약을 확증하게 하신다. 하나님의 중보사역의 절정은 하 나님의 아들 그리스도께서 삼직을 홀로 담당하시고 성취하심으로써 실체적으로 완성된다.[17]

② 중보 사역자(11~16): 중보자 모세에 대한 아론과 미리암의 도전 은 개인적인 문제가 아니다. 미리암의 문둥병은 백성까지도 행진하지 못하고 기다리게 한다. 이는 하나님께서 아론과 미리암의 어리석은 행동을 모든 백성들에게 주지시켜 줌으로써 하나님의 통치체계를 확 고히 하려는 데 있다. 하나님께서 대면하여 세우신 모세에게 불순종 한다는 것은 모세의 권위에 대한 도전일 뿐만 아니라 하나님의 권세

---

17  기름부음 받은 삼직은 신지자·왕·제사장을 뜻하며, 예수께서 완전하게 삼직을 완 수하셨다(마).

에 대한 도전이기도 하다.

하나님의 중보사역은 아담에게 '모든 생물을 다스리라'(창 1:28)는 명령으로부터 시작된다. 아담의 중보사역은 모든 짐승의 이름을 지음으로써 다스리는 권세를 증거한다.[18] 노아의 중보사역은 하나님께서 피조세계의 모든 생명체를 노아와 그의 아들들의 손에 맡기셨고, 그들을 두려워하게 함으로써 증거한다.[19] 아브라함의 중보사역은 하나님께서 땅의 모든 족속에게 복을 부여할 수 있는 권한을 부여하시고, 왕정국가의 통치권 수립을 약속하심으로써 증거한다.[20]

모세의 중보사역은 하나님께서 직접 모세를 대면하시며 권세를 부여하시고, 제사장 나라의 헌법인 율법을 직접 수령하게 하시며 백성에게 중보자 모세의 위상을 직접 선언하심으로 증거한다. 이와 같은 중보사역의 핵심은 하나님의 언약에 기초해서, 하나님의 권위로 지명된 자들로 하여금 이스라엘 백성을 다스리게 하는 것이다. 이는 하나님의 아들 그리스도께서 하나님과 인간의 막힌 담을 허무시고 화해의 중보사역을 성취하실 것에 대한 예표이다.[21]

---

18  "여호와 하나님이 흙으로 각종 들짐승과 공중의 각종 새를 지으시고 아담이 무엇이라고 부르나 보시려고 그것들을 그에게로 이끌어 가시니 아담이 각 생물을 부르는 것이 곧 그 이름이 되었더라 아담이 모든 가축과 공중의 새와 들의 모든 짐승에게 이름을 주니라"(창 2:19~20).

19  "땅의 모든 짐승과 공중의 모든 새와 땅에 기는 모든 것과 바다의 모든 물고기가 너희를 두려워하며 너희를 무서워하리니 이것들은 너희의 손에 붙였음이니라"(창 9:2).

20  "너를 축복하는 자에게는 내가 복을 내리고 너를 저주하는 자에게는 내가 저주하리니 땅의 모든 족속이 너로 말미암아 복을 얻을 것이라 하신지라"(창 12:3). "내가 너로 심히 번성하게 하리니 내가 네게서 민족들이 나게 하며 왕들이 네게로부터 나오리라"(17:6).

21  "하나님은 한 분이시요 또 하나님과 사람 사이에 중보자도 한 분이시니 곧 사람이

### (4) 가나안 정탐(13:): 판단의 기준

하나님께서는 광야 행진의 출발 시점에서 백성들의 열두 대표에게 하나님이 주실 언약의 땅인 가나안을 정탐하게 한다(2). 그중 열 명은 "가나안은 막강한 원주민들 때문에 정복할 수 없다"고 악평한다(32~33). 그들은 오히려 정탐으로 인해 불신앙적 태도를 갖게 되는데, 이는 곧 조상들에게 주시겠다고 약속하신 하나님의 언약 및 여호와에 대한 불신이 된다.

계속적으로 발생하는 백성들의 원망과 반역 사건은 하나님의 권위와 언약에 대한 도전과 불신이므로 철저하게 심판하신다. 백성들의 범죄는 가데스의 정탐 사건으로 인한 불신앙에서 절정을 이루어 결국 20세 이상 된 자들의 죽음과 40년에 걸친 광야에서의 방황으로 징벌을 받는다. 이는 민수기 전체의 의도와도 관련된다. 하나님은 조상들과 세우신 언약을 이루시는 분이시기에 백성들의 불신과 반역에도 불구하고 가나안 정복은 반드시 실현하는 여호와이심을 알게 하기 위한 것이다.

### (5) 정탐의 결과(14:): 불신의 심판

모세와 아론 그리고 정탐자 여호수아와 갈렙은 백성들에게 "여호와를 거역하지 말라"(9)고 호소하지만, 정탐꾼의 부정적인 평가에 선동당한 백성들은 도리어 그들을 돌로 치려한다. 하나님께서는 백성들의 태도를 당신에 대한 멸시와 불신으로 규정한다(11). 14장은 하나님

---

신 그리스도 예수라"(딤전 2:5).
"사랑은 여기 있으니 우리가 하나님을 사랑한 것이 아니요 하나님이 우리를 사랑하사 우리 죄를 속하기 위하여 화목 제물로 그 아들을 보내셨음이라"(요일 4:10).

께서 조상 때부터 주시기로 약속하신 가나안 땅 정복에 대한 불신과 백성들의 태도를 하나님의 멸시와 모독으로 여기시는 내용이다. 이는 "여호와의 이름을 망령되이 여기지 말라"는 십계명을 범하는 행위이며, 하나님의 존재 자체를 만홀히 여기는 악행이다. 그 결과 하나님은 심판으로 자의적인 판단기능을 지닌 20세 이상 된 자들을 광야에서 몰사할 것과 20세 이하 된 자들의 종교교육을 위해서 40년간 광야에서 방황할 것을 예고하셨다.

가데스는 민수기에서 중요한 장소이다. 약속의 땅 가나안 정탐의 장소이며 하나님에 대한 불신과 모독의 장소이고, 하나님 심판의 장소이며, 세대교체의 발원지이다. 백성들의 부정적인 판단은 언약대로 성취하시는 여호와의 존재 자체를 불신하는 중대한 범죄인 것이다.

그들은 결국 침공하지 말라는 하나님의 경고를 무시하며 아말렉의 주둔지로 진격하다 참패를 당한다. 하나님께서 언약 불신의 세대가 아말렉 전쟁의 패배를 통해 여호와의 존재를 확실하게 알게 하신다.

혹 여호와께서 가나안 정복의 불가능성을 보고한 자들과 그에 동조하는 세대들은 모두 광야에서 죽이신 것이 너무 가혹한 형벌이라고 할 수 있겠으나 정탐한 자들의 부정적인 보고는 가나안 땅 정복을 500년 전부터 약속하신 여호와에 대한 부정이기 때문에 하나님의 심판은 타당하다. 인간의 범죄가 경미한 것처럼 보여도 하나님의 언약에 대한 불신은 반드시 그에 따른 책임과 심판을 면치 못한다.

아담은 하나님께서 금지하신 선악과 열매를 먹음으로 사망선고를 받았으며, 그의 후손에게까지 죄가 전가되는 가혹한 형벌을 받았다 (창 3:). 노아시대에는 하나님께서 금지하신 하나님의 아들들과 사람의 딸들이 혼인하는 범죄로 인해 온 인류가 물 심판의 형벌로 죽음을 맞았다(창 6:1~7). 이후에 발생한 이스라엘의 남북의 분열은 유다 지파 르호보암이 백성을 학대하는 사건으로 발발하여 남유다 왕국은 바 벨론의 포로가 되어 회복되었으나 언약의 왕조를 이탈한 북이스라엘 왕조는 멸절된다(열왕기).

이와 같이 하나님의 언약을 위배한 범죄에는 가혹한 심판이 따른 다. 하나님의 언약은 단순한 약속이 아니라 절대적인 명령이며 하나 님의 존재를 확증하는 근간이기 때문이다. 하나님께서는 우상숭배도 용납하지 않으시지만 여호와의 이름으로 세우신 언약 불신의 범죄는 철저하게 심판하신다.

### 2) 제사의 중보(15:~19:): 거룩한 관계

본 단원은 하나님께서 세대교체를 선언하여 20세 이상은 광야에 서 죽고, 20세 이하의 백성은 살아남아 속죄 규례를 통해 거룩한 관 계를 유지하게 하시는 내용이다. 또한 고라당의 반역 사건으로 모세 와 아론을 통한 중보정치와 제사의 질서를 확보하시며, 제사장 나라 에서 중요한 대제사장의 정통성을 표적으로 공증해 주시고, 죽음과 사체로부터의 불결에서 거룩함을 보존해 주신다. 하나님께서는 가나 안 땅을 정복하게 될 신세대들에게 거룩한 관계를 돈독하게 하시며, 하나님의 다스리심을 확신케 하셔서 언약 성취의 여호와를 믿게 한다.

#### (1) 제사의 규례(15:): 관계의 유지

① 정결의 규례(1~16): 하나님과 언약백성은 거룩한 관계이다(레 11:45). 거룩한 관계는 제사를 통해서 이루어진다. 하나님께서 세대교 체를 선언하신 후에 속죄의 규례를 시행하게 하신 이유는 신세대의

거룩성을 보존하기 위해서이다. 광야생활 38년의 말미에 신세대에게 제사장 제사직무의 권위와 정통성을 다시 세워 주시는 것으로 제사장 나라의 정체성을 확고히 해주신다. 하나님의 의義는 하나님과 이스라엘 백성간의 올바른 관계 회복을 뜻하며 이는 범죄한 백성을 제사로 성결하게 하사 거룩한 백성이 되게 하셔서 관계를 유지하게 하시는 것이다.

하나님과 언약백성의 올바른 관계 회복의 규례는 다음과 같다.

① 가나안 정복 후의 제사예물에 관한 정결 규례: 하나님께서 이스라엘 백성에게 광야를 출발하기 전에 이미 기록된 제사 규례를 주신다(8:~9:). 하나님께서는 가나안 입성을 앞둔 출애굽의 2세대들에게 약속의 땅에서 어떻게 하나님을 경배할 것인지를 교육하신다. 그리고 가나안에서는 언약백성과 타국인의 차별 없이 누구에게나 여호와를 경외할 수 있는 공평한 기회가 주어짐을 확고히 한다. 이는 복음으로 유대인과 이방인의 차별 없이 구원의 은총을 베푸실 그리스도의 구속사역에 대한 예표이다.[22]

② 거제의 규례(17~21): 하나님께서는 약속의 땅 가나안 정복이 완료되었을 때 처음 익은 곡식 가루로 떡을 만들어 대대로 언약을 성취하시는 여호와를 경외하게 하신다. 이 규례들은 광야가 아닌 가나안에서 드려야 되는 제사의 규례이기 때문에 광야에서 태어난 세대에게 해당된다. 이를 통해서 하나님께서는 신세대들에게 가나안 입성의 확신을 주신다.

---

22 "내가 복음을 부끄러워하지 아니하노니 이 복음은 모든 믿는 자에게 구원을 주시는 하나님의 능력이 됨이라 먼저는 유대인에게요 그리고 헬라인에게로다"(롬 1:16).

③ 부지중 범죄(22~31): 하나님께서는 백성들이 집단이나 개인이 본의 아니게 범죄를 저지르게 된 경우에는 속죄 제사를 통해서 용서하여 바로 잡아주신다. 하지만 고의로 범죄한 자들은 반드시 심판한다. 그것은 여호와를 모독, 반역, 대적하는 범죄이기 때문이다.

④ 안식일 범죄(32~36): 안식일은 단순히 노동을 쉬는 것이 아니라 쉼을 통해서 조상들과 언약하신 대로 언약백성들을 애굽에서 해방시켜 주신 여호와를 기억하여 경배하는 날이다. 안식일을 고의로 범하는 것은 여호와에 대한 반역이며 모독이기에 사형에 처한다.

⑤ 옷단의 장식(37~41): 외투에 술과 청색 끈을 달게 하신 규례인데, 언약백성은 거룩한 자들이기에 이방인과 철저하게 구별된다. 그들의 옷도 이방인과 구별되게 함으로써 거룩한 백성임을 기억하며 살아가게 하심이다. 특히 음행 방지에 대한 언약백성들의 교육적인 방편이고(39), 근본적으로는 애굽에서 인도하여 낸 하나님 여호와를 기억하게 하기 위한 것이다.


(2) 중보의 질서(16:): 고라당 반역

고라 일당의 반역은 38년 방황의 말미에 벌어진 신정통치의 통수권에 대한 반역 사건이다. 하나님께서 세운 지도자 모세와 아론의 위상과 사역을 무시하고 질서를 파괴하려는 고라 일당에 대한 공의로운 판결과 엄중한 심판을 하신다.


① 통치권 반역(1~17): 레위 지파 고라와 르우벤 자손 다단과 온이 주축이 되어 유명한 중간 지도자 250명과 함께 모세와 아론의 통치권에 대하여 반발한다. 이들 레위인들은 성막 봉사의 임무를 가볍게

여기며 제사장의 직분을 구하고 모세의 통치권에 대해 불만을 표한다. 이들의 반역 대상은 모세와 아론이지만 하나님이 이들을 선택하여 지명했고 하나님의 사역을 위한 중보자임을 망각한 것이다.

직분과 사역은 인간이 선택하는 것이 아니라 하나님께서 허락하신 사명임을 인식해야 한다. 이와 유사한 사건은 신약의 고린도 교회에서도 발생한바 있다. 당시 고린도 교회에는 은사를 시행하는 자들이 많았는데 서로의 은사를 주장하다 분쟁이 발발한 것이다. 이에 사도 바울은 은사와 직분 그리고 사역의 주체가 인간이 아니라 성령, 그리스도, 하나님이심을 명백히 한다.[23]

② 반역의 심판(18~40): 하나님은 고라 일당 250명을 전원 땅속에 매몰되어 죽게 하고, 남은 백성에게는 반역의 악함을 깨닫고 기억나게 하기 위해 표징으로 사용했던 향단을 녹여 제단을 싸서 증표로 사용하게 하신다. 하나님의 심판은 인간이 하나님의 자리에 앉아 인간이 주체가 되어 판단하며 행동하는 모든 것에 해당된다.

③ 백성의 원망(41~50): 이스라엘 회중은 고라당 250명의 죽음이 모세와 아론 때문인 것으로 오인하여 원망하는데 하나님께서는 이들을 전염병으로 심판하고, 모세와 아론에게 향로에 제단의 불을 담아 속죄하게 하심으로써 염병을 그치게 하신다. 하나님께서는 전염병과 제단의 불을 통해서 심판과 회복을 병행하심으로써 모세 권위의 정통성의 회복을 공고히 하여 여호와의 중보체제를 확고히 드러내신다(46).

---

23 "그러므로 내가 너희에게 알리노니 하나님의 영으로 말하는 자는 누구든지 예수를 저주할 자라 하지 아니하고 또 성령으로 아니하고는 누구든지 예수를 주시라 할 수 없느니라 은사는 여러 가지나 성령은 같고 직분은 여러 가지나 주는 같으며 또 사역은 여러 가지나 모든 것을 모든 사람 가운데서 이루시는 하나님은 같으니"(고전 12:3~6).

### (3) 아론의 권위(17:): 절대적 위상

모세는 하나님과 직접 대면하며 사역한 유일한 중보사역자로서 이스라엘 민족의 해방을 위해 중차대한 역할을 한다. 그는 최초로 세워진 민족의 지도자요, 선지자요(신 18:15), 제사장에게 처음으로 기름을 부은 자요(출 40:13), 율법을 수령하며(출 24:12) 성막을 건축한 자이다(출 35:~40:). 하지만 제사는 하나님께서 모세로 하여금 아론을 대제사장으로 세워 제사장 나라의 통치체계를 수립하게 하신다.

제사장 나라의 핵심사역은 제사에 있다. 하나님께서는 언약백성들을 시내산으로 집결시켜 그들에게 '제사장 나라'라는 민족의 정체성을 확립하시고(출 19:6), 성막을 건축하게 하시며 성별규례를 규정해 주신다(레). 하나님을 대면한 모세의 사역은 그가 비록 죽음으로 끝나지만, 제사장 나라의 제사는 영원하기 때문에 아론 지파를 제사장으로 세워 직무가 계승되고 유지되게 하신 것이다. 또한 대제사장 아론의 권위를 확립하기 위해 고라 일당의 반역 사건에 대한 후속 조치를 단행한다.

하나님께서 아론과 레위의 직무는 하나님의 선택적인 사역임을 명시하고, 하나님 임재의 상징인 언약궤 앞에서 아론의 이름이 표기된 지팡이에서 살구나무 열매가 맺히는 표징을 통해서 직무의 회복과 신적 권위를 부여하고 종교제도의 질서를 확립하셨다.

### (4) 제사장 직위(18:): 직무와 보장

언약백성의 정체성은 하나님께만 제사를 드리는 '제사장 나라'의 백성이다. 제사장 나라의 핵심사역은 제사이므로 제사를 담당하는 레위 지파는 하나님께서 특별히 구별하여 세우신다. 제사장직의 정통성은 하나님께서 모세를 세우시고, 모세로 하여금 아론에게 기름을 붓게 하여 계승한다.[24] 또한 제사장은 하나님께서 세우셨기 때문에 그들의 생활은 하나님의 십일조로 보장된다.

하나님께서 제사를 위해 부르신 자들에게 기본적인 직무를 부여하시는데, 레위는 성소의 관리를, 아론의 자손들은 제사의 직무를 담당한다. 레위와 제사장 직분은 하나님이 선택하신 지파에 국한된 것으로 아무나 성전에서 봉사하거나 제사할 수 없음을 확고하게 규정한다. 이는 성막의 직무가 제사장 나라의 중요한 사역으로 하나님과 백성 간의 관계를 중재하는 중보 사역임을 강조하기 위한 것이다.

### (5) 백성의 정결(19:): 거룩의 위상[25]

이스라엘 백성은 하나님의 친 백성이기 때문에 하나님께만 제사를 드리는 '제사장 나라'임을 확정하시고, '거룩한 백성이 되리라'는 의지 미래 완료형으로 확정한다.[26] 하나님의 백성인 이스라엘의 정체성은 '제사'와 '거룩'에 있다.[27] 제사는 하나님이 영적 존재이기 때문에 영으로 창조된 인간의 본질적인 종교성, 즉 생명의 제사를 통해서 하나님

---

24  "여호와께서 모세에게 말씀하여 이르시되, 아론에게 거룩한 옷을 입히고 그에게 기름을 부어 거룩하게 하여 그가 내게 제사장의 직분을 행하게 하라"(출 40:1, 13).
25  언약백성은 하나님의 자녀이기 때문에 하나님과 같이 거룩하다. 어떠한 경우에라도 부정하면 안 되기 때문에 잿물을 통해서 정결하게 되는 규례를 주신다.
26  "너희가 내게 대하여 제사장 나라가 되며 거룩한 백성이 되리라 너는 이 말을 이스라엘 자손에게 전할지니라"(출 19:6).
27  "나는 여호와 너희의 하나님이라 내가 거룩하니 너희도 몸을 구별하여 거룩하게 하고 땅에 기는 길짐승으로 말미암아 스스로 더럽히지 말라 나는 너희의 하나님이 되려고 너희를 애굽 땅에서 인도하여 낸 여호와라 내가 거룩하니 너희도 거룩할지어다"(레 11:44~45).

과 소통하기 위한 것이다.[28] 하나님 백성의 죄는 제사로 정결하게 되며, 그들의 일상에서는 다양한 생활 규례를 통해서 거룩하게 구별하신다. 하나님께서 이스라엘 백성의 정결을 위해 송아지의 피와 잿물을 사용하게 하신다. 하나님께서 고라 일당의 반역으로 인한 사체를 만져 부정하게 된 자들을 위해서 잿물을 만들어 정결하게 하신다.[29] 또한 사체와 접촉으로 부정하게 된 자는 거룩한 성막까지 오염시킬 수 있기 때문에 백성들의 정결은 필수이다. 성막의 오염은 거룩한 제사의 단절과 속죄의 통로를 차단하여 하나님과의 거룩한 관계가 유지될 수 없으므로 반드시 거룩하게 해야 하며 성막이 존재하는 기간까지 영구한 규례로 시행된다.

### 3) 광야의 행로(20:~25:): 죽음과 생존

이스라엘 백성은 38년의 광야 여정을 마치고, 애굽에서 해방된 지 40년 되는 시점에 가데스에 재집결한다. 한편에서는 모압의 폭군 발락왕이 이스라엘 민족에게 해를 당할까 염려하여 선지자 발람을 통해 저주하려 했으나 하나님이 도리어 축복하게 하심으로써 여호와의 권세를 확증하게 하셨다.

이스라엘은 모압과의 전쟁에서 승리하지만, 모압 여인과 음행하는 범죄를 자행하여 24,000명이 죽음의 심판을 당한다. 이와 같은 상황은 하나님께서 역사의 시점을 조율하시며, 이방 선지자의 저주의 예

---

28  "하나님은 영이시니 예배하는 자가 영과 진리로 예배할지니라"(요 4:24).

29  "그는 셋째 날과 일곱째 날에 잿물로 자신을 정결하게 할 것이라 그리하면 정하려니와 셋째 날과 일곱째 날에 자신을 정결하게 하지 아니하면 그냥 부정하니"(민 19:12).

언을 축복으로 바꾸시는 절대적인 권세자이심을 확실히 알게 하신다.

### (1) 가데스 회귀(20:): 심판 발원지[30]

가데스는 세대교체의 발원지로서 정탐꾼과 백성들의 악행으로 40년의 광야 방황과 20세 이상 된 자의 죽음이 예고된 곳이다. 하나님께서는 40년째가 되는 첫 달 즉, 이스라엘 백성이 노예 생활을 한 애굽으로부터 40년째가 되는 해의 첫 달인 1월(아법월)에 다시 가데스에 집결시킨다. 이는 가데스가 20세 이상 된 자는 광야의 방황 기간에 전부 죽고[31] 20세 이하의 광야에서 태어난 자들로 교체된 장소로써 하나님의 약속이 이루어진 곳임을 확인할 수 있다(민 33:37~38). 38년의 광야생활의 기간은 하나님의 언약대로 구세대는 죽고, 신세대는 생장하는 세대교체의 현장이다.

가나안 정탐 38년 뒤 가데스에서 발생한 사건을 살펴보면 다음과 같다.

① 미리암 사망(20:1): 가데스에 38년 만에 돌아온 후에 미리암이 죽는다. 미리암은 모세의 누이로서 모세를 구출하는데 큰 역할을 했

---

30 "첫째 달에 이스라엘 자손 곧 온 회중이 신 광야에 이르러 백성이 가데스에 이르더니"(민 20:1).
"이스라엘 자손이 애굽 땅에서 나온 지 사십 년째 오월 초하루에 제사장 아론이 여호와의 명령으로 호르산에 올라가 거기서 죽었으니"(민 33:38).

31 "너희 시체가 이 광야에 엎드러질 것이라 너희 중에서 이십 세 이상으로서 계수된 자 곧 나를 원망한 자 전부가 여분네의 아들 갈렙과 눈의 아들 여호수아 외에는 내가 맹세하여 너희에게 살게 하리라 한 땅에 결단코 들어가지 못하리라"(민 14:29~30).

으며[32] 광야에서 모세에게 많은 도움을 주었다. 하지만 하나님의 대리자 모세를 비방하다 문둥병에 걸리기도 했다. 미리암의 죽음은 가데스에서 약속하신 하나님의 말씀대로 된 것이며, 여호수아와 갈렙 외에는 광야에서 죽는다는 선언대로 이루어진 역사로써 여호와를 확증한다.[33]

② 백성의 원망(2~13): 므리바에서 모세와 아론을 원망한 사건인데, 백성들은 모세와 아론에게 물이 없으므로 애굽에서 나오게 된 것을 탄식한다. 이에 대해 하나님께서는 모세에게 반석을 명령해서 물이 나오게 하라 말씀하셨다(민 20:8). 하지만 모세는 반석을 향해서 명령하지 않고 지팡이로 두 번씩이나 침으로 말미암아 하나님의 명령에 불순종함으로써 가나안 땅에 들어가지 못한다(20:12). 정탐꾼들과 백성들은 가나안 정복을 불신했고, 미리암은 하나님의 중보자인 모세를 비방했으며 고라의 일당은 하나님의 중보자 모세와 아론을 반역했다.

③ 에돔의 우회(14~21): 모세는 가데스에서 에돔 왕에게 에돔 지역을 통과할 수 있게 해달라 요청하지만 거절당한다. 에돔의 세일 지역은 하나님께서 에서의 기업으로 주신 곳이기[34] 때문에 다투지 말고 우회할 것을 명령한다. 하나님께서 이스라엘의 행렬이 에돔(세일)을 통과하지 못하게 하심은 오백 여 년 전 에서와 후손에게 주신 영토이기에 싸움을 금하게 하심으로써 언약을 성취하시는 여호와이심을 확증케 하려 하심이다.

---

32   출애굽기 2:1~10.

33   "여분네의 아들 갈렙과 눈의 아들 여호수아 외에는 내가 맹세하여 너희에게 살게 하리라 한 땅에 결단코 들어가지 못하리라"(민 14:30).

34   "이에 에서 곧 에돔이 세일산에 거주하니라 세일산에 있는 에돔 족속의 조상 에서의 족보는 이러하고"(창 36:8~9).

④ 아론의 죽음(22~29): 하나님께서 에돔 근처 호르산에서 아론으로 하여금 제사장의 직무를 아들에게 계승하게 하시고, 아론은 모세와 함께 가나안 땅에 들어가지 못하고 죽을 것을 말씀하신다. 이 역시 모세에게 므리바의 반석을 향해 명하라는 말씀을 거역하고 지팡이로 친 결과이다.[35] 모세와 아론은 하나님의 중보사역자로서 철저하게 하나님의 명령에 순복해야 함에도 불구하고 불순종했다. 하나님의 명령을 거역하면 중보사역을 담당하는 자라도 심판을 모면할 수 없음이 확고하다는 것을 알 수 있다.

### (2) 동편의 정복(21:) 정복의 실증

하나님께서는 언약의 절대성을 확증하게 된 신세대에게 요단 동편 땅을 정복하게 하신다. 가나안 땅 정복의 예비 단계로서 아랏, 아모리, 바산을 정복하며 후방의 안전을 구축하고 약속의 땅 가나안 정복의 확신을 갖게 하는 것이다.

① 남부의 점령(1~3): 아랏은 가나안 땅 정탐 이후 하나님의 심판 약속을 받은 뒤 처음 전쟁에 실패한 곳이었지만(민 14:40~45), 38년 뒤에는 여호와께서 그들을 정복하게 하는 반전의 장소이다. 이는 하나님께서 가나안 정복의 최초 승리를 통해 신세대들에게 가나안 정복의 확신을 주시기 위함이다.

② 지리적 원망(4~9): 전쟁 승리 후 가나안을 가기 위해 모압 땅을 우회하는 문제로 이스라엘 백성이 하나님과 모세를 향하여 원망한

---

35 "아론은 그 조상들에게로 돌아가고 내가 이스라엘 자손에게 준 땅에는 들어가지 못하리니 이는 너희가 므리바 물에서 내 말을 거역한 까닭이니라"(민 20:24).

사건으로 불뱀을 보내어 죽게 하신 다음 놋뱀을 보게 해서 구원하신 다. 이 사건은 하나님을 원망한 결과이며 동시에 가나안 정탐의 불신 앙적인 세대가 죽음으로써 여호와의 실존을 확증하게 한다.

③ 진지의 구축(10~20): 이스라엘은 하나님께서 인도하는 대로 여러 지역을 거치면서 모압 남방 '지도자의 우물'이라는 브엘에 도착한다. 브엘은 하나님의 명령으로 땅을 파서 우물을 만들고 물을 얻게 된 곳이다. 브엘의 우물은 하나님께서 지도자를 상징하는 홀과 지팡이로 파게 하심으로써 하나님의 권능을 보여 주신 곳이다. 이스라엘은 브엘을 지나 가나안 지역을 볼 수 있는 높은 비스가산에 이른다. 이스라엘의 이와 같은 여정은 하나님의 인도하심을 확실히 깨닫게 하여 가나안 땅 정복의 확신을 주기 위함이다. 이스라엘은 요단 동편 지역에 살고 있는 모압과 암몬 그리고 바산까지 동편 전역을 정복하게 된다. 여호와께서 에돔은 형제의 국가로서 우회하게 하시지만 그렇지 않은 지역은 정복하게 하신다.[36] 이와 같은 사건은 정복과 보호의 대상을 명백히 구분함으로써 가나안 정복 시에 원주민을 몰살하고 정복해야 됨을 확고히 하는 것이다.

④ 동편의 정복(21~35): 이스라엘은 요단 동편 지역에 살고 있는 모압과 암몬 그리고 바산까지 동편 전역을 정복하게 된다. 여호와께서 에돔은 형제의 국가로서 우회하게 하시지만 그렇지 않은 지역은 정복하게 하신다.[37] 이와 같은 사건은 정복과 보호의 대상을 명백히 구분

---

36 "내가 내려가서 그들을 애굽인의 손에서 건져내고 그들을 그 땅에서 인도하여 아름답고 광대한 땅, 젖과 꿀이 흐르는 땅 곧 가나안 족속, 헷 족속, 아모리 족속, 브리스 족속, 히위 족속, 여부스 족속의 지방에 데려가려 하노라"(출 3:8 ).

37 "내가 내려가서 그들을 애굽인의 손에서 건져내고 그들을 그 땅에서 인도하여 아름답고 광대한 땅, 젖과 꿀이 흐르는 땅 곧 가나안 족속, 헷 족속, 아모리 족속, 브

함으로써 가나안 정복 시에 원주민을 몰살하고 정복해야 됨을 확고히 하는 것이다.

### (3) 발락의 모략(22:): 공포의 발로

하나님의 인도로 약속의 땅을 진격하는 이스라엘의 기세에 놀란 모압 왕 발락은 미디안과 결탁하여 당대의 유명한 메소포타미아의 주술사 발람을 초청하여 저지하려 했다. 하지만 하나님께서 애굽에서 나온 민족의 저력을 증거하시며 발람에게 도리어 모압 왕 발락을 저주하라 명하신다. 발락은 발람을 다시 초청하기 위해 물질과 명예를 조건으로 내세우고, 발람이 나귀를 타고 모압으로 가는 도중 여호와의 사자가 칼을 빼들고 길을 막아서며 지시한 말만 할 것을 명받는다. 이후 발락의 환영을 받으며 바알의 산당에 오른 발람은 여호와의 사자를 만났으므로 발락에게 '하나님이 내 입에 주시는 말씀'(22:38)만 선포하겠다고 한다. 발락의 초청에는 응했지만 그의 예언은 하나님께서 주관하심을 고백함으로써 자신이 섬기는 우상보다 하나님의 우월하심을 역설하는 것이다.

### (4) 발람의 예언(23:~24:): 예언의 주체

여호와는 발람의 입술을 주관하시며 저주를 축복으로 바꿈으로써 주술자의 사술을 무력화한다. 모압 왕은 이스라엘을 저주하라고 발람을 세웠으나 도리어 축복하게 된 것이다. 이는 조상 때부터 하나님께 복을 받은 이스라엘 백성이기 때문에(창 12:1~3) 저주가 불가능함을 의

---

리스 족속, 히위 족속, 여부스 족속의 지방에 데려가려 하노라"(출 3:8).

미한다. 주술사 발람은 다섯 차례나 반복적으로 저주의 예언을 시도하려 했으나 결국에는 여호와의 뜻대로 언약백성의 승리와 축복을 예언한다. 신세대는 이방의 주술사를 통해서 반복적으로 예언하는 언약백성의 승리와 여호와의 절대성을 확인한다. 이 예언을 하게 하시는 분도, 예언대로 이루시는 분도 하나님 여호와이심을 알게 하기 위함이다.

### (5) 바알의 숭배(25:): 유일신 확증[38]

이스라엘 백성은 모압 정복 후 모압 여자와의 음행과 우상숭배의 범죄를 자행한다. 음행은 단순한 성적 범죄가 아니라 이방 종교의식의 일부이기 때문에 우상숭배와 직결될 수 있는 중대한 범죄이다. 그런데 이스라엘 백성들은 주술사 발람의 종교의식을 경험하면서 하나님을 확신하기보다 도리어 이방종교의 유혹에 미혹된 것이다.

우상숭배는 단순한 범죄가 아니라 "나 외에 다른 신들을 네게 두지 말라"(출 20:3)는 계명을 주신 근거로써 여호와의 존재 자체에 대한 부정이다. 하나님은 우상숭배자들 24,000명을 공개 처형과 염병으로 심판하신다. 또한 하나님의 질투를 대신해서 범죄자를 처단함으로 염병을 그치게 한 비느하스에게 영원한 제사장의 직분을 주시며 평화를 유지하게 하는 '평화의 언약'을 세우신다.

이스라엘은 제사장 나라이기 때문에 제사장의 직무는 절대적이다. 하나님께서는 백성들의 범죄에 대해 제사장의 속죄 제사로 말미암아 진노와 용서를 시행하신다. 이와 같은 범죄와 속죄의 사건은 하나님께서 이스라엘이 제사장 나라임을 확고히 하기 위한 것이다.

---

38 • 반역 사건의 개요

## 3 정복의 준비(26:~36:): 계수와 정복

26장부터는 역사의 전환기로 가나안 정복사업에 주력하기 위한 인구 조사와 토지 분배의 원칙을 제정하여 분쟁의 소지를 미연에 방지하는 내용이다. 민수기의 전반부는 대열 정비와 성별규례를 통해 광야의 행진 방법에 주력했고, 중반부는 38년의 광야 여정과 세대교체를, 그리고 종반부는 가나안 정복의 준비와 이후의 신앙생활을 보여 준다.

하나님께서는 애굽에서 해방된 지 40년 되는 시점이자 이스라엘 백성의 범죄로 24,000명이 죽고 난 뒤에 백성을 계수하신다. 이는 광야 출발 시의 인원이 약 60만 명임을 확인하고, 가데스의 정탐 사건으로 20세 이상의 장정이 광야에서 죽게 될 것을 선포한 후 38년이 지난 시점에서 다시 백성을 계수한 것이다. 하나님께서는 38년의 기간에 맞춰 죽은 장정의 숫자만큼 출생한 세대를 통해서 언약을 반드시 이루시는 여호와이심을 알게 하려는 것이다.

하나님께서 이스라엘 백성에게 언약의 땅 가나안을 정복하기 전에 요단강 동편 지역을 정복하게 하시고, 이를 통해 가나안 정복을 기정사실로 교육하시며 가나안 땅을 분배하게 하신다.

### 3. 정복의 준비(26:~36:): 교체된 세대

| | |
|---|---|
| 1) 계수와 교체(26:~27:) | (1) 군인의 계수(26:1~51)<br>(2) 분배의 원칙(52~65)<br>(3) 기업과 후계(27:) |
| 2) 율법의 교육(28:~30:) | (1) 제물과 절기(28:)<br>(2) 칠월의 절기(29:)<br>(3) 여자의 서원(30:) |
| 3) 정복과 분배(31:~36:) | (1) 미디안 전쟁(31:~32:)<br>(2) 노정의 회고(33:)<br>(3) 가나안 경계(34:~36:) |

### 1) 계수와 교체(26:~27:): 체제의 개편

이스라엘의 교체된 세대는 언약대로 이루시는 여호와를 증거하기 위한 것으로 언약의 절대성과 하나님의 존재를 확증한다. 첫 번째 인구조사는 조상들과의 언약대로 생육 번성하였음을 확증하고, 두 번째는 하나님의 약속대로 신구세대의 교체가 성취되었음을 증명한다. 또한 가나안 정복을 위해서 모세와 여호수아의 임무를 교체하여 가나안 땅 정복의 확신을 심어 준다.

### (1) 군인의 계수(26:): 언약의 확증

38년 만에 실시하는 군인의 계수는 가데스 언약의 성취와 관련이 있다. 애굽에서 탈출한 직후 백성을 계수함은 아브라함과의 언약대로 큰 민족의 형성됨을 확증하고,[39] 광야의 출발 시점에서 실시한 계수와

---

39 "내가 너로 큰 민족을 이루고 네게 복을 주어 네 이름을 창대하게 하리니 너는 복이 될지라"(창 12:2).

38년 뒤 모압 평지에서의 계수는 가나안 정탐의 결과로 광야에서 죽은 만큼[40] 광야 38년 동안 출생한 숫자의 일치됨을 통해서 여호와이심을 확실히 알게 하는 것이다.[41]

하나님께서 가나안을 정복하지 않은 상황에서 지파별로 제비뽑아 땅을 분배하시는 것은 야곱에게 언약하신 대로 이스라엘이 열두 지파로 번성될 것에 대한 예언이 성취된 것이며,[42] 가나안 땅 정복을 전제하여 실시함으로써 여호와의 존재를 깨닫게 함이다. 영원부터 작정하신 뜻에 따라 만사를 언약대로 이루시는 하나님이 이스라엘을 제사장 나라로 규정하신 까닭은 창세전부터 작정하신 하늘의 신령한 복(나라)을 아브라함을 통해서 실현시키기 위함이다.[43] 이는 하나님의 아들 그리스도께서 창세전부터 작정하신 하나님의 나라를 세우실 것에 대한 예표이다.[44]

---

"이스라엘 자손이 라암셋을 떠나서 숙곳에 이르니 유아 외에 보행하는 장정이 육십만 가량이요… 이스라엘 자손이 애굽에 거주한 지 사백삼십 년이라 사백삼십 년이 끝나는 그날에 여호와의 군대가 다 애굽 땅에서 나왔은즉"(출 12:37, 40~41).
40 "나 여호와가 말하였거니와 모여 나를 거역하는 이 악한 온 회중에게 내가 반드시 이같이 행하리니 그들이 이 광야에서 소멸되어 거기서 죽으리라"(민 14:35).
41 • 인구조사 비교
42 "이들은 이스라엘의 열두 지파라 이와 같이 그들의 아버지가 그들에게 말하고 그들에게 축복하였으니 곧 그들 각 사람의 분량대로 축복하였더라"(창 49:28).
43 "여호와께서 아브람에게 이르시되 너는 너의 고향과 친척과 아버지의 집을 떠나 내가 네게 보여 줄 땅으로 가라 내가 너로 큰 민족을 이루고 네게 복을 주어 네 이름을 창대하게 하리니 너는 복이 될지라 너를 축복하는 자에게는 내가 복을 내리고 너를 저주하는 자에게는 내가 저주하리니 땅의 모든 족속이 너로 말미암아 복을 얻을 것이라 하신지라"(창 12:1~3).
• 복의 내용은 민족, 영토, 통치권을 함의한 나라의 요소이다.
44 "찬송하리로다 하나님 곧 우리 주 예수 그리스도의 아버지께서 그리스도 안에서 하늘에 속한 모든 신령한 복을 우리에게 주시되"(엡 1:3).

(2) 분배의 원칙(52~65): 지파별 분배

① 공평한 분배(52~56): 가나안 땅은 분쟁의 소지를 없애기 위해 지파별로 나누되 인원수와 지역의 경계를 미리 설정해 놓으신 하나님의 뜻에 따라 분배한다. 하나님께서 이스라엘 백성에게 섭리하신 궁극적인 목적은 여호와의 존재를 확증하기 위함으로, 가나안을 정복하기 전에 지경을 확정해 놓은 대로 제비를 뽑아 분배한 것이다. 이는 후에 여호수아가 가나안 땅을 정복하고 분배할 때 여호와께서 지파별로 제비뽑은 대로 분배된 것을 확인할 수 있다.

② 레위인 계수(57~65): 레위인은 전체 인구에 포함되지 않고 따로 구별해서 계수한다. 이들은 가나안 땅의 기업이 없기 때문이다. 레위인은 성막에서 봉사하기에 성별해야 하며, 하나님께서 기업이 되어 주신다고 한다. 다른 지파의 인구조사 연령은 이십 세 이상이지만 레위 지파는 일 개월 이상으로 계수하는데, 레위인은 하나님께 바쳐진 성별된 자로 자라야 하기 때문이다.

다시 계수하는 의미는 시내 광야에서 계수한 자들은 가데스의 정탐 사건으로 인해 한 사람도 살아남지 않고 모두 죽었음을 확인하기 위함이다. 이는 하나님의 언약을 불신한 세대들의 죽음을 통해서 언약의 절대성과 하나님은 언약을 반드시 이루시는 여호와가 존재하심을 확증하게 하기 위한 것이다.

### (3) 기업과 후계(27:): 상속과 계승[45]

하나님은 기업의 상속과 계승의 원칙을 제시하신다. 전쟁에 참가하여 땅을 분배받을 남자가 없는 므낫세 지파 슬로브핫 딸들의 요청이 있은 후 공평한 분배의 법을 규정하게 된다. 그래서 므낫세 지파의 족보에 따른 슬로브핫 가문의 정통성과 분배의 형평성에 따라 공정하게 규명한다. 불순종의 세대는 남김없이 광야에서 죽었지만, 그 후대들에게는 생존을 위한 상속의 분배가 필요하다. 이와 같은 규례는 후에 몰락한 룻기의 엘리멜렉 가문의 유업을 보아스가 계승하는 데서 확인된다.[46]

지도자의 계승은 하나님께서 위임한 모세에게 안수받아 인준하여 정통성을 확보한다. 이스라엘의 지도자는 하나님의 대리자요 중보 역할을 담당하는 자로서 신정국가의 핵심적인 역할을 한다. 여호와께서 모세의 후계자를 세우실 때에는 성령이 충만한 여호수아를 지명하시며 모세로 하여금 안수하고, 제사장과 온 회중 앞에서 모세의 직무를 위탁하라 명하신다. 이에 엘르아살 제사장은 판결의 제비를 뽑아 여호수아를 후계자로 세움이 여호와의 뜻임을 확인한다. 이와 같은 의식은 신정국가의 중보자 역할이 중요하기에 정통성을 위해 합법적으로 시행한다.

지도자를 계승하는 것은 여호와께서 모세와 함께하신 것같이 여호수아에게도 끝까지 함께하셔서 역사하실 것을 의미한다.

---

45  상속법의 공정성은 불만의 요소를 제거하는 것으로, 모세의 후계자 선정은 가나안 정복의 중요한 과제이다.

46  "보아스가 장로들과 모든 백성에게 이르되 내가 엘리멜렉과 기룐과 말룐에게 있던 모든 것을 나오미의 손에서 산 일에 너희가 오늘 증인이 되었고"(룻 4:9).

모세의 역할은 애굽에서의 해방과 함께 광야의 종착점 모압 땅까지 인도하는 것인데, 모세가 가나안을 가지 못하는 이유는 므리바에서 반석을 지팡이로 친 불순종 때문이다.[47] 하나님께서 모세의 사건을 다시 언급하신 이유는 언약의 불순종에 대한 결과가 무엇인지를 분명히 알게 하기 위한 것이며, 이는 가나안 땅을 정복해야 할 여호수아와 신세대에게도 언약의 불신에 대한 결과를 강조하기 위한 것이다.

## 2) 율법의 교육(28:~30:): 교체된 세대

광야생활을 하는 신세대는 율법을 준수하는 일에 해이해질 수 있다. 그러나 그들은 가나안 정복이라는 중대 과제를 안고 있기 때문에 제사장 나라의 율법적 가치를 인식하는 것이 중요하다.

### (1) 제물과 절기(28:): 전반의 규례

신세대의 대부분은 율법이 수여되었을 때 태어나지 않았거나 율법에 대한 이해가 부족하다. 그러나 가나안에 정착하였을 때는 제사장 나라의 법인 율법에 대해 확고히 알아야 할 필요성이 있다.

이스라엘의 군대는 하나님의 군대로서 하나님과 거룩한 관계인 것을 강조한다. 광야에서의 규례는 1차 군대 계수 후에 주셨고, 38년의 방랑생활을 할 때도 주셨으며, 신세대의 인구조사 때에도 반복적으로

---

47 "여호와께서 모세에게 이르시되 너는 이 아바림 산에 올라가서 내가 이스라엘 자손에게 준 땅을 바라보라 본 후에는 네 형 아론이 돌아간 것같이 너도 조상에게로 돌아가리니 이는 신 광야에서 회중이 분쟁할 때에 너희가 내 명령을 거역하고 그 물가에서 내 거룩함을 그들의 목전에 나타내지 아니하였음이니라 이 물은 신 광야 가데스의 므리바 물이니라"(민 27:12~14).

주셨다. 이는 하나님과 이스라엘 백성의 관계가 거룩하게 맺어진 '제사장 나라'라는 정체성에 있으며, 하나님의 백성들은 규례를 통해서 거룩함을 유지해야 하기 때문이다. 제물과 절기의 규례는 날마다, 매월, 매년에 걸쳐서 연속적으로 드린다.

① 상번제 제물(1~8): 상번제의 제물은 하루에 두 차례 매일 드리는데, 이는 제사장 나라의 백성의 거룩한 생활을 영위하기 위한 기본적인 의무이기 때문이다.

② 안식과 월삭(9~15): 안식일은 매일 지속적으로 드리는 번제 외에 추가로 드리며, 매월 드리는 제사는 속죄제가 추가된다.

③ 유월절 규례(16~25): 유월절은 언약백성들이 애굽에서 해방되는 정월 십사일에 지킨다. 이 절기는 하나님께서 조상들과 언약하신 대로 사백 년의 노예생활을 마치고 큰 민족을 이루어 애굽에서 해방된 여호와의 날이기 때문이다.[48] 이날은 거룩한 성회로 모이고 노동을 삼가며 일주일간 누룩 없는 빵을 먹으면서 출애굽의 사건을 기념한다. 이것은 예수께서는 유월절에 어린 양의 제물이 되셔서 죽으신 후 부활하심으로써 택한 자에게 죄와 사망에서 의와 생명을 얻게 하실 것의 근거가 된다.

④ 칠칠절 규례(26~31): 칠칠절은 해마다 드리는 제사로서 유대인의 달력으로는 1월에 해당하는 달이고, 태양력으로는 9, 10월에 해당

---

48 "여호와께서 아브람에게 이르시되 너는 반드시 알라 네 자손이 이방에서 객이 되어 그들을 섬기겠고 그들은 사백 년 동안 네 자손을 괴롭히리니 그들이 섬기는 나라를 내가 징벌할지며 그 후에 네 자손이 큰 재물을 이끌고 나오리라"(창 15:13~14).

된다. 이 기간은 추수를 마치고 새로운 파종을 기다리는 농한기이며, 출애굽 후의 첫 번째 달로서 종교적인 행사가 집중되어 있다. 칠칠절은 유월절의 안식일로부터 오십 일째 되는 날로 보리를 추수하는 시기라 맥추절로 불린다.

칠칠절은 유월절 50일이 되는 때이므로 오순절이라고도 한다. 이는 예수께서 부활의 몸으로 승천하사 하나님의 보좌 우편에 계시고, 오순절에 성령을 보내실 것에 대한 예표이다.[49] 오순절에 강림하신 성령은 그리스도의 재림 때까지 사역하며 복음을 증거한다.[50] 구약에서 제물과 절기가 끊어지지 않고 드려짐은 이스라엘 백성들의 거룩성이 유지되고 있음을 의미하는데, 이와 같이 오순절에 강림하신 성령은 그리스도인의 삶 전반에서 영적인 예배를 드리게 함으로써 성도들의 거룩성을 보존하게 한다.[51]

### (2) 칠월의 절기(29:): 신년의 행사

칠월은 칠칠절이 시행되는 기간이다.

① 나팔절 규례(1~11): 나팔을 불어 절기의 시작을 알리는데 이날에 사람들은 쉬면서 성회로 모이고 죄를 회개하며 희생의 속죄 제사를 드린다. 첫날을 중요하게 여기기 때문에 1일에 나팔절을 지키며, 10일에 대속죄일로 지킨다. 속죄일은 일 년에 한번 지키는 날로 대제사장

---

49  "~ 너희는 몇 날이 못되어 성령으로 세례를 받으리라 하셨느니라"(행 1:5).
50  "오직 성령이 너희에게 임하시면 너희가 권능을 받고 예루살렘과 온 유대와 사마리아와 땅 끝까지 이르러 내 증인이 되리라 하시니라"(행 1:8).
51  "그러므로 형제들아 내가 하나님의 모든 자비하심으로 너희를 권하노니 너희 몸을 하나님이 기뻐하시는 거룩한 산 제물로 드리라 이는 너희가 드릴 영적 예배니라"(행 12:1).

이하 모든 백성이 동참하는 제사이다. 대제사장은 일 년에 한번 짐승의 피를 가지고 지성소에 들어간다. 이는 예수께서 자신의 피를 가지고 하나님께 나아가 택자들의 죄를 영원히 속하실 것에 대한 예표이다.[52]

② 초막절 규례(12~40): 초막절은 15일부터 일주간 지키는 유대의 3대 절기 중의 하나로 예루살렘에 모여 과거 애굽에서 탈출하여 광야에서 40년 동안의 천막생활을 기념하는 절기이다. 초막절의 중요한 행사는 명절의 7일간 매일 제사장이 실로암 못의 물을 금 항아리에 길어 와서 성전 제단에 붓는 의식을 거행하는 것이다. 항아리의 물이 제단에 부어지는 동안에는 나팔 소리가 울려 퍼지고 무리들은 크게 기뻐하며 환호한다. 이 의식은 이스라엘 백성들이 과거 광야생활을 할 때 반석에서 물이 나온 사건을 상기시켜 주며(출 17:6), 또한 메시아 시대의 축복을 바라게 해주는 것이다(레 23:34~44, 사 12:3, 겔 47:1-12). 예수께서는 이날에 영원한 생명수가 되심을 증거하셨다.[53]

### (3) 여자의 서원(30:): 예외의 조항

서원은 하나님과의 약속이기 때문에 반드시 지켜야 한다.

---

52 "대제사장이 해마다 다른 것의 피로써 성소에 들어가는 것같이 자주 자기를 드리려고 아니하실지니…이와 같이 그리스도도 많은 사람의 죄를 담당하시려고 단번에 드리신바 되셨고 구원에 이르게 하기 위하여 죄와 상관없이 자기를 바라는 자들에게 두 번째 나타나시리라"(히 9:25, 28).

53 "내가 주는 물을 마시는 자는 영원히 목마르지 아니하리니 내가 주는 물은 그 속에서 영생하도록 솟아나는 샘물이 되리라"(요 4:14).
"명절 끝날 곧 큰 날에 예수께서 서서 외쳐 이르시되 누구든지 목마르거든 내게로 와서 마시라 나를 믿는 자는 성경에 이름과 같이 그 배에서 생수의 강이 흘러나오리라 하시니"(요 7:37~38).

① 기본적 규례(1~2): 서원의 기본원칙은 어떠한 경우라도 서원을 파기할 수 없고, 반드시 말한 대로 지켜야 한다.

② 예외의 규례(3~16): 예외조항은 서원을 한 사람이 다른 사람의 지배나 뜻에 따라 이행해야 하는 종속적인 위치에 있는 사람에게 해당된다. 구약시대에는 남편과 아내가 주종관계이므로 남편의 뜻에 따른다. 이는 남자에게서 여자가 창조된 질서에 기인한다. 하지만 신약시대에는 성별과 신분에 전혀 차별이 없다(갈 3:28). 이유는 구약의 종속적인 문화는 그리스도와 교회의 절대적인 주종관계에 대한 그림자에 불과하기 때문이다.

결혼하기 전에 서원한 처녀는 아버지가 서원을 허락하면 지켜야 되며 불허하면 무효화된다. 또한 기혼 여성의 경우, 남편이 허락하면 지켜야 되고, 불허하면 무효화된다. 거기에 남편의 지체로 인해서 무효화되면 서원 파약破約의 죄를 남편이 담당한다.

서원의 의미는 하나님의 '언약'은 반드시 지켜야 하며 하나님의 언약을 불순종해서는 안 된다는 것을 강조하기 위한 것이다. 이는 신약의 그리스도(신랑)와 교회(신부)가 절대적인 종속관계에 있으며, 그리스도께서 하나님의 뜻을 온전히 성취하실 것에 대한 예표이다.

### 3) 정복과 분배(31:~36:): 동편의 영토[54]

요단 동편을 정복하게 하신 후 아직 정복하지 못한 가나안 땅을 미리 분배하는 것은 하나님께서 가나안을 이미 이스라엘의 소유로 주셨으므로 정복의 확신을 갖게 하기 위함이다.

---

54 요단 동편의 정복과 미정복 상태의 가나안을 미리 분배하는 것은 가나안 정복의 확신을 갖게 한다.

(1) 미디안 전쟁(31:~32:): 보복의 의미

미디안은 모압 왕 발락과 결탁하여 거짓 선지자 발람과 함께 언약 백성들을 저주하려 했고, 그 여파로 미디안 족속의 여인들이 이스라엘 남자를 유혹하여 우상숭배와 음행의 범죄를 저지르게 했다. 미디안 정복전쟁의 의미는 우상숭배에 대한 경각심과 가나안 정복의 확신을 주기 위한 것이다.

① 전쟁과 포로(31:1~18): 미디안의 전쟁은 모세가 마지막으로 치른 전쟁으로, 이스라엘 백성에게 경각심을 고취시킨다. 이 전쟁으로 미디안 다섯 왕과 발람 선지자는 죽고, 언약백성들은 하나님의 명령으로 시작된 전쟁에서 대승을 거둔다. 보복 전쟁은 우상숭배와 음행의 해악성 그리고 하나님의 권능을 여실히 보여 준다.

② 전후의 처리(19~54): 첫째, 군인들의 정결의식(19~24)으로 전쟁에 승리한 이스라엘 군대는 우상숭배의 주범인 여자들과 죄악의 씨앗이 되는 아이들을 살려 두었다. 이에 모세는 분노하며 처녀만 남기고 전부 죽이라고 명령한다. 그리고 전쟁에 참여했던 군인들이 율법의 규례에 따라 정결의식을 실시하도록 한다. 이와 같은 상황들은 신세대들에게 우상숭배와 율법의 준수를 각성하여 장차 가나안 땅을 정복했을 때 원주민을 살려두면 안 된다는 것을 깨닫게 한다.

둘째, 전리품의 분배원칙(25~47)은 가장 먼저 하나님께 예물로 드리고, 군인과 제사장, 회중, 레위까지 모두에게 공평하게 분배하도록 한다. 하나님의 공평은 언약백성 간의 분쟁을 방지하며 하나님께서 허락하신 분복을 인정하는 것이다.

셋째, 군대장관들의 예물(48~53)은 미디안 전쟁에서 한 사람도 사망자가 없음에 대한 감사의 예물을 드리고, 금 예물로 자손들의 기념물을 삼는다. 이는 전시에 사망자가 없으므로 생명을 대신해서 바치는 예물이다.

③ 정복지 요구(32:): 요단 동편 지역의 분배 요구는 약속의 장소가 아니며, 지친 상태에서 쉽게 땅을 선점하려는 르우벤과 갓 자손의 태도는 광야생활을 통해서 결성되었던 단결력을 분산시킨다. 이에 백성들은 낙망하고 모세는 분노했다. 그들의 동편 지역 요청은 하나님께서 정해 주신 제비뽑기 방식의 분배에도 위배된다.

모세는 갓과 므낫세 자손의 요구를 과거에 있었던 가데스의 반역 사건과 연계시켜 하나님의 언약과 뜻을 거역하는 불순종의 태도라 책망하고 그 결과를 언급한다.[55] 이에 대한 두 지파의 승낙 조건은 가나안 정복 전쟁의 선봉에 서서 싸울 것과 완전히 정복할 때까지 돌아오지 않을 것, 서편 지역에서는 기업을 받지 않겠다는 것이다. 특이한 점은 므낫세 지파는 동편 땅 분배 요청에 가담하지도 않았는데 땅의 일부를 분배받는다. 이는 므낫세 지파가 길르앗과의 전투에서 공로를 세웠기 때문이며, 북쪽 길르앗의 지역을 반 지파가 주둔하게 된다. 반면 모압 여자와의 음행과 우상숭배의 전면에 있던 시므이 지파는 유다의 남쪽 일부 지역에 편입된다.

(2) 노정의 회고(33:): 언약의 확증

하나님께서는 가나안 정복이 임박한 상태에서 신세대들에게 과거

---

55 "여호와께서 이스라엘에게 진노하사 그들에게 사십 년 동안 광야에 방황하게 하셨으므로 여호와의 목전에 악을 행한 그 세대가 마침내는 다 끊어졌느니라"(민 32:13).

의 역사를 상기시킨다. 애굽에서 어떻게 해방되었으며, 가데스를 떠난 지 38년 만에 다시 돌아와 모압 평지에 이르기까지의 과정 및 전쟁에서의 승리와 그 의미를 생각나게 한다.

① 출애굽 여정(1~4): 이스라엘 역사의 변곡점은 출애굽의 사건이다. 출애굽은 400년 전 이스라엘의 조상 아브라함과의 언약대로 이방에서 노예가 되어 사대 만에 돌아오게 하시겠다는 언약이 이루어진 메시지이다.[56] 애굽을 탈출한 이후 시내산에서 이스라엘 민족의 정체성을 제사장 나라로 확립해 주시고, 율법을 주신 것도 아브라함과의 언약대로 나라를 세워 주시는 여호와를 확증하기 위한 것이다.[57]

② 광야의 여정(5~49): 이스라엘의 광야 여정에서 가장 중요한 장소는 가데스이다. 이곳은 이스라엘 민족들이 하나님께서 아브라함에게 약속하신 가나안 땅 정복의 언약에 불순종함으로써 한 달 여 만에 갈수 있는 곳을 38년 동안 방황한 곳이자 신구세대가 교체된 약속의 장소다. 하나님께서는 이스라엘 백성을 다시 가데스에 집결시켜 과거의 역사를 기억나게 하시고, 교체된 세대로 하여금 길르앗, 모압, 암몬, 바산에 이르기까지 전쟁에 승리하게 하셔서 약속의 땅 가나안 정복의 확신과 자신감을 심어 주신다.

③ 가나안 정복(50~56): 하나님께서는 신세대에게 요단강 동편지역을 정복하게 하신 다음 약속의 땅 가나안을 정복하게 되었을 때 시행

---

56 "여호와께서 아브람에게 이르시되 너는 반드시 알라 네 자손이 이방에서 객이 되어 그들을 섬기겠고 그들은 사백 년 동안 네 자손을 괴롭히리니 그들이 섬기는 나라를 내가 징벌할지며 그 후에 네 자손이 큰 재물을 이끌고 나오리라"(창 15:13~14).

57 "나는 너를 애굽 땅, 종 되었던 집에서 인도하여 낸 네 하나님 여호와니라"(출 20:2).

해야 될 원칙을 제시한다. 이것은 가나안의 원주민을 몰사하고 우상을 타파하기 위함이다. 땅 분배에 있어서도 종족의 수에 따라 제비를 뽑아 나누게 하신다.

### (3) 가나안 경계(34:~36:): 분배 관례법

이스라엘 백성의 영토는 오백여 년 전 조상 아브라함과의 약속에 기인한다. 하나님이 가나안 땅을 정복하기 이전부터 제비를 뽑아 영토의 경계와 분배를 정하신 것은 언약대로 성취하시는 여호와를 확실하게 알게 하기 위함이다.

① 경계와 관리(34:): 하나님의 경계 측량과 분배 원칙은 언약백성들의 불평을 방지하고 하나님의 뜻대로 분배하신다는 점을 확고히 한다. 여호와께서 제비를 뽑아 분배하심은 공정의 원칙을 증거하기 위한 것인데, 지파의 규모에 따라 땅의 크기도 다르게 결정해 주신다. 하나님께서 오백여 년 전부터 약속하신 땅을 하나님의 계획에 따라 제비를 뽑게 하시어 규모에 따라 분배하신 것은 만사가 하나님의 언약과 계획대로 되어짐을 통해서 여호와의 존재를 확증하게 하기 위함이다.[58]

또한 기업의 책임자 선정에 있어 지파별 대표자를 두는 것은 '조상 지파의 이름을 따라 얻게'[59] 하신다는 언약을 이루시는 여호와이심을 알게 하여 가나안 정복에 대한 언약의 확신을 심어 준다.

---

58 "제비는 사람이 뽑으나 모든 일을 작정하기는 여호와께 있느니라"(잠 16:33).
59 "이스마엘에 대하여는 내가 네 말을 들었나니 내가 그에게 복을 주어 그를 매우 크게 생육하고 번성하게 할지라 그가 열두 두령을 낳으리니 내가 그를 큰 나라가 되게 하려니와"(창 17:20).
"오직 그 땅을 제비 뽑아 나누어 그들의 조상 지파의 이름을 따라 얻게 할지니라"(민 26:55)

② 레위의 성읍(35:): 하나님께서는 기업이 없는 레위와 과실로 사람을 죽인 자 그리고 이방인의 생명까지 보호하시는 제도적인 장치를 마련해 주신다. 먼저는 기업이 없는 레위인의 성읍을 보장하는 것인데, 레위인이 전국 48개의 성읍으로 분산되는 것은 "이스라엘 중에 흩으리라"(창 49:7)는 야곱의 예언에 기초하였으며, 전국에 흩어져 살면서 백성들이 하나님을 잘 섬기며 봉사하게 하기 위한 것이다. 레위는 이스라엘 장자들을 대신하여 하나님을 섬기며(민 3:12), 백성들에게 율법을 가르치는 조력자이다. 하나님이 레위 지파를 보호하시는 이유는 제사장 나라의 중요사역인 성막 임무와 율법교육을 부여받았기 때문이다.

다음은 도피성의 설치로, 도피성은 동편과 서편으로 구분하여 각각 세 개씩 설치하는데, 범죄에 대한 고의와 과실을 구분하여 과실치사범의 생명을 보호하고자 가까운 곳에 대피하기 쉽게 한 것으로 레위인의 성읍에 위치한다. 이는 보복 행위로부터 안전하게 지키기 위한 것뿐 아니라 이방인도 보호받을 수 있게 하려는 것이다.

도피성은 그리스도를 가리키며 죄와 사망에서 의와 생명을 얻게 하신 그리스도의 성도들에게 가장 안전한 보호망이 된다.[60] 도피성은 유대인이나 이방인을 구별하지 않고 보호하듯 그리스도께서 모든 인류를 차별하지 않고 구속의 은총을 받게 하신다는 의미이다.

③ 여자 상속법(36:): 이것은 각 지파별로 공평하게 분배된 토지의 소유권이 영구 보장되도록 시행한 토지제도이고, 개인의 사유 재산권

---

60 "그러므로 이제 그리스도 예수 안에 있는 자에게는 결코 정죄함이 없나니 이는 그리스도 예수 안에 있는 생명의 성령의 법이 죄와 사망의 법에서 너를 해방하였음이라"(롬 8:1~2).

을 인정하여 기본생활을 안정적으로 보장해 준다.

미혼 여성의 상속은 므낫세 지파 사람의 슬로브핫 딸에게 내려진 이전의 상속제도에 대한 세부적인 사항으로 딸이 다른 지파로 시집 가게 될 때 발생하는 토지 상속의 문제이다. 이런 일로 므낫세 지파의 토지가 다른 지파로 이전된다면 이것은 하나님의 분배명령에 위반되고, 지파 간 분쟁의 소지를 남겨 둔다. 이스라엘 백성은 하나님으로부터 주어진 분복을 지키며, 보호받을 권리가 있으므로 토지 매매는 금하고 있다.[61] 하나님께서 주신 토지는 하나님의 작정과 언약대로 분배된 것이므로 인간이 토지를 매매하거나 이웃의 토지를 빼앗는 것은 하나님의 언약과 주권을 무시한 불신앙적인 태도이다. 또한 상속과 관련된 지파 내부의 규제는 하나님이 각기 조상 지파의 기업을 지키라는 명령대로 그 기업을 상속받은 딸들은 자유롭게 시집은 갈 수 있지만 조상 지파의 종족에게만 한정되게 한다.

하나님의 명령과 제도와 규칙은 민수기의 처음부터 종결부까지 지속된다. 민수기 전체 내용의 핵심은 하나님이 언약하신 대로 세대교체를 하시고 신세대들로 하여금 언약의 땅에 대한 확신을 심어 주신다는 것이다. 민수기의 마지막 36장 13절은 모압 평지에 이르기까지 하나님의 언약대로 성취되었음을 확증시켜 주는 내용이고, 신명기에 이르러서는 하나님께서 주신 계명과 규례의 율법을 다시 교육하심으로써 가나안 정복의 당위성과 확신을 갖게 하신다.

---

61 "토지를 영구히 팔지 말 것은 토지는 다 내 것임이니라 너희는 거류민이요 동거하는 자로서 나와 함께 있느니라"(레 25:23). "네 선조가 세운 옛 지계석을 옮기지 말지니라"(잠 22:28).

민수기는 하나님 언약의 절대성을 확고히 한다. 하나님의 언약에 대한 불신은 하나님의 존재와 관련되기 때문에 엄중하게 경고하고 심판한다. 언약을 불신하는 일은 결코 용납될 수 없다. 그러므로 광야의 세대 가운데서 여호수아와 갈렙 이외에는 아무도 가나안을 밟을 수 없다고 하신다. 제사장 나라는 단순히 제사만을 드리는 것이 아니라 하나님과 생명으로 관계를 맺었으므로 우상을 섬길 수 없으며, 이방 풍속과 구별된 거룩한 백성임을 각성해야 한다.

# 민수기의 신학적 주제들

## 1) 도입과 종결

민수기는 종족과 가문에 따른 백성의 숫자를 계수하는 것으로 시작한다. 이는 하나님의 언약대로 야곱의 가족 칠십 명이 애굽으로 이주하여 사백 년 만에 이십 세 이상 장정만 육십만 명으로 번성했기 때문이다.[62] 종결부는 광야 삼십팔 년의 여정을 통해서 하나님의 언약대로[63] 불신세대의 죽음과 신세대의 출생 총수를 확인하며, 요단 동편 땅을 정복해서 두 지파 반에게, 나머지 지파는 가나안 땅을 제비 뽑아 분배하고 여리고 맞은 편 모압 평지에서 모세로 하여금 여호와의 율법을 확인하는 것으로 맺는다.

## 2) 백성의 계수

창세기의 종결부에는 야곱의 가족 칠십 명이 애굽으로 이주하고,[64] 출애굽기의 도입부에는 이주한 야곱 가족의 명단과 칠십 명의 숫자를 명시한다.[65] 또한 하나님께서 이스라엘 백성은 430년 노예생활이

---

62  "계수된 자의 총계는 육십만 삼천오백오십 명이었더라"(민 1:46).
    "이스라엘 자손의 계수된 자가 육십만 천칠백삼십 명이었더라"(민 26:51).
63  "너희는 그 땅을 정탐한 날 수인 사십 일의 하루를 일 년으로 쳐서 그 사십 년간 너희의 죄악을 담당할지니 너희는 그제서야 내가 싫어하면 어떻게 되는지를 알리라 하셨다 하라"(민 14:34).
64  "애굽에서 요셉이 낳은 아들은 두 명이니 야곱의 집 사람으로 애굽에 이른 자가 모두 칠십 명이었더라"(창 46:27).
65  (야곱의 허리에서 나온 사람이 모두 칠십이요 요셉은 애굽에 있었더라"(출 1:5).

끝나는 날,[66] 애굽의 장자가 전멸하는 유월절의 재앙에서 벗어나게 하실 때 백성의 수가 장정만 육십 여만 명 가량임을 확인해 주시며,[67] 성막을 완공하여 비용을 결산할 때 이십 세 이상으로 계수된 자가 603,550명[68]으로 맞춰 주셨다.

레위기에서는 시내산에서 제사장 나라의 성별규례가 주어지고, 민수기에서는 첫 부분에 이스라엘 백성이 애굽에서 해방되어 시내산에 주둔한 지 이 년이 지난 다음 지파별로 계수한 총계가 603,550명이었음을 밝힌다.[69] 마지막으로 38년간 광야의 여정을 마치고 가나안 땅을 정복하기 직전 광야에서 교체된 이십 세 이상의 군인 숫자가 607,330명임을 확인해 주신다.[70]

언약 자손이 애굽으로 이주할 때 칠십 명이었던 것이 광야생활을 마치게 될 즈음에 장정만 약 육십만으로 번성된 숫자를 모세오경 전반에서 확인할 수 있다. 이는 여호와께서 아브라함에게 이방의 사백 년 기간 동안 노예 신분으로 생활하며 큰 민족이 형성되리라[71] 하신 언약이 성취된 것인데, 사백 년의 시점에 계수한 숫자가 육십만 가량이었고, 이것이 곧 광야 사십 년 기간 동안 광야에서 죽고 태어난 백

---

66  "이스라엘 자손이 애굽에 거주한 지 사백삼십 년이라 사백삼십 년이 끝나는 그날에 여호와의 군대가 다 애굽 땅에서 나왔은즉"(출 12:40~41).
   • 430년은 이스라엘이 애굽에 거주한 기간이고, 400년은 노예 생활의 기간이다.
67  "이스라엘 자손이 라암셋을 떠나서 숙곳에 이르니 유아 외에 보행하는 장정이 육십만 가량이요"(출 12:37).
68  "계수된 자가 이십 세 이상으로 육십만 삼천오백오십 명인즉 성소의 세겔로 각 사람에게 은 한 베가 곧 반 세겔씩이라"(출 38:26).
69  "계수된 자의 총계는 육십만 삼천오백오십 명이었더라"(민 1:46, 참고 2:32).
70  "이스라엘 자손의 계수된 자가 육십만 천칠백삼십 명이었더라"(민 26:51).
71  창세기 15:13~16

성을 계수한 숫자이다.

여호와께서 이스라엘 백성에게 민족의 숫자를 확인시키는 이유는 열조에게 큰 민족을 이루어 주시겠다는 언약과 광야에서 불신세대를 교체하시겠다는 약속이 성취됨을 확증케 하기 위함이다. 여호와께서는 백성의 숫자를 통해서 언약대로 성취하시는 하나님의 존재를 확증하며, 언약백성에게는 언약의 땅 가나안을 정복할 수 있다는 확신을 주신다.

이는 창세전 그리스도 안에서 선택하신 하나님의 성도들이 반드시 죄와 사망에서 해방되어 의와 생명으로 구속될 것에 대한 예표이다.[72]

### 3) 세대의 교체

가나안 땅 정복이 불가능했다고 여긴 세대는 광야에서 죽음을 맞고 그만큼의 인구가 출생하여 세대교체가 이루어지는데 이와 같은 집단적인 심판은 고대에도 있었다. 하나님의 선택적 사역은 아벨을 살해한 가인의 범죄에도 명시되는데, 이는 아담의 족보(창 5:1)와 가인의 족보(창 4:16~26)를 통해서 확증된다. 인류의 범죄는 아담의 혈통을 계승한 하나님의 아들들과 가인의 혈통을 계승한 사람의 딸들이 자기들의 좋은 대로 결혼함으로써 하나님의 선택적인 사역을 무시한 결과이다(창 6:1~2). 인류의 혈통 혼합은 단순한 혼인문제가 아니라 신적권위에 대한 도전이자 하나님의 계획을 허사로 만들려는 교만의 극치에 이른 범죄이다. 피조세계는 창조주 하나님의 계획에 기초한 역사이

---

72 "이방인들이 듣고 기뻐하여 하나님의 말씀을 찬송하며 영생을 주시기로 작정된 자는 다 믿더라"(행 13:48).

기 때문에 피조물 인간이 거스를 수 없다. 하나님께서는 범죄를 통한 인간의 거역을 용납하지 않으신다.

애굽의 문화와 종교에 익숙한 이스라엘 백성은 하나님의 존재와 그 것을 신뢰하는 것에 익숙하지 않다. 이스라엘 백성은 하나님의 언약 을 신뢰하지 못하면 광야생활의 의미와 방향을 상실하게 된다. 애굽 에서 해방된 이스라엘 민족은 여호와께서 500여 년 전부터 아브라함 과 이삭과 야곱에게 약속하신 가나안 땅 정복을 잊으면 안 된다. 이 스라엘의 역사는 철저한 하나님의 계획과 사역으로 실행된다. 하나님 께서 이스라엘의 조상 아브라함을 선택하시고, 400년 동안 이방의 노 예가 된 상태에서 큰 민족을 이루어(창 15:13~16), 400년 기한이 될 때 해방시켜[73] 가나안 땅에 정착하게 될 것을 약속하셨다(창 12:1~3). 그 러므로 애굽에서 해방된 이스라엘은 어떠한 상황에서도 반드시 가나 안 땅을 정복하게 된다는 것이다.

이와 같은 하나님의 결정은 가나안 정복의 언약을 불신하는 자들 에게 너무 가혹하다고 생각할 수 있지만, 이는 언약은 반드시 이루시 는 여호와의 존재에 대한 부정이며, 하나님에 대한 본질적인 불신이 다. 또한 언약 불신의 결과로 주어진 세대교체는 노예의식에 젖어 있 는 이스라엘 백성에게 가나안 정복의 확신을 갖게 하기 위한 것이다.

세대교체는 그리스도를 통해 옛사람은 죽고 새사람으로 살아가게 될 것에 대한 예표이다.[74]

---

73  "네 자손은 사대 만에 이 땅으로 돌아오리니"(창 15:16).
    "이스라엘 자손이 애굽에 거주한 지 사백삼십 년이라 사백삼십 년이 끝나는 그날 에 여호와의 군대가 다 애굽 땅에서 나왔은즉"(출 12:40~41).
74  "우리가 알거니와 우리의 옛 사람이 예수와 함께 십자가에 못 박힌 것은 죄의 몸 이 죽어 다시는 우리가 죄에게 종 노릇 하지 아니하려 함이니"(롬 6:6).

| 군인 계수 | 아브라함 언약대로 출애굽 세대의 생육 번성 | 1:46[75] |
|---|---|---|
| 정탐 결과 | 불신앙적인 세대의 삼십팔 년간 교체 선언 | 14:33~35[76] |
| 군인 계수 | 가데스의 언약대로 교체된 신세대의 군인 확인<br>세대교체의 의미는 언약의 가나안 땅 정복 확신 | 26:51[77] |
| 동편 정복 | 동편지역의 정복은 언약의 땅 정복 확증 | 34:15[78] |
| 경계 확정 | 언약의 땅 가나안에 대한 경계를 확인 | 34:2~14[79] |
| 종착 지점 | 여리고 맞은 편 모압 평지(종결문)[80] | 36:13[81] |

## 4) 행진의 방식

하나님의 치리를 받는 신정국가 이스라엘이 성막 중심으로 도열하고 임무를 수행한다. 이스라엘 백성은 시내산에 머물며 하나님께서

"너희는 유혹의 욕심을 따라 썩어져 가는 구습을 따르는 옛 사람을 벗어 버리고 오직 너희의 심령이 새롭게 되어 하나님을 따라 의와 진리의 거룩함으로 지으심을 받은 새 사람을 입으라"(엡 4:22~24).

75 "계수된 자의 총계는 육십만 삼천오백오십 명이었더라."

76 "너희의 자녀들은 너희 반역한 죄를 지고 너희의 시체가 광야에서 소멸되기까지 사십 년을 광야에서 방황하는 자가 되리라 너희는 그 땅을 정탐한 날수인 사십 일의 하루를 일 년으로 쳐서 그 사십 년간 너희의 죄악을 담당할지니 너희는 그제서야 내가 싫어하면 어떻게 되는지를 알리라 하셨다 하라 나 여호와가 말하였거니와 모여 나를 거역하는 이 악한 온 회중에게 내가 반드시 이같이 행하리니 그들이 이 광야에서 소멸되어 거기서 죽으리라."

77 "이스라엘 자손의 계수된 자가 육십만 천칠백삼십 명이었더라."

78 "이 두 지파와 그 반 지파는 여리고 맞은편 요단 건너편 곧 해 돋는 쪽에서 그들의 기업을 받으리라."

79 "너는 이스라엘 자손에게 명령하여 그들에게 이르라 너희가 가나안 땅에 들어가는 때에 그 땅은 너희의 기업이 되리니 곧 가나안 사방 지경이라."

80 "시내산에 출발한 광야의 행로는 사십년 만에 모압 평지에 다다른다. 모압 평지에서 말씀하신 계명과 규례는 신명기의 세 차례 설교를 통해서 완성된다."

81 "이는 여리고 맞은편 요단 가 모압 평지에서 여호와께서 모세를 통하여 이스라엘 자손에게 명령하신 계명과 규례니라."

제시해 주신 식양대로 성막을 제작한다. 이것은 이스라엘 백성에게 하나님의 임재를 확증하고, 하나님과 소통하며 인도를 받는다는 사실이다. 이스라엘 백성은 광야의 행진에 앞서 지파별로 성막을 중심으로 대열을 정비한다. 광야생활은 성막에 의해서 나아갈 길과 방향을 제시받으며, 하나님의 명령에 따라 진행함을 원칙으로 한다. 이스라엘 민족의 정신은 여호와의 성막을 통해서 명령에 절대순종하는 것이다. 이는 하나님의 치리를 받는 신정국가의 전형이며, 하나님의 언약을 성취하기 위한 언약백성의 표징이다.

성막 중심의 이스라엘 민족의 대열은 하나님께서 정해 주신 위치에 따라 진영을 구축하며 맡겨진 임무를 수행한다. 이는 하나님의 절대적인 명령과 신호체계에 의해서 구성된 질서정연한 조직이다. 여호와의 성막 위에는 항상 구름과 불기둥이 임재해서 이스라엘 백성을 보호하며 인도하기 때문에 대열을 이탈하면 생존의 위협을 받게 된다. 이스라엘 백성은 애굽의 400년 노예생활로 인해서 애굽의 우상숭배와 이방문화에 익숙해져 있기 때문에 광야의 생활은 철저하게 여호와를 배우기 위함이다. 이스라엘 백성은 여호와의 성막 중심의 대열과 여호와의 구름과 불에 의한 행진과 정착 그리고 나팔소리를 통해서 시작과 끝을 알려주며, 하늘의 만나와 물을 공급받아 생활을 유지하게 함으로써 여호와의 인도를 통해 언약백성의 자부심을 갖게 된다.

이스라엘 민족의 성막 중심의 대열은 교회의 머리 되신 그리스도를 중심으로 지체로 순복하며 살아갈 것에 대한 예표이다.

# 민수기 개론

| 주제 | 백성을 교체하시는 여호와 – 세대교체 | | |
|------|------|------|------|
| 구조 | 1. 출발의 준비<br>(1:~9:) | 2. 광야의 여정<br>(10:~25:) | 3. 정복의 준비<br>(26:~36:) |
| | 1) 군인의 계수(1:)<br>2) 배치와 임무<br>(2:~4:)<br>3) 성별과 인도<br>(5:~9:) | 1) 행진과 반역<br>(10:~14:)<br>2) 제사와 중보<br>(15:~19:)<br>3) 광야의 행로<br>(20:~25:) | 1) 계수와 교체<br>(26:~27:)<br>2) 율법의 교육<br>(28:~30:)<br>3) 정복과 분배<br>(31:~36:) |
| 쟁점 | 계수와 제사규례 | 반역과 세대교체 | 계수와 영토정복 |
| | 성막중심의 규례 | 절대명령의 의미 | 교체세대의 확신 |
| 기간 | 20일 | 약 38년(20:1) | 약 6개월 |

## 1. 출발의 준비(1:~9:): 계수와 제사

### 1) 군인의 계수(1:)
  (1) 계수와 임명(1:1~16)
  ① 지파별 계수(1~3)
  ② 책임자 임명(4~16)
  (2) 계수의 결과(17~46)
  (3) 레위의 임무(47~54)

### 2) 배치와 임무(2:~4:) 지파별 역할
  (1) 지파별 진영(2:): 위치의 배정
  (2) 레위의 사역(3:): 성막의 봉사
  (3) 속죄의 규례(4:): 범죄의 용서

### 3) 성별과 인도(5:~9:): 진영의 성별
  (1) 부정과 서원(5:~6:): 판결과 서원
  ① 부정의 대책(5:): 성별의 방안[82]
  ② 나실인 성별(6:): 서원의 규례[83]
  (2) 봉사의 규례(7:~8:): 봉헌과 봉사
  ① 성막 봉헌식(7:): 봉헌의 예물[84]
  ② 레위인 규례(8:): 성막의 봉사[85]

---

[82] ① 부정의 격리(1~4): 정결의 유지
② 배상의 원칙(5~8): 배상의 규례
③ 제사장 분깃(9~10): 재산의 보호
[83] ① 나실인 규례(1~12): 서원자 정결
② 나실인 서원(13~21): 제사의 구별
③ 축복의 선언(22~27): 축도의 규정
[84] ① 족장의 예물(1~9): 운반의 기구
② 예물의 봉헌(10~11): 지파별 헌납
③ 지파별 예물(12~89): 순서와 분량
[85] ① 등불의 점등(1~4): 약식의 설명
② 레위인 취임(5~22): 구별의 의미
③ 레위인 정년(23~26): 봉사의 연한

(3) 유월절 규례(9:): 절대적 명령
　　① 유월절 방책(1~14): 준수의 규칙
　　② 회중의 인도(15~23): 절대적 명령

## 2. 광야의 여정(10:~25:): 반역의 결과

### 1) 행진과 반역(10:~14:): 절대적 명령

(1) 행군의 방식(10:): 임무의 분담
　　① 신호의 규정(1~10): 인도의 방식
　　② 대열의 순서(11~28): 지파별 정열
　　③ 동행의 요청(29~32): 호밥의 동행
　　② 회중의 인도(33~36): 언약궤 중심

(2) 백성의 원망(11:): 불신의 태도
　　① 백성의 징계(1~15): 대열의 이탈
　　② 장로의 예언(16~30): 신정국 체계
　　③ 백성의 징계(31~35): 불신앙 결과
　　(3) 지도자 반역(12:): 중보자 권위
　　① 모세의 비방(1~10): 체계의 유지
　　② 체계의 확립(11~16): 체계의 당위

(4) 가나안 정탐(13:): 판단의 기준
　　① 정탐자 선정(1~16): 공평한 파견
　　② 정탐의 활동(17~24): 정탐의 범위
　　③ 귀환과 보고(25~33): 상반된 견해

(5) 정탐의 결과(14:): 불신의 심판
　　① 반역의 행위(1~19): 중보의 기도
　　② 징계의 선언(20~38): 세대의 교체
　　③ 무모한 정복(39~45): 치욕의 패배

### 2) 제사와 중보(15:~19:): 정통성 확보

(1) 제사의 규례(15:): 신세대 정결
　　① 규례의 용도(1~31): 성결의 제도
　　② 안식일 범죄(32~36): 회중의 처형
　　③ 옷단의 장식(37~41): 연상적 교육

(2) 중보의 질서(16:): 고라당 반역

　① 통치권 반역(1~17): 중보의 권위

　② 반역의 심판(18~40): 징계의 기념

　③ 백성의 원망(41~50): 중재의 태도

(3) 아론의 권위(17:): 절대적 위상

　① 언약궤 권위(1~7): 선택적 직무

　② 아론의 가문(8~13): 법적 정통성

(4) 제사장 직위(18:): 직무와 보장

　① 기본적 직무(1~7): 직무의 권위

　② 제사장 생활(8~20): 안정적 위치

　③ 레위인 생활(21~32): 십일조 사용

(5) 백성의 정결(19:): 거룩의 위상

　① 잿물 제조법(1~10): 정결의 유지

　② 잿물의 용도(11~19): 부정의 제거

　③ 영원의 정결(20~22): 거룩의 유지

3) 광야의 행로(20:~25:): 죽음과 생존

(1) 가데스 회귀(20:): 심판 발원지

　① 미리암 사망(20:1): 사역자 교체

　② 백성의 원망(2~21): 유효한 약속

　③ 에돔의 우회(14~1): 언약의 성취

　④ 아론의 죽음(22-29): 직무의 승계

(2) 동편의 정복(21:): 정복의 실증

　① 남부의 점령(1~9): 심판과 구원

　② 진지의 구축(10~20): 우회의 행로

　③ 동편의 정복(21~35): 원주민 진멸

(3) 발락의 모략(22:): 공포의 발로

　① 발람의 등장(1~30): 나귀의 반란

　③ 발람의 회유(31~41): 진의의 분별

(4) 발람의 예언(23:~24:): 예언의 주체

　① 백성의 축복(23:1~12): 예언의 신탁

　② 예언의 반복(13~30): 권세의 확증

　③ 예언의 결론(24:1~25): 승리의 확신

(5) 바알의 숭배(25:): 유일신 확증

    ① 백성의 음행(1~5): 진노와 심판

    ② 정의의 행동(6~18): 제사직 권위

## 3. 정복의 준비(26:~36:): 교체된 세대

### 1) 계수와 교체(26:~27:): 체제의 개편

  (1) 군인의 계수(26:): 언약의 확증

    ① 계수의 의미(1~50): 지파별 검증

    ② 계수의 비교(51): 일차와 동일

  (2) 분배의 원칙(52~65): 지파별 분배

    ① 공평한 분배(52~56): 분복의 확정

    ② 레위의 계수(57~65): 특례의 조항

  (3) 기업과 후계(27:): 상속과 승계

    ① 소유의 원칙(1~14): 공평한 상속

    ② 후계자 구도(15~23): 중보자 승계

### 2) 율법의 교육(28:~30:): 교체된 세대

  (1) 제물과 절기(28:): 전반의 규례

    ① 상번제 제물(1~8): 매일의 제사

    ② 안식과 월삭(9~15): 매주의 제사

    ③ 유월절 절기(16~25): 매해의 제사

    ④ 칠칠절 절기(26~31): 매해의 제사

  (2) 칠월의 절기(29:): 신년의 행사

    ① 나팔절 규례(1~11): 대 속죄제사

    ② 초막절 규례(12~40): 광야의 기념

  (3) 여자의 서원(30:): 예외의 조항

    ① 기본적 규례(1~2): 서원의 원칙

    ② 예외의 규례(3~16): 서원의 책임

### 3) 정복과 분배(31:~36:): 동편의 영토

  (1) 미디안 전쟁(31:~32:): 보복의 의미

    ① 전쟁과 포로(31:1~18): 정결과 분배

② 전후의 처리(19~54): 정결의 의식

③ 정복지 요구(32:)[86]: 분열의 조짐

(2) 노정의 회고(33:): 언약의 확증

　① 출애굽 여정(1~4): 유월절 의미

　② 광야의 여정(5~49): 지리적 증거

　③ 가나안 정복(50~56): 정복지 원칙

(3) 가나안 경계(34:~36:): 분배 관례법

　① 경계와 관리(34:)[87]: 합법적 분배

　② 레위의 성읍(35:)[88]: 제도적 보호

　③ 여자 상속법(36:)[89]: 상속의 보충

---

86  ① 토지의 요구(1~15): 부당한 요구  ② 청원과 조건(16~42): 약속의 이행

87  ① 정복지 설정(1~15): 경계의 측량  ② 책임자 선정(16~29): 위계의 질서

88  ① 성읍의 보장(1~8): 레위의 역할  ② 도피성 설치(9~34): 생명의 보호

89  ① 세부적 사항(1~4): 미혼녀 상속  ② 상속의 방안(5~13): 내부의 규제

신명기의 구조
1. 역사의 해석(1:~4:): 정복의 당위
2. 율법의 교훈(5:~26:): 체계적 의미
3. 언약의 체결(27:~34:): 역사적 예언
신명기의 신학적 주제들
신명기 개론

# chapter 6

# 신명기

## 선민의 종교교육

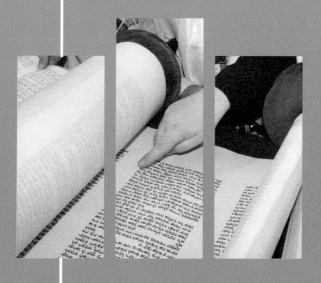

# 신명기
## 선민의 종교교육

　신명기의 표제는 '계명을 자세히 설명하는 책'인데, 모세가 광야에서 교체된 세대에게 모압 평지에서 11개월을 머물면서 교육한 내용이다. 가데스의 정탐 보고에서 불신앙적인 태도로 가나안 정복을 할 수 없다고 불평하며 애굽으로 돌아가기를 희망한 당시 이십 세 미만과 광야에서 새로 태어난 자들에게 광야 38년의 행적과 시내산에서 수령한 율법의 정신을 설명한다.

　신명기의 요절은 9장 5절인데, 가나안 땅을 정복해야 되는 이유와 목적 그리고 가나안에서 제사장 나라의 민족으로 살아가는 태도를 설명하고 있다. 가나안에 가지 못하는 모세는 광야에서 교체된 세대에게 "네가 가서 그 땅을 차지함은 네 공의로 말미암음도 아니며 네 마음이 정직함으로 말미암음도 아니요 이 민족들이 악함으로 말미암아 네 하나님 여호와께서 그들을 네 앞에서 쫓아내심이라 여호와께서 이같이 하심은 네 조상 아브라함과 이삭과 야곱에게 하신 맹세를 이루려 하심이니라" 하며 여호와의 존재를 확증한다.

신명기의 기록 목적은 하나님께서 광야에서 교체된 신세대에게 광야의 역사와 율법의 정신 그리고 새 언약의 교육을 통해 가나안 땅을 정복할 수 있다는 확신과 제사장 나라의 정체성을 더욱 공고히 하여 여호와를 확증하시는 것이다.

신명기의 중심 개념은 '언약'인데, 아브라함에게 무조건적으로 세우신 나라언약과 모세를 통해 주신 조건적인 시내산 언약(율법) 그리고 모세의 유언으로 모압 지역에서 선포하신 복과 저주의 언약이다.

첫째, 이스라엘 백성의 가데스 불신 사건은 하나님께서 아브라함에게 언약하신 가나안(창 12:1~5) 땅 정복 언약을 믿지 못한 것에 있다. 이스라엘이 불신했던 가데스 사건은 하나님의 가나안 땅 정복 언약과 연관된 것이다.

둘째, 하나님께서 모세를 대면하여 직접 주신 '시내산 언약'은 제사장 나라의 헌법인 율법이다(출20:1~17).[1] 이는 아브라함에게 무조건적으로 세우신 나라언약과는 대조적으로 율법의 준수 여부에 따라 결과가 다른 조건적 언약이다.

셋째, 하나님께서 모세로 하여금 모압 평지에서 예언하게 하신 '언약'은 이스라엘 백성의 미래의 역사로 율법에 의한 복과 저주에 대한 섭리이다(신 29:~30:).

신명기의 핵심은 하나님께서 아브라함과 맺으신 '가나안 땅 정복의 언약', 모세를 통해서 제사장 나라의 거룩성 보존을 위해서 수립하신

---

1    율법의 의미는 '증언하다'라는 뜻이며 하나님과 연결된 의미로 사용한다. 히브리어 '에토르'는 '증언하다'라는 '우드'에서 파생된 것이며, '하나님의 증거', '하나님의 확증'으로서 명령의 세부적인 규정이다. '토라'는 '파내어 새기다'라는 뜻에서 유래된 '어떤 곳에 새겨지거나 기록된 율법'이란 뜻으로 돌판에 새겨진 율법 또는 전승된 성문법임을 알 수 있다.

'시내산 언약' 그리고 이스라엘 백성에게 민족의 미래 역사를 예언한 '모압 땅 언약'이라고 할 수 있다. 하나님과 이스라엘 백성은 언약으로 맺어진 관계이며, '거룩한 백성'이기 때문에 거룩한 여호와만을 섬기며 경외해야 한다.

하나님께서 이스라엘 백성이 약속의 땅 가나안을 정복하게 하심은 언약대로 이루시는 여호와이심을 알고 경외하게 하기 위한 것이다. 율법을 주신 것은 제사장 나라의 헌법적 가치를 확립하고 거룩한 백성으로 살아가게 하기 위한 것이다. 모압 평지에서 수립하신 언약은 이스라엘 백성의 생사화복이 율법의 실현 여부에 따른 것으로 결국 여호와가 살아계심을 확증하게 하려는 것이다.

신명기의 주안점은 세 가지로 정리해 볼 수 있다.

첫째, 모세오경 전체를 이스라엘의 역사적인 맥락과 언약과 성취의 원리에 입각해서 정리해야 한다. 즉, 아브라함으로부터 시작해서 애굽에서 해방되어 광야 38년의 기간을 거치며 요단강 동편 지역을 정복하기까지의 경위와 가나안 땅을 정복해야 하는 근거를 통해서 논리적인 통일성을 찾아야 한다.

둘째, 신명기는 38년의 광야생활을 마치고 가데스에서 교체된 백성들에게 모세가 가나안 땅을 정복해야 하는 이유와 그곳에 정착하며 살아갈 자세와 태도를 교육하는 내용인데, 그 방법과 목적 그리고 의미를 정립해야 한다.

셋째, 이스라엘 백성의 민족적인 정신은 하나님만 경외하는 데 있다. 그러므로 우상을 숭배하면 반드시 심판을 받게 된다는 것을 확고하게 인식해야 한다.

# 신명기의 구조

| 백성을 교육하시는 여호와 – 땅 정복의 확신 | |
|---|---|
| **1. 역사의 해석(1:~4:)** | 1) 광야의 사역(1:~2:)<br>2) 정복지 분배(3:)<br>3) 율법의 순종(4:) |
| **2. 율법의 교훈(5:~26:)** | 1) 율법의 의미(5:~11:)<br>2) 규례의 선포(12:~18:)<br>3) 율례의 선포(19:~26:) |
| **3. 언약의 체결(27:~34:)** | 1) 언약의 인준(27:~28:)<br>2) 역사의 예고(29:~30:)<br>3) 모세의 교훈(31:~34:) |

| 광야 여정의 역사적 회고 | 율법 해석의 체계적 확립 | 미래 역사의 예언과 촉구 |
|---|---|---|
| 언약의 절대성<br>땅 정복 확신 | 유일신 사상<br>우상의 배격 | 예언의 성취<br>저주와 회복 |
| 정복의 당위성 | 민족의 정체성 | 미래의 역사성 |

신명기는 교체된 세대에게 가나안 정복의 이유와 당위성을 설명하고 율법의 근본정신을 확립하여 제사장 나라의 백성으로서 거룩한 생활을 영위하게 한다. 율법의 중요성은 이스라엘 민족의 역사에 축복과 저주의 형식으로 적용됨을 확고하게 한다. 이스라엘 백성은 광야 38년의 여정을 통해 성막 중심으로 인도하심을 받고, 전쟁의 승리로 요단강 동편 지역을 점거해서 가나안 땅 분배까지 마치게 된다. 이스라엘 백성에게 필요한 것은 민족의 정체성인 제사장 나라의 위상과 가치이다.

# 1  역사의 해석(1:~4:): 정복의 당위

하나님께서는 이스라엘 역사를 통해서 언약대로 성취하시는 여호와를 계시하신다. 이스라엘은 아브라함의 언약에 근거해서 애굽에서 번성했으며, 광야 40년의 기간을 거치고 요단강 동편 모압 땅까지 정복하게 한다. 이는 하나님께서 조상들과 언약하신 대로 모압 지역까지 도달하게 된 역사적 경위를 통해 하나님에 대한 확증과 약속의 땅 가나안 정복의 확신을 주기 위함이다.

| 백성을 교육하시는 여호와 – 땅 정복의 확신 | |
|---|---|
| **1. 역사의 해석(1:~4:): 정복의 당위** | |
| 1) 광야의 사역(1:~2:) | (1) 호렙산 회고(1:1~18)<br>(2) 가데스 정탐(19~46)<br>(3) 광야의 여정(2:1~37) |
| 2) 정복지 분배(3:) | (1) 바산의 분배(1~20)<br>(2) 모세의 확신(21~29) |
| 3) 율법의 순종(4:) | (1) 율법의 준수(1~14)<br>(2) 우상 금지령(15~40)<br>(3) 정복지 경계(41~49) |

## 1) 광야의 사역(1:~2:): 역사적 의미

이스라엘은 광야 38년의 기간 동안 새로운 경험을 하게 되었다. 역사의 과거를 해석하는 것은 가나안 땅을 정복해야 되는 이유와 확신을 갖게 하기 위한 것이다.

## (1) 호렙산 회고(1:1~18): 정복의 이유

하나님께서 모세에게, 호렙(시내)산에서 명하신 율법을 거론하게 하시며, 가나안 땅을 정복할 것과 행정체계 및 사법제도를 편성할 것을 명령하신다.

모세는 출애굽 한 지 40년째 되는 11월 11일에 광야의 여정을 간략하게 밝히고, 여호와의 율법 전체를 정돈해서 의미를 설명한다. 모세는 신명기의 역사성을 확증하기 위해 시간과 장소를 구체적으로 밝힌다. 호렙산에서 세일산의 길을 거쳐 가데스에 이르기까지 열하루가 걸렸다. 이는 열하루의 짧은 거리를 두고 38년의 기간을 광야에서 방황함으로 출애굽의 한 세대가 죽어 교체되기까지의 기간인 것을 확인할 수 있다. 모세는 38년이란 심판의 세월이 지나고, 신세대에게 광야의 역사 과정을 진술하며, 하나님의 명령을 선포한다. 집결지 모압 평지는 정복해야 할 가나안 땅을 바라볼 수 있는 위치이다. 헤스본에 거주하는 아모리왕을 죽였고 동편 땅을 분배한 상태이다. 모세는 신세대에게 지나온 광야의 여정을 통해서 광야 사십 년을 인도하신 여호와, 요단강 동편 지역을 정복하여 분배하게 하신 여호와를 알도록 일깨우면서 가나안 땅에서 준수해야 할 율법을 자세하게 가르친다.

신명기의 기록 목적은 광야에서 출생한 신세대에게 가나안 땅을 정복해야 하는 이유와 목적을 증거하는 것이다. 모세는 신세대에게 가나안 정복의 확신을 갖게 하기 위해서 38년 동안 방황하게 된 것이 언약의 불신에 있었음을 상기시킨다. 그리고 요단 동편 땅을 정복하고 분배하게 된 경위는 하나님의 능력과 인도하심임을 알게 해서 가나안 땅 정복의 자신감을 고취한다. 끝으로 가나안을 정복해야 하는 이유는 언약을 성취하시는 여호와께서 조상들과 맹세하셨기 때문이라 가르친다. 모세는 신세대에게 하나님 언약의 중요성과 땅 정복의 확증 그리고 조상들과의 맹세를 근거로 정복의 당위성을 확고히 한다.

이스라엘 백성에게 하나님의 언약은 절대적이며, 언약의 불신은 곧 하나님 존재 자체에 대한 부정이다.

모세는 신세대에게 가나안 정복의 확신을 갖게 하고, 가나안에서의 행정체제와 사법체계를 재정립해 준다. 이는 신세대의 정체성은 '하나님의 백성'이며 이스라엘은 하나님이 다스리시는 국가이기 때문에 하나님의 정치체계에 의해서 존립된다는 사실을 알리는 것이다.

### (2) 가데스 정탐(1:19~46): 불신의 결과

가데스의 반역과 불순종은 출애굽과 마찬가지로 이스라엘 백성들에게는 잊을 수 없는 사건이다. 언약의 땅 정복의 불신은 열조와 언약을 세우신 하나님에 대한 반역이며 섭리의 주체에 대한 모독이다. 이 사건으로 여호수아와 갈렙 외에 출애굽의 세대가 광야에서 죽음을 맞게 된다.

모세가 가데스의 언약 불신 사건을 재론함은 하나님 언약의 절대성을 확립하기 위함이다. 출애굽의 세대는 애굽에서의 생육 번성, 재앙, 유월절 장자의 죽음, 홍해 도하의 이적을 체험하고도 하나님의 능력과 언약에 대해서 불순종했다. 뿐만 아니라 아모리 족속과 전쟁을 패할 것이므로 피할 것을 예고했음에도 불구하고 여호와의 명령에 불순종하여 패배한다. 따라서 신세대는 광야 38년의 역사적인 의미를 잊어서는 안 될 것이며, 38년의 역사를 통해서 하나님의 언약을 확고히 해야 언약의 땅 가나안 정복을 확신할 수 있다.

### (3) 광야의 여정(2:1~37): 행로와 정복

하나님께서는 정복할 지역과 아닌 지역을 구분해 주심으로써 땅의 주체가 하나님이심을 분명히 하시며, 언약의 땅에 대한 확신을 주신다. 에돔은 에돔 족속의 조상 에서의 땅이며[2] 에서는 야곱과 형제이기 때문에 하나님은 침공하지 못하게 하시고, 암몬은 아브라함의 조카 롯의 자손이기 때문에 우회하라고 명하신다. 반면 아모리 족속의 땅은 이스라엘에게 기업으로 주셨기 때문에 정복하게 하신다. 이를 통해 영토의 정복과 분배의 주체가 하나님이심을 확고하게 하심으로써 오백 년 전부터 열조에게 약속하신 가나안 정복의 당위성을 고취한다.

### 2) 정복지 분배(3:): 정복의 확신

하나님께서는 광야의 여정이 끝날 즈음 요단 동편 지역에 위치한 나라와의 전쟁을 통해 가나안 정복과 영토 분배에 대한 예비적인 경험을 하게 하신다.

### (1) 바산의 정복(3:1~20): 정복의 회고

하나님께서 요단 동편 남단의 아모리 족속을 정복하게 하시고, 이번에는 거인족 바산을 정복하게 하신다. 하나님께서 언약을 성취해 가시는 섭리 역사는 치밀하고 급진적이다. 때로는 무모한 도전으로 패배하게 하시고, 때로는 정해진 계획과 의도에 따라서 승리하게 하심으로써 선민에게 용기와 확신을 주신다. 가나안 정복이 임박한 시점에서 에돔과 모압을 우회하게 하시고, 아모리 족속을 진멸하게 하신 다

---

2 "에돔 족속의 조상은 에서더라"(창 36:43).

음 막강한 바산을 침공해서 승리하게 하신다. 그리고 정복한 땅을 므낫세 반 지파와 르우벤과 갓 자손에게 분배해 주신다. 신세대는 38년 동안 하나님의 언약과 명령의 절대성을 배운다. 하나님의 명령에 순종한다는 것은 승리와 직결됨을 체험하고 가나안 정복의 용기와 확신을 갖게 된다.

### (2) 모세의 확신(21~29): 정복의 확정

여호와께서 모세를 통해 아모리 족속과 바산 족을 진멸하게 하신 다음 확정된 가나안 정복의 분배된 기업으로 돌아갈 것을 촉구한다. 연이어 여호수아에게 동편 땅을 정복하게 하신 것과 같이 하나님께서 가나안 땅 정복의 주체가 되시어 싸우실 것을 선언한다. 또한 모세는 가나안 땅에 가고 싶다고 하나님께 호소하지만 단호하게 거절당한다. 이유는 모세 역시 반석을 두 번 내리쳐 하나님을 거역하는 불순종의 태도를 보였기 때문이다.

이 사건의 의미는 하나님의 명령과 언약을 불신한 자는 누구를 막론하고 심판받음을 확고히 하기 위함이다. 광야생활 초기에 하나님의 언약을 불신했던 세대는 광야에서 몰사했고, 하나님께서 중보자로 세우신 모세를 원망한 미리암과 아론 역시 중보자를 향한 거역은 하나님에 대한 거역으로 동일시되어 가나안을 보지도 못하고 가데스에서 임종한다. 하나님께서는 모세의 사건을 통해서도 언약의 절대성을 확고히 하심으로써 신세대에게 약속의 땅 가나안 정복의 확신을 준다.

### 3) 율법의 순종(4:): 선민의 사상

율법은 이방의 법과 다른 기원을 갖고 있으며, 일반적인 법령이 아니라 하나님과 이스라엘 백성 간의 관계를 맺게 하는 종교적인 원천이다. 또한 율법은 가나안 땅을 정복하고 정착하기 위한 조건이 아니라 가나안 땅에 정착하여 살 때 하나님과 백성 간의 유기적인 관계를 형성하며 제사장 나라의 위상을 확립하는 매개이다.

#### (1) 율법 준수(4:1~14): 호렙산 상황

모세는 하나님을 대면하여 율법을 수령한 사람으로서 율법의 가치와 정신을 고취시킨다. 이스라엘은 하나님의 백성이며 유일하신 하나님만을 섬겨야 하는 언약의 관계임을 밝힘으로써 여호와 종교의 기원을 정립해 준다.

율법은 제사장 나라의 헌법이며, 하나님의 언약대로 생육 번성해서 가나안 땅에 정착하며 살아가게 될 이스라엘 백성이 추구할 가치이다. 율법은 죄에 대해서는 계명과 율례로 정죄하고, 제사의 규례를 통해 속죄하는 이중적인 기능을 갖고 있다. 이는 택자들의 죄를 대신 정죄받아 죽으시고, 그들의 생명을 구원하기 위해 부활하신 그리스도의 예표이다.

율법은 하나님께서 모세를 대면하여 친히 써 주신 것으로 절대적인 권위를 지니며 가나안 땅에서도 반드시 지켜야 한다. 율법의 근본 정신은 하나님 외에 존재하는 신이 없음을 인정하며 우상을 숭배하지 않는 것이다. 따라서 언약백성에게는 하나님의 존재 확증이 목적이기 때문에 대대손손 율법의 정신을 가르쳐야 한다.

### (2) 우상 금지령(4:15~40): 유일신 사상

율법은 우상숭배를 절대적으로 금지한다(15~19). 하나님은 영적인 존재이시며 그의 형상을 볼 수 없기 때문에 형상화해서는 안 되며, 피조물을 형상화해서 신으로 숭배하면 결코 안 된다. 우상숭배는 하나님만이 유일한 신이시며 참 존재이심을 부정하는 것이기 때문이다.

하나님 언약의 불순종에 대한 심판은 절대적인데, 우상숭배의 악행은 유일신에 대한 모독이므로 특히 엄중하게 심판한다. 하나님께서 율법을 범하는 자들에게는 심판의 불이 되시며 불의의 엄단으로 질투를 표현하신다. 질투는 인간과 같이 상대적인 조건에서 발생하는 감정이 아니라 하나님의 정의와 공의에 대한 적극적인 표현을 의미한다.

하나님께서는 우상숭배에 대한 심판을 예언하시는데, 그 내용은 이스라엘이 가나안 땅에서 속히 망할 것이며, 여러 민족에게 흩어져 소수만 남게 된다는 것이다. 이스라엘의 역사는 우상숭배의 전형이다. 그들은 모세의 예언대로 남북이 분열되어 북왕국은 BC 722년에 멸망하고, 남유다는 BC 609년 바벨론의 포로가 되어 127개의 도성으로 흩어진다.

우상을 멸절하고 오직 여호와만을 섬겨야 하는 이유는 하나님께서 만물을 창조하신 분이시며, 절대적인 작정과 언약대로 이스라엘 백성을 애굽에서 해방하시는 여호와이시며, 언약대로 가나안 땅을 기업으로 주시려는 여호와이시기 때문이다.

### (3) 정복지 경계(4:41~49): 보호와 입증

정복지에 대한 경계는 하나님께서 분배해 주신 재산권이기에 지역을 보존하고 상대의 영토를 범하지 말아야 한다.

① 도피성 지정(41~43): 하나님께서는 율법을 범하는 자들은 엄중하게 심판하시는 반면 실수로 범죄한 자는 보호하신다. 이를 위해서 요단 동편에 도피성을 지정하시는데, 이는 그곳에 거주하는 세 지파의 생명을 보호하기 위함이요, 생육하고 번성하게 하시는 하나님의 언약에 근거해서 생명을 보존하기 위한 것이다. 하나님의 언약은 생육하고 번성하는 데 있기 때문에 언약백성의 생명을 존중하고 거룩히 여기신다.

② 정복지 경계(44~49): 모세는 가나안 땅이 보이는 아모리 족속의 땅에서 율법을 선포하며, 요단 동편의 정복 지역을 이스라엘 백성에게 다시 확인시킨다. 이는 하나님께서 요단 동편 땅을 정복하게 해주신 것과 같이 약속의 땅 가나안도 반드시 정복해 주실 것을 믿게 하려는 것이다.

모세의 강론을 요약하면, 가데스 바네아 정탐 사건에서 언약의 불신과 명령 불복종의 심판을 상기시키고, 가나안 땅을 향해 나아갈 때 에돔과 모압, 암몬은 우회하고 아모리 족속의 헤스본은 침공하라 명하심으로써, 영토의 주체가 여호와이심을 알게 하고 미래의 약속의 땅 가나안 정복에 확신을 주고 있다.

## 2  율법의 교훈(5:~26:): 체계적 의미

율법은 언약백성의 헌법이며 제사장 나라의 종교적인 가치이다. 신세대는 하나님의 언약대로 새로운 정착지 가나안에서 나라를 세워갈 것이다. 율법은 언약백성에게 하나님과의 언약 관계를 확고히 하며, 제사와 생활 전반에서 여호와 경외하기를 배우고 실행하게 한다.

| 백성을 교육하시는 여호와 – 땅 정복의 확신 | |
|---|---|
| **2. 율법의 교훈(5:~26:): 체계적 의미** | |
| 1) 율법의 의미(5:~11:) | (1) 계명과 용도(5:~7:)<br>(2) 광야와 정복(8:~9:)<br>(3) 용서와 명령(10:~11:) |
| 2) 규례의 선포(12:~18:) | (1) 섬김의 규례(12:~13:)<br>(2) 백성의 규례(14:~16:17)<br>(3) 지도자 성별(16:18~18:) |
| 3) 율례의 선포(19:~26:) | (1) 백성의 생명(19:~21:)<br>(2) 백성의 생활(22:~26:) |

### 1) 율법의 의미(5:~11:): 정체성 확립

모세는 통수권을 이양받은 여호수아에게 용기를 주고, 하나님께서 어떻게 전쟁에 승리하게 하셨으며 무슨 내용을 약속하셨는지 언급하고 기도하며 승리의 확신을 준다(22, 24). 하나님께서는 모세의 기도를 통해 명령의 불복종에 대한 경고를 상기시키시고, 비스가산 산꼭대기에서 약속의 땅을 믿음으로 바라보게 하시며 여호수아에게 확신을 주신다.

## (1) 계명과 용도(5:~7:): 신앙관 확립

계명의 핵심은 유일신 하나님과 우상에 대한 것이다. 하나님은 당신 외에는 신이 아님을 선포한다. 이스라엘 백성은 율법을 통해 하나님의 존재에 대한 교육을 지속적으로 실시해야 한다.

### ① 계명의 내용(5:): 신앙의 목표

신명기의 율법은 출애굽에서 교체된 신세대에게, 가나안 정착 이후 지켜야 할 내용들을 분야별로 체계적으로 정리했다. 이스라엘은 제사장 나라의 백성으로, 하나님께 제사하는 종교적인 의식과 거룩한 백성으로서의 거룩성을 유지하기 위해 율법이 반드시 필요하다.

첫째, 시내산 언약(5:1~6): 모세는 약속의 땅을 바라보며 긴장한 신세대에게 율법을 듣고 배우며 행동하라고 명령한다. 율법은 하나님을 대면한 모세에게 직접 주어진 것으로 신적인 권위가 있으며, 하나님의 백성에게는 제사장 나라의 헌법적인 가치가 있기 때문이다. 또한 모세는 신세대에게 여호와께서 아브라함과 언약하신 대로 애굽에서 해방시켜 주신 사실을 인식함이 율법의 기본 정신임을 선포한다(6).

둘째, 십계명 선포(7~21): 모세의 계명 선포는 언약대로 이스라엘 백성을 애굽에서 해방시켜 주신 여호와의 존재를 부각한다. 십계명의 근본은 '출애굽의 하나님은 여호와'의 존재 확증에서 규정된다. 제1계명에서 하나님은 유일신이시며 참 존재이시고 유일신 외에 모든 신들은 우상이며 거짓임을 강조한다. 우상을 제작하고 숭배한다는 것은 유일신에 대한 불신이며 모독으로 간주하여 저주로 심판하신다. 여호와 하나님만을 유일신으로 인정한다면 우상과 같은 범주에서 취급하는 망령된 행동은 하지 않을 것임을 주지한다. 이스라엘 범죄의 근간은 여호와만이 참 신이심을 망각하는 데에 있다.

또한 하나님 여호와의 존재를 인정하고 기억하기 위해서 안식일을 준수하고, 출애굽의 하나님 여호와를 생각하라고 명한다. 자녀교육의 책임자요 종교교육의 전담자인 부모를 공경함으로써 하나님 여호와의 존재를 잊지 않도록 경고한다. 부모로부터 하나님에 대한 교육을 철저히 받고 신앙으로 무장되면 범사에 하나님을 인정하게 되고, 주신 분복을 수용하게 된다. 그러므로 타인의 생명을 존중하고 살인하지 않을 것이며, 타인의 여자를 간음하지 않을 것이고, 타인의 재산을 탈취하지 않게 되며, 이웃에 대해 거짓 증언을 삼가게 된다. 즉, 유일신의 존재 확증은 자신뿐만 아니라 타인의 분복도 존중하며 인정하는 것이기도 하다. 십계명은 단순히 도덕률이 아니다. 하나님의 존재 확증부터 시작해서 이웃과의 삶에 반영되는 신 중심의 종교법이고, 언약 백성으로 구성된 제사장 나라의 기본법이다.

셋째, 정치의 수단(22~33): 모세는 하나님과 대면하며 불 가운데서 수령한 율법의 배경을 설명하면서 신적인 권위를 밝힌다. 모세가 율법을 받게 된 경위는 하나님의 허락과 지도자들의 권유로 되었으므로 중보자로서의 정당성과 권위를 공식적으로 인정받은 셈이다.[3] 이는 단순하게 모세의 권위 자체를 부각하려는 것이 아니라 모세가 선포한 율법과 중보사역이 신적인 권위가 있음을 알게 하려는 것이다. 모든 권위는 하나님으로부터 주어졌으며 직접 모세를 대면하여 주신 율법에 이스라엘 백성이 순종하는 것은 당연하다.

---

3  "당신은 가까이 나아가서 우리 하나님 여호와께서 하시는 말씀을 다 듣고 우리 하나님 여호와께서 당신에게 이르시는 것을 다 우리에게 전하소서 우리가 듣고 행하겠나이다 하였느니라"(신 5:27).

② 율법의 교육(6:): 신앙의 확립

하나님께서 열조 아브라함에게 세우신 언약대로 번창하여 해방된 이스라엘 백성은 율법을 통해 하나님과 언약의 관계를 재확인할 수 있다. 이스라엘 백성은 율법으로 말미암아 하나님의 존재를 확증하고 경외하며 축복을 누리는 언약백성이라는 것을 확증하게 된다.

첫째, 교육의 목적(6:1~3): 하나님께서는 이스라엘 조상에게 나라언약을 세우신 대로, 큰 민족을 이루어 주셨으며, 약속의 땅 가나안을 기업으로 약속하셨다. 이스라엘 백성에게 율법을 주심은 하나님만 경외하며, 언약백성의 위상과 거룩함을 유지하게 하심이다.

하나님께서는 언약대로 애굽에서 해방시켜 주신 이스라엘 역사를 대대손손 교육하게 하며 역사의 중심에 여호와께서 존재하심을 알게 하시어 여호와만 참 신이심을 확실하게 하신다.

둘째, 교육의 방법(6:4~9): 율법 교육의 핵심은 유일하신 하나님에 대한 확신 신앙이다. 하나님께서 이스라엘을 애굽에서 해방시킬 때 열 가지의 이적을 경험하게 하셨다. 이는 애굽의 신과 하나님의 능력에 대한 비교 방식을 통해서 하나님의 우월하심과 참 신이심을 확증하게 함이다. 열 가지 재앙으로 인하여 애굽 사람은 참담함과 상실감을 느꼈으나 이스라엘 백성은 상천하지에 하나님만이 유일하신 참 신이심을 확증했다. 모세는 이스라엘 백성에게 하나님만이 유일하신 신이라는 사실을 강조하는 이유도, 열 가지의 재앙과 홍해의 이적 그리고 광야에서 만나와 물을 먹이고 성막의 구름을 통해서 보호 인도하셨기 때문이다.

이스라엘 역사를 통해 하나님의 존재를 확증시키고 하나님의 절대적인 언약 성취의 섭리 역사를 통해 전적으로 신뢰하게 한다.

기독교 신앙의 원리는 하나님의 존재 확증으로 출발해서 하나님이 우리를 사랑하심을 깨닫게 됨으로써 마음으로 온전히 하나님을 사랑하게 되는 것이다. 이와 같이 하나님과 하나님 백성의 관계는 절대적인 가치로 작용하므로 자녀에게 부지런히 가르치며 계승하려는 교육이 필요하다.

셋째, 교육의 목표(6:10~19): 모세는 하나님이 조상들과 언약하신 가나안 땅에서 풍요를 누리게 될 때 출애굽의 여호와를 잊지 말고, 그분을 경외하며 다른 우상을 섬기지 말 것을 촉구한다. 또한 맛사에서 물로 인해 여호와의 존재를 의심했던 것과 같이 불신하지 말고[4] 명령하신 율법을 준수하며 선행할 것을 권고한다.

하나님께서 조상들과 세우신 언약을 언급하시며, 일방적으로 베푸신 언약대로 가나안 땅을 기업으로 주신 것과 이스라엘 백성의 노력으로 건축된 성읍을 얻은 것이 아님을 기억하라 명하신다.

이스라엘 백성에게 가장 중요한 이치는 여호와의 이름을 잊지 않는 것이다. 여호와의 이름을 망각하는 것은 그분의 존재를 부정함이고, 결국에 우상숭배로 전락하게 되기 때문이다. 이스라엘 민족사의 쟁점은 우상숭배인데, 모세는 이 점을 예언함으로써 이스라엘 역사의 흐름을 예견하게 한다.

넷째, 교육의 형식(20~25): 교육은 질문으로부터 시작된다. 율법에 대한 교육 역시 자녀들의 질문에 대해 의미를 분석해 주는 것이다. 유대인의 종교교육은, 율법의 의미는 무엇이고, 왜 지켜야 하는지에 대

---

4 "그가 그곳 이름을 맛사 또는 므리바라 불렀으니 이는 이스라엘 자손이 다투었음이요 또는 그들이 여호와를 시험하여 이르기를 여호와께서 우리 중에 계신가 안 계신가 하였음이더라"(출 17:7).

한 교육이 핵심이다. 모세는 율법의 기원을 조상과 세운 언약을 성취하시는 여호와의 존재부터 설명한다. 유일하고 전능하신 여호와께서 조상들과 언약하신 가나안 땅을 주셨다는 사실을 아는 것이다. 율법을 주신 목적은 언약대로 가나안 땅을 주시고 풍요를 누리게 하시는 여호와를 경외하게 하려 함이다. 또한 언약백성과 제사장 나라의 정의가 율법을 통해서 확립되며 체계화됨을 알게 하려는 것이다. 율법을 준수하며 보존하고 계승하는 것은 여호와의 존재를 확증하며 은혜의 영광을 찬양하는 것이다.

③ 우상의 숭배(7:): 절대적 심판

우상숭배는 율법의 제1계명과 연계되어 있는 핵심 사안이다.[5] 율법의 근본정신은 하나님 여호와를 경외함에 있고 그 대척점이 우상숭배이다. 우상숭배는 하나님 존재의 불신에서 유발되는 범죄이기 때문에 삼사 대에 이르기까지 심판하신다.[6]

첫째, 우상숭배의 금지(7:1~11): 하나님이 통치하시는 신정국가 국민의 가장 큰 범죄는 당연히 우상숭배이다. 신세대가 가나안을 정복했을 때 가장 먼저 시행해야 하는 일은 우상숭배자의 척결이다. 그들을 진멸할 뿐 아니라 약조나 혼인을 금하는 이유는 이로 말미암아 우상숭배의 환경에 노출될 수 있기 때문이다.

---

5  "너는 나 외에는 다른 신들을 네게 두지 말라 너를 위하여 새긴 우상을 만들지 말고 또 위로 하늘에 있는 것이나 아래로 땅에 있는 것이나 땅 아래 물속에 있는 것의 어떤 형상도 만들지 말며"(출 20:3~4).
6  "그것들에게 절하지 말며 그것들을 섬기지 말라 나 네 하나님 여호와는 질투하는 하나님인즉 나를 미워하는 자의 죄를 갚되 아버지로부터 아들에게로 삼사 대까지 이르게 하거니와"(출 20:5).
   • 삼사 대는 부모의 죗값을 삼사 대 후손에게까지 연대해서 갚으시겠다는 뜻이 아니라, 죄의 영향력이 삼사 대에 이르기까지 미친다는 것이다.

하나님께서는 우상숭배의 척결을 명령하실 때 항상 열조와의 언약과 출애굽의 사건을 상기시킨다. 열조와의 언약과 출애굽의 사건을 언급하심은 언약대로 성취하시는 여호와의 존재를 확증하게 하려는 데 있다. 이스라엘 민족사에서 가장 중요한 사건은 아브라함과의 언약대로 400년 만에 해방된 것이며[7] 나라가 창건되는 것이다.

둘째, 순종의 보답(7:12~16): 여호와께서 이스라엘 백성에게 가나안 땅에서 풍요를 누리게 하실 때 우상을 멀리하라는 말씀이다. 하나님께서 이스라엘 백성을 순종하게 하시는 이치는 먼저 언약을 이루어 주시어 은혜를 깨닫게 하신 다음 순복하게 하시려는 것이다. 그런 다음 여호와께서 우상을 숭배하지 말라고 말씀하신다. 이스라엘 백성의 순종은 여호와께서 어떠한 분이심을 깨닫는 만큼 자원하는 마음으로 여호와를 섬기게 되는 것이다.

셋째, 진멸의 확신(7:17~26): 하나님께서는 우상숭배자들의 척결을 위해 신세대에 용기와 확신을 주신다. 전능하신 여호와께서 가나안 원주민과 가나안 왕들을 신세대의 손에 넘기셨기 때문에 전쟁의 승리는 확정된 것임을 강조한다. 가나안을 이미 기업으로 받은 신세대에게 승리의 확신을 갖고 우상을 불사르고, 우상에 입힌 은금도 취하지 말고, 가증한 물건들을 집안에 들이지 말 것을 촉구한다.

### (2) 광야와 정복(8:~9:): 역사의 이해

하나님께서 이스라엘 백성에게 광야의 여정을 회고하게 해서 가나

---

7  "여호와께서 아브람에게 이르시되 너는 반드시 알라 네 자손이 이방에서 객이 되어 그들을 섬기겠고 그들은 사백 년 동안 네 자손을 괴롭히리니 그들이 섬기는 나라를 내가 징벌할지며 그 후에 네 자손이 큰 재물을 이끌고 나오리라"(창 15:13~14).

안 정복의 확신과 함께 가나안에 정착해서도 여호와를 잊지 않고 섬겨야 할 것을 교육하신다.

① 광야의 여정(8:): 경험치 이해

하나님께서는 이스라엘 백성에게 명령에 대한 순종의 당위성을 설명한다. 하나님이 험난한 광야를 인도하시며 생존하게 하셨고, 가나안 땅 정복도 약속하셨다. 이스라엘 백성에게 은총을 베푸심은 열조와의 언약을 성취하고, 그들로 하여금 여호와만 섬기게 하기 위함이다. 이스라엘 백성의 유일한 경계 대상은 우상인데, 이는 하나님 존재의 확신과 신뢰의 문제로 제사장 나라의 근본적인 가치이기 때문이다.

첫째, 광야의 의미(1~10): 하나님께서는 이스라엘 백성에게 베푸신 은총을 상기시킨다. 이스라엘 백성이 열조와의 언약대로 가나안 땅을 정복하며 살게 될 때 여호와의 명령에 순종해야 하기 때문이다. 하나님은 가나안 땅을 대가나 조건이 아닌 열조와의 언약대로 정복하게 해주셨다. 그러므로 여호와의 은총을 깨닫고 명령과 규례를 지켜야 한다. 신세대에게 광야 40년의 길을 경험하게 하심은 기성세대에겐 불신의 결과요, 신세대에게는 하나님을 배우게 하기 위해서이다. 인간의 무능력을 깨닫고 하나님의 전지전능하심에 전적으로 의지하게 하려는 것이다. 광야의 열악한 환경은 원망, 반역, 불순종의 인간 본성이 표출되는 현장이자 하나님의 능력과 은총을 확증하는 장소이다. 하나님께서 생존을 위해서 하늘의 만나를 먹이시며, 생존의 궁극적 가치는 하나님의 말씀을 깨달음에 있다는 것도 확증시킨다. 또한 40년의 장구한 기간에도 의복이 헤어지지 않게 하시고 행군으로 발이 상하지 않게 보호하심을 상기시키는 것도 큰 민족을 이루어 주시겠다는 언약을 이루시기 위한 것이다(창 12:2).

둘째, 우상숭배(11~20): 이스라엘 백성에게 하신 하나님 명령의 핵심은 풍요를 누릴 때 여호와의 존재를 잊으면 안 된다는 것이다. 이스라엘이 영위하는 축복은 자신들의 노력으로 이룬 것이 아니라 하나님의 은총이기 때문에 당연히 다른 신을 섬기는 일은 있어선 안 된다. 인간의 교만은 하나님의 능력과 언약을 무시하고 자신의 고집과 업적을 자랑하는 것이다. 이는 결국 자기 뜻대로 하려는 욕망에 따라 우상숭배에 이르도록 한다.

하나님께서는 이와 같은 맥락에서 역사를 중히 여기신다. 하나님께서 이스라엘 백성을 애굽에서 해방시켜서 40년 광야생활에서도 뱀과 전갈의 위험에서도 보호하신다. 물 없는 건조한 지역에서 반석의 물을 내시고, 하늘의 만나를 먹여 주신 은혜를 상기하게 하신다. 이는 인간의 능력으로 재물을 얻은 것이 아니라 여호와께서 열조와의 언약을 성취하기 위해 주어진 것임을 각인시키려는 것이다. 광야생활은 하나님에 대한 의심과 교만에 대한 시험장이다. 하나님께서 가나안의 축복을 주신 것은 조상과의 언약을 성취하시기 위한 여호와의 신실하심에 있다는 것을 기억해야 한다.

② 가나안 정복(9:): 사역의 주체

하나님께서는 가나안 정복의 경위와 은혜를 잊지 말고 교만하지 말라고 경고한다.

첫째, 정복의 주체(1~5): 가나안 정복의 의미는 열조와의 언약에 근거한 하나님의 성취 능력에 있다. 가나안 원주민의 막강한 군사력에도 불구하고 속전속결로 정복하게 하심은 하나님의 뜻과 전능하심을 통해 의지하고 찬양하게 하려는 것이다. 이스라엘의 신세대는 38년 전

가데스의 정탐 사건을 기억하고 있다. 이 사건의 핵심은 거인족인 아낙 자손의 장대한 위용에 놀라 그 두려움에 하나님의 능력과 언약을 불신하고 정복을 포기하게 된 것이다. 하나님께서 불가능해 보이는 가나안 땅을 언약대로 정복하게 해주시겠다고 선언하셨는데 이때 인간의 능력으로 정복하게 되었다고 착각하지 말라는 것이다. 가나안 정복은 조상 아브라함과 세우신 하나님의 언약에 따른 결과이지 인간의 공로가 아니다. 인간의 의義는 전적으로 하나님의 판단에 따른다. 인간 스스로의 의를 치하한다는 것은 가나안 정복의 공로를 인간의 것으로 탈취하려는 것이며, 이는 결국 하나님에 대한 불신과 맥을 같이 한다.

둘째, 불순종 사건(6~21): 하나님께서는 이스라엘 백성이 가나안 정복 후에 하나님을 망각하고 우상숭배할 것에 대해 사전에 차단하려 하신다. 이유인즉, 이스라엘 백성은 애굽의 사백 년 노예생활에서 우상숭배에 만연되어 있었기 때문이다. 이스라엘 백성이 모세가 시내산에서 십계명을 수령하기 위해서 40일간 머물다가 내려왔을 때 금송아지를 만들어 숭배함으로써 여호와를 격노케 한 것에서도 알 수 있다.

하나님께서 시내산에서 약속하신 율법의 근본정신은 우상을 숭배하지 말고 유일하신 하나님만 섬기며 경외하라는 것이다. 하지만 무조건 하나님을 경배하며 지키라는 것이 아니라 왜 지켜야 하는지에 대한 이유와 목적을 밝혀 주신다. 율법을 지켜야 되는 이유는 하나님께서 이스라엘 백성을 아브라함과의 약속대로 애굽에서 해방시켜 주셨고, 광야 사십 년 동안 여호와의 목전에서 악을 행했으나 가나안 땅을 기업으로 주셨기 때문이다. 이 말은 하나님이 약속을 지켜 주셨다는 것과 애굽의 신들보다 절대적으로 우월하시다는 것 그리고 은혜로

인도하셨음을 알게 하시려는 것이다.[8]

셋째, 불신적 행태(22~29): 모세는 백성의 교만을 예방하기 위해서 과거의 불신앙적인 행태를 다시 열거한다. 금송아지를 만들어 섬긴 것과 메추라기에 대한 탐욕 그리고 가데스의 정탐 사건을 돌이켜 확인시킨다.

중보자 모세는 언약 백성들이 하나님 명령에 불순종한 것에 대해 사십 주야 동안 용서를 구했다. 가데스의 사건은 이십 세 이상 된 자들의 죽음과 삼십팔 년의 방랑생활로 형벌이 종결되었다. 모세는 신세대가 하나님의 언약백성이 된 것과 가나안 땅을 정복하게 될 것이 하나님의 은혜임을 강조한다.

### (3) 용서와 명령(10:~11:): 회복과 은총

하나님께서 아브라함에게 맺으신 은혜언약에 기초해서 이스라엘 백성의 범죄에 대한 용서를 하신다. 하나님께서는 범죄에 대한 회복을 위해 제사의 규례를 주셨고 징계의 차원에서 채찍을 드시는 정도이지 완전한 파멸은 하지 않으신다.

### ① 백성의 용서(10:): 은총의 인식

하나님의 은혜는 인간의 범죄를 용서해 주심으로써 극명하게 드러난다. 하나님의 섭리 목적은 인간의 범죄에 대한 심판보다 용서를 통한 은혜의 영광을 드러내시는 데에 있다. 은혜는 죄인을 용서하심으

---

8  가나안 정복의 이유는 우상숭배 원주민의 악함이요, 근본적으로는 조상과 세우신 하나님의 언약이지 인간의 공로는 전무하다. 인간의 의는 인간 스스로의 판단이나 판결이 아니라 하나님과의 관계에서 하나님이 판단하고 선언하심이다.

로써 극대화되며, 언약대로 택자를 용서하여 구속하심으로써 언약을 성취하시는 여호와의 존재를 확증한다.

첫째, 십계명 전수(10:1~5): 하나님께서는 아론과 백성들이 금송아지 숭배 범죄를 저질렀을 때 모세로 하여금 십계명의 두 돌판을 다시 주시고 그것을 언약궤에 보관하도록 하심으로써 용서하신다. 이는 돌판의 계명을 통해서 여호와 하나님을 잊지 않고 경외하게 하기 위함이다. 이스라엘 백성은 언약궤와 함께 보관된 십계명을 대할 때마다 민족의 근간이 하나님의 은혜언약에 기초하며 하나님과 백성의 관계가 거룩한 언약의 관계, 생명의 관계, 예배의 관계에 있음을 깨닫는다. 이스라엘은 하나님께서 아브라함과의 언약에 의해서 형성된 민족이기 때문에 파기할 수 없는 절대적인 언약관계를 맺고 있는 것이다.[9]

하나님께서 이스라엘 백성의 우상숭배로 인해서 계명을 파기했음에도 불구하고 다시 회복시켜 주신 것은 열조와 맺은 언약의 관계 때문이다. 이는 단순한 약속으로 맺어진 것이 아니라 절대적인 생명의 관계로서 이스라엘은 하나님의 아들, 장자, 백성임을 의미한다.[10]

둘째, 체제의 정비(10:6~11): 하나님께서는 십계명의 돌판만 언약궤에 보관하게 하신 것이 아니라 레위 지파를 세워서 언약궤를 전담하게 하시고, 이 언약궤를 중심으로 백성을 인도하신다. 언약궤가 보관된 성막은 대제사장만이 출입할 수 있다. 대제사장 아론은 가데스에서 죽으면서 아들 엘르아살에게 직무를 잇도록 위임하는데, 이는 제

---

9    창세기 12:1~3.
10   "너는 바로에게 이르기를 여호와의 말씀에 이스라엘은 내 아들 내 장자라"(출 4:22). "너희를 내 백성으로 삼고 나는 너희의 하나님이 되리니 나는 애굽 사람의 무거운 짐 밑에서 너희를 빼낸 너희의 하나님 여호와인 줄 너희가 알지라"(출 6:7).

사장 나라로서 제사의 직무는 영원히 집례되어야 하기 때문이다. 이스라엘 백성에게 제사는 단순한 종교 행위가 아니라 살아계신 하나님께 용서와 축복 그리고 생명의 보존을 위해 드리는 생명제사이다. 생명제사는 언약백성의 죄를 대속하여 생명을 보존하게 하고, 그로 인해 생육 번성의 언약을 실현한다.

셋째, 유일신 사상(10:12~22): 하나님이 언약백성에게 원하는 것은 유일하신 여호와의 존재와 은혜를 깨닫고 온전히 섬기며 율법을 지키는 것이다. 율법은 언약백성들의 정체성과 하나님의 은혜를 깨닫게 하기 위한 것이다.

모세가 창세기를 기록한 것은 하나님의 창조사역 및 우주 만물, 생명을 주관하시는 유일하신 분이 하나님이심을 확증하기 위해서다. 하나님께서 이스라엘을 애굽에서 해방시킬 때 10가지 재앙의 이적을 보여 주신 것도 애굽의 신은 무능하며 헛것이고, 하나님만 우주만물의 주관자임을 보여 주신 것이다. 이렇게 하나님의 존재 확증은 이스라엘 민족에만 국한된 것이 아니다.[11] 하나님께서 이스라엘 백성을 60만 대군의 큰 민족으로 세우시고, 광야의 길을 걷게 하시며 가나안 땅을 정복하게 하신다.

이후에는 그리스도께서 성경대로 죽고 성경대로 부활하사 당신이 하나님의 아들이심을 확증하시고, 자신의 사역을 통해서 여호와 하나님을 확증한다.[12]

---

11  "여호와의 이름을 찬양할지어다 그의 이름이 홀로 높으시며 그의 영광이 땅과 하늘 위에 뛰어나심이로다"(시 148:13).
12  "예수께서 이르시되 빌립아 내가 이렇게 오래 너희와 함께 있으되 네가 나를 알지 못하느냐 나를 본 자는 아버지를 보았거늘 어찌하여 아버지를 보이라 하느냐"(요 14:9).

② 명령의 준수(11:): 축복의 이치

하나님께서는 명령만 하시는 것이 아니라 그 명령을 수행할 수 있는 이유와 명분을 주신다. 하나님의 명령체계는 일방적으로 주신 복, 즉 은혜언약으로부터 시작한다. 나라를 세워 주신다는 은혜언약을 근거로 큰 민족을 이루어 주시고 애굽의 권세에서 해방시켜 주셨으며 가나안 땅을 선물로 주신다. 하나님께서는 은혜를 먼저 베푸신 후 그 사실을 잊지 않고 기억나게 하기 위해서 율법을 지키라 명령하시는 것이다.

첫째, 명령과 순종(1~12): '그런즉'(11:1)의 의미는 언약백성들의 불순종과 범죄에도 불구하고, 하나님의 은총으로 애굽에서의 번성과 해방, 요단강 동편 땅을 정복과 분배하게 하셨으니, 앞서 말했듯 여호와는 명령을 실행할 은혜와 동기를 먼저 부여한다는 것이다. 신명기 11장 1절에서 여호와를 사랑하며 지켜야 한다는 명제를 주고, 2절부터 당위성을 설명한다. 하나님을 사랑하고 섬길 수밖에 없는 이유는 애굽에서 행하신 이적과 홍해 바다의 기적으로 능력을 확증해 주셨기 때문이다. 그러한 하나님의 권능은 모세를 거역한 고라 일당의 심판에서 볼 수 있듯 절대적인 것으로 이에 언약의 땅 가나안 정복에도 확신을 갖게 될 수 있다. 하나님께서는 상황에 따라 능력을 나타내사 언약이 이루어지는 과정을 확인시키시며 이를 통해 하나님과 이스라엘 백성이 사랑의 관계임을 알게 하신다.

이와 같은 명령체계는 명령자와 수행자가 각각의 독립적인 주체로 양립하는 이분법적인 구도가 아니라 수행하기까지 인도해 주시는 일원론적인 체계에 입각한다.[13]

---

13 "그때에 여호와께서 내게 명령하사 너희에게 규례와 법도를 교훈하게 하셨나니 이는 너희가 거기로 건너가 받을 땅에서 행하게 하려 하심이니라"(신 4:14).

둘째, 축복과 재앙(13~25): 하나님께서는 이스라엘 조상과 세운 은 혜언약대로 가나안 땅을 정복하게 하시지만, 정착 이후의 생활은 율법을 지키느냐의 여부에 따라 결과를 맞게 된다. 이것은 이스라엘 백성의 순종 여부에 따라 달라지는데, 율법을 준수하며 하나님을 섬기면 이른 가을비를 내려 열매를 수확하게 하시고, 늦은 봄비를 통해서 들판을 풍요롭게 하여 육축들에게도 풀을 제공해 주신다. 하지만 다른 신들을 섬기면 땅의 생명력을 공급하는 비를 통해서 파멸에 이르게 된다. 그러므로 모세는 범사에 율법을 마음에 새기고, 자녀에게 교육할 것을 권고한다.

셋째, 축복과 저주(26~32): 하나님께서 언약백성들이 가나안을 정복했을 때, 과거 아브라함이 하나님께 땅을 약속받고 제단을 쌓았던 그리심산과 에발산의 중간 지점인 세겜에서 모세에게 복과 저주를 선포하라 명하신다.[14] 이는 하나님의 율법과 명령의 엄중함을 선포하는 것이다. 아브라함이 약속받은 가나안 땅에서 언약백성들의 가장 중요한 가치는 율법을 통해서 여호와를 경외하는 것에 있기 때문이다.

이스라엘은 하나님의 절대적인 언약에 의해서 세워진 나라이기 때문에 복은 천 대에까지 이르나 저주는 교육의 방편으로 삼사 대까지만 이르게 하겠다고 하셨다.[15] 하나님의 저주는 언약백성에게는 깨닫게 하기 위한 교육의 방편이지만 불택자에게는 영원한 형벌로 작용한다.

---

14   선포된 축복과 저주의 예고는 가나안 땅에서 뿐만 아니라 이스라엘 역사 전반에 서 실현된다.

15   "그것들에게 절하지 말며 그것들을 섬기지 말라 나 네 하나님 여호와는 질투하는 하나님인즉 나를 미워하는 자의 죄를 갚되 아버지로부터 아들에게로 삼사 대까지 이르게 하거니와 나를 사랑하고 내 계명을 지키는 자에게는 천 대까지 은혜를 베푸느니라"(출 20:5~6).

## 2) 규례의 선포(12:~18:): 선민의 성별

레위기는 제사와 생활의 성별규례를 균형 있게 증거하는 반면 신명기는 가나안을 정복한 이후 신세대의 생활규례에 집중한다. 생활규례는 생활 속에서 이방인과의 차별화를 주골자로, 이방신들을 섬겨서는 안 된다는 내용이다. 이스라엘은 하나님과 예배적 관계를 맺은 제사장 나라이기 때문이다.

### (1) 섬김의 규례(12:~13:): 유일신 사상

하나님을 섬기기 위해서는 우상의 신전을 파괴하고, 하나님이 지정하신 장소에 성소를 설치하고 예배해야 한다. 우상숭배는 하나님께 가장 큰 범죄이며 반드시 심판이 따른다. 제사의 제도는 하나님이 규정해 주셨기 때문에 거룩함이 철칙이므로 우상의 제단과 우상을 파괴해야 하며, 반드시 하나님께서 선택하신 중앙 성소에서 드려야 함을 규정한다.

제사의 규례는 이방 민족과 완전히 구별되며 반드시 하나님의 언약궤 앞에서 시행됨을 원칙으로 한다. 그래야만 선지자가 언약궤를 통해서 하나님의 뜻을 전달할 수 있고, 거짓 선지자를 구별하며 우상을 차단할 수 있기 때문이다. 고대에는 하나님의 계시가 꿈과 환상 등으로 주어지기도 하는데, 참 선지자에게 주어진 꿈과 예언에는 반드시 증험과 성취의 결과가 입증되었다.[16]

---

16 "만일 선지자가 있어 여호와의 이름으로 말한 일에 증험도 없고 성취함도 없으면 이는 여호와께서 말씀하신 것이 아니요 그 선지자가 제 마음대로 한 말이니 너는 그를 두려워하지 말지니라"(신 18:22).

① 신전의 파괴(12:1~3): 우상의 단절

언약백성의 역사는 하나님 경외와 우상숭배라는 대립 관계로 지속된다. 가나안 땅을 정복할 때 원주민을 남겨둔 것을 시작으로, 이스라엘의 역사는 우상숭배로 지속된다. 우상숭배는 율법의 1계명에 수록될 만큼 하나님의 백성이 가장 유념해야 되는 것이다.

하나님께서는 하나님만 신神이시기 때문에 다른 신, 즉 우상의 존재 자체를 부정하신다. 하나님의 절대적인 신 관념은 이스라엘 백성으로 하여금 철저하게 우상과 신전을 차단하게 한다.

② 성소의 제사(4~28): 지정된 성소

이스라엘 백성은 가나안 땅에 정착하게 되면서 온전한 안식을 누린다. 가나안에서는 하나님께서 지정해 준 장소에서 제사를 드리고, 가축을 잡아 고기는 먹되 피는 땅에 쏟으라고 명하신다. 피에 대한 규례는 육식을 허락했던 노아 시대에 규정된 규례인데(창 9:3~7), 피는 생명을 의미하기 때문에 하나님만이 생명의 주관자이심을 기억하고, 생육 번성하라는 언약의 질서를 위해서 먹지 말라 명령하셨다. 그래서 피는 흙에서 생명을 취하신 하나님의 것이기 때문에 땅에 묻고, 제사를 위한 속죄의 피는 제단에 바르게 하셨다. 제사장 나라의 본분은 제사를 드리는 것이기에 하나님께서 제사 장소와 중앙 성소의 제도를 규정해 주신다.

③ 우상의 경계(29~32): 유혹의 차단

계명에서 가장 중요한 점은 우상숭배에 대한 경계와 단절이다. 하나님의 백성들에게 가장 중요한 가치는 유일하신 하나님 여호와이시며 제사장 나라의 가치는 이방과 구별된 성별의 제사이다.

### ④ 우상숭배의 결과(13:1~18): 사망의 심판

규례의 핵심은 오직 하나님 여호와만을 섬기고, 우상을 타파하는 것이다. 언약백성에게 우상숭배에 따른 심판은 하나님의 명령이요 약속이다. 이스라엘 역사의 중심에는 우상숭배의 범죄와 그에 따른 하나님의 심판이 자리한다. 하나님을 불신한 모든 인간은 선민과 이방인의 구분 없이 심판을 받는다. 언약백성은 조건적인 율법이 주어지기 전에 하나님의 은혜로 선택되었기 때문에 회복과 구원이 전제된 심판을 받지만 버려진 인간은 영원한 심판을 받는다. 구약에서 증거된 심판과 구원의 역사는 그리스도를 통한 영원한 사망과 영원한 생명으로 완성된다. 그리스도의 심판 기준은 율법의 행위가 아니라 하나님의 선택과 믿음의 결과이다.[17]

### (2) 백성의 규례(14:1~16:17): 성별의 제도

신세대는 거룩한 백성이므로 가나안에 정착했을 때 이방의 풍속을 따르지 말 것을 규정한다. 이는 이방 풍속과 우상숭배가 밀접한 관계가 있기 때문이다. 거룩한 백성은 문화와 생활면에서도 완전히 구별된다.

### ① 성민의 금기(14:1~2): 이방의 풍습

가나안에 정착한 언약백성에게 가장 중요하게 요구되는 것은 이방의 풍속을 따르지 않는 것이다. 이방 풍속에는 장례식 때 죽은 자의

---

17 "이방인들이 듣고 기뻐하여 하나님의 말씀을 찬송하며 영생을 주시기로 작정된 자는 다 믿더라"(행 13:48).
"그러므로 사람이 의롭다 하심을 얻는 것은 율법의 행위에 있지 않고 믿음으로 되는 줄 우리가 인정하노라"(롬 3:28).

넋을 위로하기 위해서 자해 및 눈썹과 머리를 미는 미신적인 의식이 있는데, 이러한 풍속은 우상숭배와 밀접하게 연관되어 있으므로 금해야 한다.

② 음식의 규정(3~29): 구별된 음식

거룩한 백성은 음식문화부터 정결한 음식과 부정한 음식을 구별한다. 거룩한 백성은 음식조차도 인간 스스로의 판단과 결정을 배제하고, 하나님의 판단과 명령에 순종해야 한다. 하나님께서는 가나안 원주민의 어떠한 풍습과 관례도 용납하지 않으신다. 이는 거듭 강조했듯이 이방의 풍습과 문화를 통해서 우상숭배로 귀결되기 때문이다.

또한 언약의 땅에서 생산되는 모든 소산물의 십일조를 드리고 먹음으로써 가나안 땅에서 풍요를 누리며 사는 것은 하나님의 은혜임을 기억하며 찬양한다. 십일조는 반드시 지정된 중앙 성소에서 시행하고, 분깃이 없는 레위인과 사회적 약자들과 나누어야 한다. 음식문화를 이방인과 구별하는 이유 역시 우상숭배와 직결되기 때문이다. 하나님께서는 우상숭배와 관련된 이방의 모든 문화와 언약백성을 단절하고자 하신다.

③ 면제의 제도(15:1~18): 안식과 자유

하나님께서는 7년마다 채무의 일부를 탕감해 주는 안식년을 규정하신다. 이는 수확이 불가능한 안식년에 부채를 독촉해서 가난한 자에게 가해지는 고통을 방지하여 평안히 안식을 누리게 하기 위함이다. 또한 동족 가운데서 종이 된 자는 7년째 되는 해, 생계에 필요한 일정한 경비와 함께 자유를 주는데, 이는 이스라엘 백성이 애굽의 노예에서 하나님의 은혜로 해방된 것을 기념하기 위한 것이다.

이웃의 채무를 변제하는 이유도 이웃은 하나님의 언약백성이고 과거 애굽 생활의 어려움에서 하나님의 은총으로 풍요를 누리게 된 것을 기억해서 서로를 돌보자는 의미다. 이는 심령이 가난한 자로 오신 그리스도께서 은혜의 풍요와 생명을 나누어 주실 것에 대한 예표이다(마 5:3).

④ 초태생 헌물(19~23): 제물의 제도

하나님께서 초태생은 반드시 하나님께 드리는 규례를 제정하신 것은 출애굽 당시 애굽의 장자와 짐승의 초태생은 모두 죽이신 반면 이스라엘 장자와 초태생은 살려 주신 사건을 기념하기 위한 것이다. 첫 것은 여호와의 것이다. 첫 것을 하나님께 드림으로 모든 것이 하나님의 소유임을 알게 한다. 이는 하나님의 독생자 그리스도께서 십자가의 희생을 드리심으로 그의 지체 모두가 하나님의 자녀 되게 하실 것의 예표이다.

⑤ 삼대의 절기(16:1~17): 제정과 법규

언약백성은 대대손손 연중행사를 통해서 여호와의 언약성취, 섭리 역사를 기억하고 언약의 관계를 유지한다. 절기 규례의 특징은 '여호와께서 그의 이름이 거기에 거하게 하기 위하여 택하실 그 장소'에서 드린다는 것이다(6). '신의 이름을 둔다'는 것은 신이 백성들과 함께한다는 의미이다. 모든 절기는 하나님이 거하시는 택하신 장소에서 여호와의 섭리를 기억하며 경외하는 것으로 지낸다.

첫째, 유월절은 이스라엘 백성이 애굽의 노예생활에서 벗어난 출애굽의 사건을 기념하는 절기이다. 이는 언약대로 죄악의 노예에서 의와 생명을 얻게 하실 그리스도에 대한 예표이다.

둘째, 오순절(칠칠절, 맥추절)은 유월절 7주 후에 지켜졌다. 추수를 시작하는 절기로 가나안 땅의 모든 결실과 소유물을 주신 것에 감사하는 절기이고, 출애굽한 지 50일 후에 시내산에서 불로 임재하신 하나님께서 율법을 수여하신 날이다. 이는 그리스도께서 부활의 첫 열매로 하나님께 드려지고, 오순절날 성령의 강림하심으로 복음의 진리가 땅 끝까지 전파될 것의 예표이다.

셋째, 초막절은 언약백성들이 출애굽 이후 광야에서 장막을 치며 살던 시절을 상기하는 절기이고, 오순절부터 시작된 추수가 무사히 끝나게 된 것을 감사하는 의식을 치른다. 초막절은 광야 40년의 생활이 하나님의 인도와 보호에 의해서 생존하게 된 것을 기억하는 절기로서 마지막 추수에 감사하는 날이다. 이는 하나님의 인도와 보호로 교회가 존재하였고, 그리스도의 강림하심으로 이스라엘 백성이 추수하듯이 마지막 알곡과 가라지를 심판하실 것을 의미한다.[18]

### (3) 지도자 성별(16:18~18:): 중보의 체계

이스라엘의 지도자는 기름을 부어 세운 하나님의 중보자이다. 이는 이방과 구별된 정치체제로서 중보자를 통한 하나님의 통치를 의미한다. 기름 부어 세운 직임은 제사장, 선지자, 왕이다. 하나님은 기름 부은 직임자들을 거룩하게 함으로써 백성을 올바르게 다스리도록 한다. 이는 선지자, 왕, 제사장의 기름부음 받은 직임을 완수하실 그리스도에 대한 예표이다.

그리스도께서는 다윗왕의 혈통으로 오셔서 죽음에서 부활하사 하

---

18 "둘 다 추수 때까지 함께 자라게 두라 추수 때에 내가 추수꾼들에게 말하기를 가라지는 먼저 거두어 불사르게 단으로 묶고 곡식은 모아 내 곳간에 넣으라 하리라"(마 13:30).

나님 아들의 신분을 증거하시고, 하나님 나라의 복음을 선포하시며 하나님 나라인 교회를 설립하심으로써 세계를 통치하시는 만왕의 왕이심을 확증한다. 또한 당신의 생명을 하나님께 드리심으로 제사를 완수하여, 언약백성의 죄를 영원히 속량하신다. 이와 같이 하나님의 아들 그리스도께서는 중보사역을 온전히 성취하심으로써 성부 하나님과 성도 사이의 완전한 중보자이심을 확증한다.

① 재판장 규례(18~17:13): 율법적 공의

성경적인 공의는 하나님의 판단을 기준으로 하며 율법을 통해 제정된다. 언약백성들이 가나안 땅에 정착해서 살 때 거룩한 생활을 하게 하고자 공의로운 재판의 필요성을 언급한다. 제일 먼저 우상 제작을 금지하고, 이방인들과 구별되게 흠 없는 온전한 제물을 드릴 것과 우상숭배자는 공개 처형할 것을 당부한다. 재판장의 판결에 순응하지 않는 자는 율법을 적용한 판결을 무시하는 처사이기 때문에 처형한다. 공의로운 재판의 핵심 항목은 우상숭배와 그에 따른 판결 거부인데, 우상숭배는 유일하신 하나님을 불신하는 것이며 판결 거부 역시 재판의 기준이 되는 하나님의 율법을 거부하는 행태이기 때문에 사형에 처한다.

② 통치자 규례(17:14~20): 공의의 치리

왕정 제도는 아브라함에게 왕들이 날 것을 언약하셨고,[19] 야곱을 통해서 유다 지파에게 언약된 것이며[20] 국민, 국토, 국권이 수립되는

---

19 "내가 너로 심히 번성하게 하리니 내가 네게서 민족들이 나게 하며 왕들이 네게로부터 나오리라"(창 17:6).
20 "규가 유다를 떠나지 아니하며 통치자의 지팡이가 그 발 사이에서 떠나지 아니하

나라언약의 완성이다.[21] 그럼에도 불구하고, 하나님은 백성들이 언약대로 유다 지파를 통해 왕이 세워지기 전에 이방나라의 왕정제도를 따라 왕을 요구할 것이라고 예언하신다.[22] 그 예언대로 백성들은 이방의 제도를 모방하여 왕을 세워 달라 요청한다.[23] 선민의 왕은 백성이 선택하는 것이 아니라 하나님께서 언약하신 유다 지파에서 지명하신다.

하나님께서는 왕이 지켜야 할 사항을 말씀하시는데, 군마軍馬를 많이 두어 의지하거나 군마를 빌미로 백성들을 애굽에 보내지 말고 아내를 많이 두어 여자들이 숭배하던 우상에 미혹되지 말며 이기적인 목적으로 재물을 축적하지 말라고 명하신다. 특별히 유념해야 할 것은 평생 율법의 사본을 곁에 두고 지켜야 한다는 것이다. 왕은 율법을 통해서 하나님을 경외하고 하나님의 뜻을 분별해야 하기 때문이다.

③ 제사장 규례(18:1~8): 거룩한 제도

레위 지파는 성전의 사역을 전담하므로 그들의 경제생활은 하나님이 책임지신다. 그들은 여호와의 이름으로 제사 직무를 담당하도록

---

기를 실로가 오시기까지 이르리니 그에게 모든 백성이 복종하리로다"(창 49:10).

21 "하나님이 그들에게 복을 주시며 하나님이 그들에게 이르시되 생육하고 번성하여 땅에 충만하라, 땅을 정복하라, 바다의 물고기와 하늘의 새와 땅에 움직이는 모든 생물을 다스리라 하시니라"(창 1:28, 참고. 창 9:1~2).
"여호와께서 아브람에게 이르시되 너는 너의 고향과 친척과 아버지의 집을 떠나 내가 네게 보여 줄 땅으로 가라 내가 너로 큰 민족을 이루고 네게 복을 주어 네 이름을 창대하게 하리니 너는 복이 될지라 너를 축복하는 자에게는 내가 복을 내리고 너를 저주하는 자에게는 내가 저주하리니 땅의 모든 족속이 너로 말미암아 복을 얻을 것이라 하신지라"(창 12:1~3).

22 "네가 네 하나님 여호와께서 네게 주시는 땅에 이르러 그 땅을 차지하고 거주할 때에 만일 우리도 우리 주위의 모든 민족들같이 우리 위에 왕을 세워야겠다는 생각이 나거든"(신 17:14).

23 "우리도 다른 나라들같이 되어 우리의 왕이 우리를 다스리며 우리 앞에 나가서 우리의 싸움을 싸워야 할 것이니이다 하는지라"(삼상 8:20).

선택한 지파이다. 제사장은 유산이나 재산이 없지만 백성들의 십일조로 생활하며 성전 봉사에만 전념한다. 신정 정치는 하나님과 백성의 유기적인 관계를 위해서 중보자를 세우는 정치인데 그 중추적인 역할이 제사장이다. 제사장은 백성들에게 율법을 가르치고 죄를 용서하는 집례를 하며 질병에 대한 업무를 담당함으로써 하나님과 백성 간의 유대를 돈독하게 한다.

④ 선지자 규례(18:9~22): 진위의 판별

선지자는 백성들이 원주민들의 가증한 행위를 본받지 못하게 하는 교육을 최우선으로 한다. 가증한 행위는 여호와만 의지하지 않고 아이들을 불 가운데로 통과하는 종교의식이나 길흉을 점치고 굿을 하고 귀신을 접하며 죽은 사람의 혼령과 산 사람을 연결하는 무당의 행위이다. 이러한 악행은 이스라엘의 분열시대에 예루살렘의 감람산에 몰렉의 산당을 세우고(왕상 11:7), 유다 왕 아하스는 혼합 종교에 심취해서 자녀를 힌놈의 골짜기에서 불살랐던(대하 28:3) 것으로 알 수 있다.

모세는 계보를 잇는 선지자의 제도를 확립한다. 선지자의 직무는 하나님의 말씀을 대변하는 것이다. 백성들로 하여금 이방의 풍속이나 우상의 유혹에 빠지지 않도록 하나님의 뜻을 가리키고 백성들의 삶의 방향을 제시해야 한다. 그러므로 백성을 미혹하는 거짓 선지자는 죽음을 면치 못한다. 하나님이 보낸 선지자인지 아닌지에 대한 판단은 그들의 예언이 반드시 성취되는가의 여부로 분별할 수 있다.

제사장이 하나님과 백성의 관계를 돈독하게 한다면 선지자는 하나님의 말씀을 교육함으로써 백성이 우상을 멀리하고 거룩한 생활을 영위하게 한다. 하나님의 아들 예수께서 기름부음받은 자로 오신 이유도 하나님과 인간의 관계를 생명으로 회복시키고 말씀으로 다스려 주시며 말씀으로 세속과 구별된 거룩한 생활을 하게 하기 위함이다.

### 3) 율례의 선포(19:~26:): 사회적 관계

모세는 두 번째 설교에서 여호와만을 섬겨야 하는 언약백성의 정체성과 우상 타파 그리고 거룩한 백성의 규례를 선포했다. 여호와께서 모세로 하여금 언약백성들에게 공동체적 사회생활의 규범을 가르치고 언약백성을 보호하며 이웃과의 아름다운 관계를 도모하게 한다.

#### (1) 백성의 생명(19:~21:): 존엄성 이해

언약백성은 하나님께서 선택하신 아들이요, '생육하고 번성하라'는 언약으로 형성된 민족이다. 이스라엘 백성에게 주어진 '살인하지 말라'는 계명은 도덕적인 차원을 넘어 생명의 보존을 의미한다. 생명의 기원은 아담이 하나님의 생기로 창조된 생령체라는 데서 출발한다. 이는 하나님의 생명 DNA가 존재하는 하나님의 아들임을 뜻한다. 하나님께서는 그러한 아담에게 '생육하고 번성하라'는 복을 주신다(창 1:28). 언약은 노아에게 동일하게 주어지며(창 9:1), 아브라함에게도 계승되어 생육하고 번성하여 큰 민족이 이루어질 것을 약속하신다(창 12:2, 17:2, 6). 이와 같이 하나님의 언약대로 '아들'로 번성한 이스라엘 백성에게 '살인하지 말라'는 계명은 생명(아들)의 의미와 하나님 존재를 알게 하는 계시의 일환이다. 이는 언약대로 역사하신 결과 하나님의 살아 계심을 확증한다는 면에서 매우 중요하다. 또한 하나님 아들들의 생육 번성은 그리스도를 통해 거듭나고 중생하게 될 성도들의 생육 번성에 대한 예표이다.

① 과실과 위증(19:): 억울한 죽음

언약백성은 하나님이 선택한 혈통으로 생육 번성하며 생명을 보존하라고 하셨다. 하나님은 실수로 살인한 자의 생명을 보호하기 위해서 도피성 제도를 세우신다. 가나안 땅을 세 부분으로 나누어 구획의 중심부에 설치된 도피성은 고의로 살인한 자는 구제받을 수 없고 본의 아니게 살해한 자만 보호받는다.

남의 땅에 설치된 경계 표시를 옮기다가 다툼으로 생명을 잃을 수 있기에 하나님께서는 각자의 분복에 만족할 것을 권고한다. 또한 2인 이상의 증인과 위증자의 엄중한 처벌과 분명한 증거를 공정한 재판의 필수 요건으로 규정하며 언약백성의 생명을 보호하신다.

② 전쟁과 징집(20:): 전시의 생명

전쟁을 치를 때 하나님의 뜻을 묻고 그에 순복하며 수행한다. 하나님이 전쟁의 주관자이심은 애굽에서의 승리와 해방을 통해 확증되었다. 이스라엘의 전쟁은 하나님이 직접 치르시기에 두려워할 필요가 없음을 주지한다.

제사장은 하나님의 전쟁임을 선포하며 군인들을 두려워하지 않도록 격려한다. 전쟁에 집중할 수 없는 군인은 출전에서 제외한다. 새 집을 건축하고 낙성식을 못한 자는 집 걱정으로 전쟁에 전력할 수 없다. 과수원을 만들고 열매를 수확하지 못해 과실의 껍질조차 벗기지 못한 자는 농사 걱정으로 전쟁에 전력할 수 없다. 약혼하고 여자를 취하지 못한 자는 아내 걱정으로 전쟁에 집중할 수 없다. 또한 하나님을 불신함으로 두려워하는 자는 그 두려움이 다른 군사들에게 전염될 수 있기 때문에 군대 편성에서 제외한다. 이와 같이 하나님께서 지휘하는 전쟁은 하나님께만 집중해야 한다.

전쟁에서 승리했을 때는 무분별한 파괴 행위를 금지하는데, 이는 승리에 도취되어 하나님의 뜻을 망각하는 것을 방지하기 위해서이다.

③ 선민의 성결(21:): 오염의 방지

살인자를 찾지 못해 처벌이 불가한 경우의 속죄는 가까운 지역의 장로가 집행하며 제사장이 판결한다. 먼저 흐르는 물과 사람이 경작하지 못한 불모지에서 암소의 목을 꺾어 잡는다. 이는 암소의 부정한 피가 사람에게 노출되지 않고 접촉하지 않게 하기 위함이고, 암소의 목을 꺾는 것은 살인자를 대신하여 죽는 것을 의미한다. 그리고 장로들은 자신들의 공동체가 살인에 가담하지 않은 것으로 하나님 앞에 무죄함을 맹세한다(7).

전쟁의 포로로 있을 때에는 가나안 땅에서 멀리 떨어진 이방 여자와의 혼인은 허락한다. 단 이방 여인은 머리를 밀고 손톱을 깎아 죄악의 생활을 버리고, 예전의 신분을 벗어 버리는 의미에서 한 달간 옷을 벗고 애곡함으로써 이방인의 죄악 된 신분을 벗고 하나님의 백성이 되기 위한 정결의식을 치른다(신 21:10~14).

상속 분쟁의 조정법은 부모의 변덕이 장자 상속에 영향을 미칠 수 없도록 하여 상속권을 박탈하지 못하게 한다. 장자는 하나님의 것이기 때문에 부모의 뜻대로 집행할 수 없다. 부모에게 순종하지 않는 자식은 5계명에 위배되는 사항으로 죽일 것을 권고한다. 부모에 대한 불순종은 부모로부터 전승되는 율법에 대한 교육의 단절이며, 하나님에 대한 반역이기 때문이다.

사형수의 시체를 경고의 목적으로 나무에 매달아 두는 경우에는 저주받은 사체이기 때문에 밤새 방치하지 말고 당일에 장사하여 땅을 더럽히지 못하도록 규정하고 있다.

이는 예수께서 율법의 요구에 따라 십자가의 저주를 받아 성경대로 죽으심으로 택한 자들의 저주를 대속하여 주실 것에 대한 예표이다.[24]

## (2) 백성의 생활(22:~26:): 거룩성 유지

이스라엘은 하나님의 백성이므로 생활 전반이 이방인과 구별되어야 하며, 범사에 하나님을 인정하며 사는 것이 거룩한 생활이다.

### ① 소유의 질서(22:): 분복의 인정

이스라엘 백성에게 부여된 소유의 질서는 하나님의 뜻에 따른 분배와 주어진 분복을 인정하는 하나님 중심의 신앙에서 기인한다. 주어지는 분량과 여건 등 오직 하나님의 주권과 뜻에 기초한다. 따라서 이스라엘 백성에게 삶에 대한 불평과 불만은 하나님의 주권에 대한 반역이다.

하나님께서 이스라엘 백성에게 말씀하신 "이웃을 네 몸과 같이 사랑하라"라는 계명은 하나님의 생육 번성의 언약에 입각한, 생명 보존 및 생육 번성을 위한 종교적인 차원의 규범이다(22:). 또한 자연의 세계 역시 보호해야 하는 이유는 하나님께서 생물세계에도 "생육하고 번성하여 여러 바닷물에 충만하라 새들도 땅에 번성하라"(창 1:22,

---

24  "예수는 우리가 범죄한 것 때문에 내줌이 되고 또한 우리를 의롭다 하시기 위하여 살아나셨느니라"(롬 4:25).
    "성경대로 그리스도께서 우리 죄를 위하여 죽으시고"(고전 15:3).
    "그리스도께서 우리를 위하여 저주를 받은바 되사 율법의 저주에서 우리를 속량하셨으니 기록된바 나무에 달린 자마다 저주 아래에 있는 자라 하였음이라(갈 3:13, 참고. 신 21:23).

8:17)고 하신 바와 같이 언약을 성취하신 하나님의 존재가 확증되는 말씀이므로 준수해야 하는 것이다.

이스라엘은 거룩한 백성이기 때문에 그들의 율례는 이방의 풍습과 완전히 구별된다. 하나님께서 남녀의 의복을 혼용해서 입지 말라 하심은 가나안 사람들의 문란한 제사의식에서 유래한 풍습으로써 성적인 방종을 경계하라는 뜻이다. 또한 양털과 베실을 엮어 짠 옷을 입지 말라 하심도 이방의 혼합적인 의식을 경계함으로써 유대종교의 절대성을 보존하게 한다. 보폭이 다른 소와 나귀를 한 멍에에 메지 말도록 경계하심은 세속과 거룩의 혼용을 방지하기 위함이다. 겉옷 네 귀에 술을 달게 하는 것은 거룩한 백성의 표시를 함으로써 이방인과 구별된 거룩한 삶을 살게 하신다.

이스라엘 백성은 아내의 혼전 순결에 대한 부정을 용납하지 않으며, 남편은 이유 없이 아내를 버리지 못하게 하는데, 부부간의 순결과 신뢰를 통해서 이방의 불결하고 무질서한 혼인과 대조하여 거룩한 백성으로 구별하신다. 구약의 성적 범죄는 신약에서 신부인 성도가 신랑이신 그리스도를 배반하는 종교적인 범죄를 뜻한다.

② 정결한 생활(23:): 사회적 정결

총회는 하나님의 거룩한 백성들의 모임이므로 순수성을 유지해야 한다. 생식 기능을 잃어버렸거나 이방 종교의식에 의해서 거세당한 거룩하지 못한 자들은 참석할 수 없다. 이들은 생육 번성의 언약을 실행할 수 없고 이방종교에 물든 불결한 자들이기 때문이다.

암몬과 모압 족속은 광야에서 언약백성들을 저주하려 했기 때문에 영원히 총회에 참석할 수 없으나, 에돔은 형제이며 애굽은 언약백성이 그들의 땅에서 객으로 신세를 졌기 때문에 삼 대 후부터는 허락한다(23:8). 이는 여호와께서 언약백성을 중심으로 역사를 진행하시는 증거이다.

여호와께서 이스라엘 군대의 진영까지도 성별을 명령하신다. 몽설夢泄한 자는 몸을 씻어야 하고, 용변은 흙으로 덮어야 한다. 이는 거룩하신 여호와께서 군대의 진영 중에 함께하심을 알게 하기 위함이다(23:14).

도망친 노예에 대한 방책은 그들을 보호해 주라는 것으로 이는 언약백성이 과거 노예생활에서 해방되어 여호와의 언약대로 가나안에 거하게 됨을 기억하는 데 있다.

창기가 되어서 안 되는 이유는 간음의 빌미도 되지만, 이방종교 의식의 매춘 행위이기 때문에 금한다.

동족 간에는 이자를 받으면 안 되는데, 이는 약자를 보호하는 이웃 사랑의 율례이기 때문이다.

서원은 반드시 지켜야 되는 맹세의 절대성을 언급하며 하나님과 언약관계의 가치를 확인해 준다. 하나님에 대한 서원의 약속을 지키지 않음은 하나님을 모독하는 행위이기 때문에 반드시 지키는 것을 원칙으로 하는 것이다.

공동체의 질서를 위해서 고리대금업을 금하는데, 가난한 자를 보호하여 가정을 지키기 위해서이다. 이렇게 언약백성들의 거룩한 생활은 이방인과 구별됨을 확고히 한다. 언약백성은 선택받은 민족이며 거룩한 하나님의 백성이다. 하나님께서는 언약백성의 일상에서도 거룩성을 강조하신다.

③ 이웃의 사랑(24:): 생명 공동체

이혼의 절차는 생육 번성을 위한 여성의 인권 보호를 위해, 애굽인의 아내 교환의 사악한 풍습을 단절하기 위해 중요하다. 극빈자의 생존권 유지를 위해 음식 만드는 필수도구인 맷돌은 저당잡지 못한다. 언약백성들의 생명은 하나님의 백성이기 때문에 여성이나 빈부의 격차를 막론하고 생명에 위협을 가하는 행위는 금한다.

힘 있는 자가 약자를 유괴, 납치하는 것은 사람의 영혼을 겁박하는 잔혹한 처사이기 때문에 사형에 처한다. 전염성이 있는 문둥병을 경계하는데, 언약백성의 생육 번성에 지장이 없게 하기 위한 것이다. 가난한 자의 담보물은 채권자가 임의로 집에 들어가 전당물을 취할 수 없다. 일꾼은 학대하지 말고, 생명줄과 같은 임금은 당일에 지불할 것과 부모 자식 간의 연대 처벌을 금지한다.

사람은 오로지 자기 죄에 대한 책임으로 형벌을 받는다. 범죄자의 태형은 사십 대에 한정하며, 범죄자일지라도 형제로서 인격을 존중해야 하며 형벌의 목적은 보복이 아니라 교화에 있다. 노동에 따른 임금을 착취하지 말고 정당한 대가를 지불한다. 약자들을 법적으로 보호하는 이유는 하나님께서 애굽의 노예에서 속량하심을 기억나게 하기 위한 종교적인 의미를 내포한다.

④ 공정한 판결(25:): 판결의 기준

언약백성의 혈통 보존은 생육하고 번성하라는 하나님의 절대적인 명령에 근거하는데, 형제가 살다가 자식이 없이 죽으면 그 아내는 남편의 형제와 혼인관계를 유지하는 계대법이 있다. 형제의 가문 세우기를 거절한 형제에게는 '신 벗기운 자의 집'(25:10)이라 칭하며 저주한다. 신발은 권리와 지위를 상징하는 것으로서 여자는 남편 되기를 싫어하는 남자의 신발을 벗기고 얼굴에 침을 뱉으며 모욕을 준다.

남자의 음랑을 힘을 다해 잡는 것은 생식기능을 멸절시켜 성불구자로 만들 수 있기 때문에 여인의 손을 찍으라 했는데, 이는 생육 번성의 혈통 보존의 언약과 직결되기 때문이다. 공정하지 못한 저울로 이웃과 하나님을 속이는 것은 가증한 행위이다. 부당한 제물은 도둑질과 동일하며 이는 하나님께서 분배하신 분복을 망각한 처사이다.

이스라엘 백성이 호렙산 근처 르비딤에 이르렀을 때(출 17:8~16) 약탈자 아말렉 족속은 이스라엘의 행군을 방해하였을 뿐만 아니라 행군 후미의 비전투 요원인 유약자들을 무참히 사살했다. 이스라엘 백성과 함께하는 하나님을 두려워하지 않고 전쟁의 규칙을 어긴 아말렉을 하나님은 반드시 심판하신다. 하나님을 두려워하지 않고 약자들을 기습 공격한 것은 하나님에 대한 도전이었기 때문이다.

⑤ 백성의 자세(26:): 성취의 확증

언약백성의 정체성은 언약대로 성취하시는 여호와 하나님을 알고 경외하는 데 있다. 처음 태어난 것은 모든 것의 대표성을 띠므로 하나님의 소유이고 나머지도 하나님께 드려진다는 의미이다. 처음 소산물을 가지고 하나님의 이름을 두신 성소에 가서 제사장에게 소산물의 의미를 밝힌다.

첫 소산물로 제사장에게 고백하는 내용은 언약대로 주신 가나안 땅에서 풍성한 결실을 맺게 하신 여호와의 은혜의 영광을 찬양하는 것이다(3).

하나님께서는 아브라함에게 일방적으로 언약을 세우시고 언약대로 애굽의 노예생활 중에서 번성하게 하시며, 출애굽하여 가나안 땅에 가기까지 인도하신다. 또한 여호와의 언약 - 성취 섭리를 잊지 않게 하시려고 언약백성에게 율법을 주신다. 믿음의 행위는 인간의 노력으로 되는 것이 아니라 언약대로 이루시는 여호와의 존재를 인식하고 그 은혜를 깨달음으로 발생하는 것이다.

　모세는 모압 평지에서 율법의 계명과 규례 그리고 율례에 대해서 교육했다(5:~26:). 율법의 근본정신은 하나님이 살아 계심을 알고 섬기게 하며 언약백성의 생존을 위한 이웃 사랑이다. 언약백성의 정체성은 제사장 나라와 거룩한 백성에 있기 때문에 율법을 통한 종교적인 신앙을 갖추는 것은 중요하다. 특히 이방의 신들을 섬기는 것은 가장 경계해야 한다.

# 3 언약의 체결(27:~34:): 역사적 예언

하나님께서 이스라엘 백성이 가나안 땅을 바라보는 가운데 언약을 세우신다. 모압 땅에서 세우신 언약은 율법의 순종 여부에 따라서 복을 내리기도 하고 저주를 내리기도 하는 조건적 언약이다. 율법의 핵심은 하나님 외에 다른 신을 섬기면 안 된다는 것인데, 하나님을 잘 섬겼을 때는 복을, 그렇지 않을 때에는 저주로 심판하신다는 의미다.

언약백성의 역사는 아브라함에게 세우신, 무조건적으로 성취되는 나라언약과 모세에게 세우신, 순종 여하에 따른 조건적인 언약을 근간으로 하고 있다. 모압 땅 모세의 예언은 우상숭배에 대한 저주의 선포이며, 아브라함에게 세우신 하나님의 언약은 이스라엘의 범죄에도 불구하고 나라의 존립과 민족이 계승될 것에 대한 약속이다.

| 백성을 교육하시는 여호와 – 땅 정복의 확신 | |
|---|---|
| **3. 언약의 체결(27:~34:): 역사적 예언** | |
| 1) 언약의 인준(27:~28:) | (1) 시행의 의식(27:)<br>(2) 시행의 실제(28:) |
| 2) 역사의 예고(29:~30:) | (1) 저주의 언약(29:)<br>(2) 회복의 언약(30:) |
| 3) 모세의 교훈(31:~34:) | (1) 마지막 사역(31:~32:)<br>(2) 모세의 유언(33:~34:) |

## 1) 언약의 인준(27:~28:): 시행의 원칙

하나님은 복과 저주를 통해 섭리하신다. 중요한 점은 하나님께서 모세의 언약대로 섭리하시지만 범죄에도 불구하고 이스라엘을 완전히 저주하거나 진멸하지 않으시는 것은 500년 전에 아브라함과 세운 은혜언약 때문이다.[25] 불가항력적인 하나님의 은혜는 언약백성들로 하여금 율법에 순종하게 하시는 영향력을 행사한다. 그래서 모든 것이 전적인 하나님의 은혜임을 알게 한다.

언약백성의 축복은 무조건적인 하나님의 은혜이고(아브라함 언약), 순종은 은혜 인식의 결과로 나타나는 믿음에 의한 행위이다. 율법의 순종 여부는 정죄와 용서 자체만의 규정으로 단정하기보다는 하나님께서 아브라함에게 베푸신 절대적인 은혜언약의 연속선상에서 이해해야 한다.

언약백성에 대한 하나님의 섭리는 열조 아브라함에게 세우신 절대적이며 무조건적인 언약에 근거한다. 이에 반해 시내산 율법은 이스라엘 백성의 범죄에 대한 정죄와 사죄의 기능을 통해서 하나님의 은혜와 사랑을 깨닫게 하는 교육의 방편으로 주어진 것이다.

### (1) 시행의 의식(27:): 율법의 준수

가나안 정복은 언약 성취의 역사적 사건이며 여호와를 확증하는 근간이다. 율법은 이스라엘 민족의 정신이며 여호와를 기억하는 수단이다. 이스라엘 백성에게 가나안 정복의 의미와 율법의 가치는 중차대한 역사적 의미를 지니기에 자손 대대로 기념해야 한다.

---

25 "내가 이것을 말하노니 하나님께서 미리 정하신 언약을 사백삼십 년 후에 생긴 율법이 폐기하지 못하고 그 약속을 헛되게 하지 못하리라"(갈 3:17).

① 가나안 입성(27:1~10): 돌비의 율법

모세는 백성들에게 가나안 입성 기념 돌비·제사를 거행하며 율법을 준수하라 명한다. 이유는 언약백성들의 정체성은 제사장 나라이기 때문이다(9). 돌에 기록한다는 것은 율법이 언약백성들의 삶의 지표이자 신앙의 통로임을 명시하여 잊지 않게 하기 위해서이다. 언약백성들은 돌비에 새겨진 율법의 조항과 이스라엘의 역사를 통해서 하나님의 존재를 기억한다. 이는 율법을 통해 가나안 땅 정복의 이유와 목적을 상기하게 하기 위한 것이다. 이스라엘의 역사는 하나님께서 아브라함에게 나라를 세워 주시겠다는 언약대로 큰 민족이 이루어졌고, 가나안 땅을 정복했다는 사실을 기억하기 위해 율법이 중요한 것이다.

② 율법의 저주(27:11~26): 미래의 역사

레위 지파는 백성들에게 열두 가지의 범죄와 저주를 선포하고 백성은 열두 번 아멘으로 화답한다. 축복과 저주를 병행하여 선언했지만 저주만 강조한 이유는 앞으로 전개될 이스라엘의 역사가 범죄로 인한 저주의 연속임을 예고하기 위해서이다. 선포의 초두에 등장하는 내용은 항상 우상숭배에 관한 것이다. 이는 여호와 경외와 대치되는 것으로 유일신에 대한 모독이며 모든 범죄의 원인이 된다. 부모는 유일신 여호와와 저주의 우상에 관한 교육의 전담자요 전승자이기 때문에 공경해야 한다. 그리고 맹인·객·고아·과부 등과 같은 약자는 애굽에서 약자인 노예로 살던 언약백성들을 해방시킨 여호와의 존재를 기억하게 하기 위해 보호해야 한다.

성적인 범죄는 하나님이 부여하신 성적性的 권리를 침해하여 생육번성을 위한 질서의 위배이자 여호와의 권위에 대한 모독이기에 금하며, 결혼은 하나님이 규정한 것으로 생육 번성의 언약을 위한 제도이다.[26] 이웃의 생명을 해하는 것은 생명의 주인이신 하나님의 권위에 대한 도전이 되므로 이 모든 범죄는 저주를 받는다.

### (2) 시행의 실제(28:): 순종의 여부

이스라엘의 순종은 제1계명의 "너는 나 외에는 다른 신들을 네게 두지 말라"(출 20:3)는 것에 근거한다. 이스라엘의 우상숭배 역사는 사사시대와 남북의 분열시대에 최고점에 이르러 결국 북이스라엘은 파멸로, 남유다는 바벨론의 포로가 되기에 이른다.

### ① 순종의 축복(28:1~14): 우상의 단절

이스라엘은 하나님께서 선택한 자녀요 백성이다. 그들은 하나님께서 조상들과 세우신 언약을 성취하심으로 존재하게 되었기 때문에 하나님만 섬겨야 한다. 이스라엘 백성이 하나님을 섬기는 것은 취사선택이 아니라 절대적이다. 이스라엘의 조상 아브라함을 하나님이 일방적으로 선택해서 복을 주셨고, 이삭과 야곱도 선택-지명하시어 상속자가 되게 해서 큰 민족을 이루어 주셨기 때문이다.

### ② 불신의 저주(28:15~57): 재앙의 범위

불순종으로 인한 저주는 참혹하다. 도시, 토지, 재산, 가축 등의 경제적인 파멸과 질병의 재해 그리고 자연재해와 전쟁의 패배로 모든 것을 약탈당하고, 강제로 다른 신을 섬기게 된다. 과거 애굽의 노예생활과 흡사하게 고통의 환경으로 돌아가는 것이다. 결국 온 민족이 흩어져 유랑하는 비참한 생활을 하게 되는데, BC 722년 앗수르에 의해

---

26 "이러므로 남자가 부모를 떠나 그의 아내와 합하여 둘이 한 몸을 이룰지로다"(창 2:24).

북이스라엘이 먼저 파멸하고 BC 609년부터 남유다도 바벨론의 포로가 되기에 이른다. 앗수르의 혼혈 정책으로 민족의 정체성을 잃고, 바벨론에 의해 성전이 파괴되며 127개 도성으로 흩어지는 참혹한 운명에 처한다.

### 2) 역사의 예고(29:~30:): 율법의 준수

모세는 출애굽의 역사를 통해서 언약을 성취하시는 여호와의 존재를 확증한다. 하나님께서 이스라엘 백성을 애굽에서 탈출하게 하신 이유는 여호와의 존재를 알고 경외하게 하기 위한 것이다. 그러나 언약백성들은 끝내 우상을 숭배함으로써 하나님의 저주와 심판을 받는다. 하지만 이스라엘 백성의 이러한 범죄에도 불구하고 하나님께서 이스라엘 나라를 파멸과 포로에서 회복시켜 주신다. 회복의 직접적인 이유는 백성들이 돌이키는 것이지만 근본적으로는 하나님께서 이스라엘 백성의 조상과 세운 언약을 기억하시기 때문이다.

### (1) 저주의 언약(29:): 우상의 폐해

하나님께서는 호렙산에서 세우신 언약 외에 모압 평지에서 다시 언약을 세우신다. 이는 언약백성에게 가장 중요한 여호와 경외 사상을 고취시키기 위함이다. 모압 평지에서 세우신 언약은 시내산 율법을 지키느냐에 따라 복과 저주가 실현된다는 것이다. 여호와께서 이스라엘 백성에게 순종을 촉구하기 위해 애굽의 노예에서 해방시켜 주신 것과 광야에서 40년 동안 추위와 더위, 목마름과 배고픔, 짐승과 전쟁의 위협에서 아모리 족속을 정복하고 두 지파 반에게 땅을 분배한 사건을 회상하게 한다. 이스라엘 백성은 역사의 경험을 통해서 하나님께서 이스라엘 백성을 얼마나 사랑하시는지를 깨닫게 되어 순종하게 된다.

### ① 모압의 언약(29:1~9): 출애굽 회고

모압 땅에 집결한 백성은 광야에서 교체된 신세대이다. 율법을 수령할 당시 이십 세 이하였거나 그 이후 광야에서 새롭게 태어난 사람들이다. 그들은 호렙산에서 주어진 율법의 내용을 제대로 이해할 수 없었다. 모세는 광야에서 교체된 그들에게 이스라엘 역사의 전말順末과 제사장 나라의 가치인 율법에 대해서 재차 강조한다. 이스라엘은 하나님이 선택하신 하나님의 백성이기에 다른 신을 섬겨서는 안 되며 우상을 숭배하면 나라가 파멸한다는 것이 교육의 핵심이다. 하나님의 교육적 의도는 언약대로 성취하시는 여호와의 존재를 알게 하기 위함이다(6).

### ② 언약의 범위(29:10~15): 적용의 범주

언약의 대상은 당시의 언약백성뿐만 아니라 장차 태어날 세대까지를 포함한다. 언약은 시대를 초월하는 것으로 하나님께서 조상과 세우신 언약은 반드시 성취되며 하나님이 살아 계심을 알게 하기 위한 것이다.

### ③ 언약의 위반(29:16~29): 우상의 저주

언약백성들의 사악한 범죄는 우상숭배인데, 이는 유일하신 하나님에 대한 모독이다. 첫 계명도 하나님 외에 다른 신들을 섬기지 말라는 것을 명시하고 있다. 바울은 하나님처럼 되려는 탐욕, 땅에 속한 지체를 우상숭배라 규정한다.[27] 인간이 신이 되고자 하는 탐욕은 우상을 신적인 존재라 믿고 섬기는 것으로 드러난다. 보이지 않는 신적 존

---

27 "그러므로 땅에 있는 지체를 죽이라 곧 음란과 부정과 사욕과 악한 정욕과 탐심이니 탐심은 우상숭배니라"(골 3:5).

재를 보이는 형상으로 만들어 섬기는 우상숭배의 행위를 하나님께서는 금하신다. 애굽의 400년 노예생활로 이방의 문화와 종교에 물든 그들에게 열 가지 재앙을 보여 주신 이유도 애굽이 숭배하는 신들을 무참하게 하기 위해서이다.

그럼에도 불구하고 언약백성은 가나안에 정착하면서 바알과 아세라의 우상과 여호와를 혼합하여 숭배하기에 이른다. 솔로몬은 아내로 삼은 이방여인들에 위해서 신전을 건축하고 우상숭배를 자행한다. 우상숭배가 합법화되면서 이스라엘에는 BC 538년 포로에서 회복될 때까지 혼합종교가 성행한다. 모압 땅에서의 언약은 추후 전개될 이스라엘의 우상숭배로 인한 범죄와 파멸의 역사를 예고한다. 모세는, 하나님의 뜻은 인간이 알 수 없으나 율법을 통해서 밝혀 주셨으니 대대로 율법의 말씀에 순종해야 될 것을 촉구한다(29).

## (2) 회복의 언약(30:): 준수의 결과

하나님의 섭리의 초점은 회복에 있다. 언약백성의 파멸은 회복이 전제된 역사이며 '파멸 - 회복'의 과정을 통해서 언약대로 성취하시는 여호와를 확증한다. 언약백성의 역사는 우상숭배와 범죄 그리고 불순종과 배반의 연속이다. 하지만 율법으로라면 그들을 아주 멸망하게 해야 하나, 조상과 세운 언약을 기억하사 포로에서 회복되게 하신다(창 12:1~3). 하나님의 섭리는 언약백성을 사망에서 생명으로, 파멸에서 구원하시는 사역으로 집약된다.

① 회개와 회복(30:1~10): 기억과 이행

여호와께서는 언약백성들이 이방의 포로가 되었을 때 언약의 말씀이 기억나게 하사 돌이키게 하시고 언약의 말씀을 청종하심으로써 회복하게 될 것을 약속하신다. 말씀이 생각나고 돌이킴은 회복의 조건으로 보이지만 하나님께서 주관하신 결과이다. 하나님께서는 언약백성들에게 말씀을 깨닫고 생각나게 하셔서 복을 누리게 하신다. 보혜사 성령의 사역은 가르치고 생각나게 하심이다.[28]

② 율법의 이행(30:11~14): 명령의 의미

율법은 지키기 어렵거나 생활과 동떨어져 난해한 것이 아니다. 율법 순종의 원동력인 여호와의 말씀이 마음을 움직여 이행하게 되기 때문이다. 여호와의 말씀과 명령은 이분법적으로 이해하면 안 된다. 명령자와 수행자가 유기적으로 연결된 상태에 있으므로 여호와의 명령과 언약은 명령자이신 하나님의 절대적인 권능으로 이행된다. 히브리서 기자는 말씀은 운동력이 있어서 인간의 영혼을 지배하고 전 인격을 주관한다고 했다(히 4:12). 이러한 맥락에서 "오직 그 말씀이 네게 매우 가까워서 네 입에 있으며 네 마음에 있은즉 네가 이를 행할 수 있느니라"(30:14)라고 증거한다.

③ 순종의 여부(30:15~20): 축복과 저주

축복과 저주의 핵심 사안은 율법의 정신이다. 여호와만을 의지하고 경외함으로써 율법의 규례들을 준수하게 될 때에 가나안에 거주하며 축복을 누리게 되지만, 다른 신들을 섬긴다면 가나안의 안식은 상실되며 본토에서 쫓겨나게 된다.

---

28 "보혜사 곧 아버지께서 내 이름으로 보내실 성령 그가 너희에게 모든 것을 가르치고 내가 너희에게 말한 모든 것을 생각나게 하리라"(요 14:26).

### 3) 모세의 교훈(31:∼34:): 선민의 미래

모압 평지에서 모세는 가나안 땅 정복의 확신과 정착 이후 백성이 저지를 우상숭배를 예언하고, 열두 지파의 축복을 통해서 하나님의 언약백성임을 상기시키며 여호수아에게 지도권을 계승하여 새로운 정복의 시대를 예고하는 것으로 임무를 완수한다.

#### (1) 마지막 사역(31:∼32:): 위임과 심판

모세는 모압 평지에서 가나안 땅 정복의 확신과 정착, 그 이후에는 우상숭배를 예언하면서 후계자 계승의 필요성을 제시한다.

##### ① 마지막 권고(31:): 위임과 예언

이스라엘은 하나님이 지명한 중보자를 통해서 처리하는 신정국가이기 때문에 중보자 모세를 대신할 후계는 반드시 필요하다. 모세는 후계자로 여호수아를 낙점하고, 정복지 가나안에서 언약백성들이 이방신들을 섬길 것에 대해 예언한다.

첫째, 선민의 격려와 장래(1~8): 모세는 사십 년의 지도자 사역을 마치며 백성들을 위로한다. 위로의 핵심은 여호와께서 가나안에 먼저 진입하셔서 진두하실 것과 동편 땅을 정복할 때를 상기시키며 가나안 땅 정복의 확신을 주는 것이다. 모세는 후계자 여호수아를 백성들 목전에 세워 공적인 지도자임을 인증해 준다.

둘째, 율법의 선포와 계승(9~13): 율법은 언약백성의 정신의 중핵을 이루므로 레위 자손과 장로들에게 율법을 주고, 속박과 얽매임에서 벗어나는 자유의 면제년과 애굽에서 해방되어 광야 40년의 장막 생활을 기념하는 초막절에 낭독하라고 명한다. 이는 언약백성에게 애굽의 노예에서 해방시켜 주신 여호와를 잊지 말고 섬길 것을 촉구하는 것이다. 그래서 모세는 출애굽 및 가나안 정복의 역사를 섭리하신 여호와의 존재를 타국인과 자녀들에게 교육할 것을 명령한다. 여호와는 언약백성에게 가장 중요한 가치는 언약대로 성취하시기 때문이다.

셋째, 선민의 배교와 확언(14~22): 모세는 언약백성들의 배교를 확정하며 그 사건에 대한 노래를 지어 부르도록 한다. 배교에 대한 노래는 언약백성의 배교가 예언대로 성취된 일이며, 언약백성의 범죄에 대한 심판의 타당성을 깨닫고 회개를 촉구하기 위함이다. 이 일로 여호와만이 유일한 참 신이라는 것을 깨닫게 하고 이방 나라도 심판하실 것이라 예언한다.

넷째, 율법의 보관과 예언(23~30): 모세는 후계자 여호수아에게 가나안 정복의 확신을 재차 심어 주며 율법을 보관하는 이유를 설명한다. 율법을 언약궤 곁에 보관함은 하나님과 선민의 증거물로 삼기 위함이다. 이것은 율법이 언약백성의 부패와 배교에 대한 심판의 근거가 되고, 율법 자체의 가치를 부각시키기 위한 교육적 의도도 있다. 모세는 이미 이스라엘의 배교를 예언으로 확정하며 단언한다.

② 마지막 찬양(32:): 권능의 심판

모세는 유언의 성격을 담아서 찬양하는데, 핵심은 우상숭배의 행위이며 그로 인해 포로가 될 것이기 때문에 자녀에게 율법 교육을 철저히 하라 명하는 것이다.

첫째, 여호와의 존재 확증(1~18): 모세는 노래를 선포하기 전에 하늘과 땅을 증인으로 채택하는데, 모든 피조물이 증인의 역할을 한다는 뜻이다. 예수께서도 돌들이 소리 지르며 증인이 됨을 말씀하신바 있다.[29] 모세는 노래의 중요성을 강조하기 위해서 증인을 내세우고, 여호와의 위엄과 권위를 선포한다. 모세는 하나님이 언약대로 섭리하신 역사를 설명한다. 광야 사십 년의 방황에서 하나님께서는 함께하시고 인도하시며, 가나안의 풍요와 번영을 기업으로 주셨다. 그런데 그들은 윤택하게 해주신 여호와를 버리고 다른 신들을 섬겼다.

둘째, 선민의 배교와 심판(19~25): 언약백성의 배교, 즉 우상숭배로 인해 하나님께서 이방 민족을 구원하셔서 이스라엘 민족으로 하여금 시기와 분노를 나게 하리라 말씀하신다(21).

바울은 이방인의 구원에 대해 "그들이 넘어짐으로 구원이 이방인에게 이르러 이스라엘로 시기 나게 함이니라"(롬 10:19, 11:11)고 모세의 말을 인용하여 증거한다. 하나님의 진노의 결과는 재앙이며 이는 곧 이방의 포로가 됨이다. 모세는 율법이 삶과 죽음의 변곡점이며 순종하는 자에게 생명이 됨을 자녀에게 전승하라 명한다.

셋째, 선민의 회복과 심판(26~43): 여호와의 의도는 언약백성을 교육해서 여호와의 존재를 확증하게 하는 데 있다. 하나님은 역사의 처음부터 종말을 확정하며 모세로 하여금 이스라엘의 배교와 파멸 그리고 회복을 예언하게 하신다. 언약백성 교육의 절정은 배교와 파멸을 통한 회복과 구원의 역사이다. 모세는 최후의 증언으로 율법을 마음에 두고 자녀에게 명령하여 대대손손이 행하게 하라고 말한다.

넷째, 모세의 죽음과 의미(48~52): 모세는 자신이 가나안에 입성하지 못하고 죽는 이유가 하나님의 명령에 불순종한 결과임을 밝힘으로써 명령의 순종에 대한 중요성을 일깨운다.

---

29  "대답하여 이르시되 내가 너희에게 말하노니 만일 이 사람들이 침묵하면 돌들이 소리 지르리라 하시니라"(눅 19:40).

## (2) 모세의 유언(33:~34:): 사역의 계승

모세는 열두 지파를 향한 축복을 통해 하나님과 이스라엘의 언약적인 관계와 하나님의 불가항력적인 은총을 기억하며 여호와만 섬길 것을 촉구한다. 또한 하나님께서 모세를 통한 중보체제를 여호수아에게 계승하게 하신다.

### ① 마지막 축복(33:): 축복의 의미

모세는 열두 지파의 축복을 통해서 하나님과 이스라엘의 언약적인 관계와 하나님의 불가항력적인 은총을 기억하며 여호와만 섬길 것을 독려한다.

첫째, 축복의 근원을 명시(1~5): 시내산은 하나님께서 율법을 주시기 위해 현현(顯顯)하신 곳이며 언약백성의 정체성을 제사장 나라로 규정하신 곳이다. 모세는 불 가운데 강림하신 하나님이 율법을 주셨던 배경을 언급하면서 율법 준수의 엄중함을 시사한다. 세일산은 에돔 사람의 산지이고, 바란산은 가데스의 남쪽 광야를 가리키는데, 이 지역을 언급한 이유는 하나님의 능력의 영광이 온 지역을 지배하셨다는 뜻으로 권능을 증거하기 때문이다. 율법은 이스라엘 백성의 가장 소중한 가치이며 하나님은 언약백성 가운데 진정한 통치자로 존재하신다. 모세가 언약백성에게 축복의 주체는 율법을 주신 여호와, 언약백성을 다스리시는 여호와이심을 밝힘으로써 율법 준수의 당위성을 증거한다.

둘째, 선민의 축복을 기원(6~25): 시므온과 레위는 디나의 강간에 대한 복수를 자행하는 과정에서 거짓, 분노, 혈기로 세겜을 약탈하고 재기하지 못하게 황폐화시킴으로써 야곱에게 저주를 받았다. 야곱의 예언대로 시므온은 유다 지파의 땅에서 적은 영토를 분할받고, 레위는 독자적인 영토를 분배받지 못하고 분산된다.

레위는 직무상 여러 지역에 흩어져 백성들에게 율법을 가르친다. 여기서 주목할 지파는 이스라엘의 왕권을 보유한 유다 지파이다. 유다 지파는 다윗 이후부터 그리스도께서 오실 때까지 존속된다. 모세는 야곱과 마찬가지로, 모세는 최후의 순간에 열두 지파에게 유언적인 축복을 한다. 이는 축복의 근원이 여호와이시며 야곱과 모세의 예언적인 축복을 통해서 이스라엘의 역사가 하나님의 언약대로 성취됨을 확고히 한다.

셋째, 선민의 행복을 노래(26~29): 여수룬은 언약백성 전체를 뜻하는데, 이들은 하나님의 일방적인 언약의 대상이며 자녀로서, 하나님께서 보호하시고 대적을 진멸해 주시며 구원의 영광을 누리게 하신다. 이스라엘은 하나님의 절대적인 보호와 지지를 받는 백성으로 율법을 준수하며 여호와만 섬기는 행복의 대상임을 망각해선 안 된다.

② 모세의 임종(34:): 관계의 가치

모세는 하나님을 직접 대면한 지도자이며 중보 정치의 모본이 되는 자이다. 그의 죽음을 통해서 지도자가 교체되며 새 시대의 지평이 열린다.

첫째, 모세의 임종과 의미(1~8): 모세는 하나님이 다스리시는 신정국가의 중보정치 형식을 제시한 본보기다. 중보정치는 하나님이 세우신 나라는 하나님의 기름부음 받은 중보자를 통해서 다스리시는 정치 체제다. 모세는 이스라엘 민족의 지도자로서 하나님을 대면한 전무후무한 자이다. 모세는 언약대로 성취하시는 여호와의 절대성을 이스라엘의 역사와 율법 그리고 자신의 실수를 통해서 여실히 확증한다.

둘째, 지도권 계승과 추모(9~12): 모세의 죽음으로 여호수아의 지도권 계승이라는 새로운 역사적 사건이 전개된다. 이스라엘 백성은 여호수아를 신정정치의 중보자로 인정하고 순종한다. 여호와께서는 여호수아에게 '여호와께서 모세에게 명령하신 대로'라는 수식을 붙여 중보자의 권위와 모세의 계승권을 확보해 주신다.

유일하신 여호와 하나님 그리고 그분을 대면했던 중보자 모세는 하나님의 대리자로서 권능과 위엄을 온 이스라엘 백성의 목전에서 시행하였다. 그리고 하나님께서는 이제 모세를 대신해서 여호수아에게 함께하심으로써 이스라엘을 동일한 권위로 다스려 가신다.

하나님께서는 모세를 통해 창조와 언약 성취의 계시 역사인 오경(창~민)을 기록하게 하셨고, 이를 통해 계시된 하나님은 여호와로 존재하심을 확증하게 하신다. 또한 모세와 함께하셨던 하나님께서 여호수아에게 성령을 충만케 하시고 동행을 약속하심으로써 가나안 정복의 확신과 섭리의 연속성을 보여 주신다.

신명기는 하나님께서 열조와의 언약대로 큰 민족을 이루어 주셨고, 언약의 땅 가나안을 바라보면서 정복의 확신을 고취하는 내용이다. 모세는 광야에서 태어난 세대에게 가나안 땅을 정복해야 하는 이유와 가나안 땅에서 어떻게 살아야 하는지를 교육한다. 이스라엘은 하나님께만 제사를 드리는 제사장 나라이며 거룩한 민족이기 때문에 그들의 정체성을 확고히 해야 한다. 모세는 과거의 민족사를 해석하며, 이스라엘의 헌법인 율법의 용도와 목적을 명백히 주입한다. 율법을 주신 이유는 하나님을 기억하며 우상을 배척하고 거룩한 민족의 삶을 영위하기 위함이다. 모세는 율법의 준수 여부에 따라 축복과 저주 또는 파멸과 회복의 역사로 이스라엘의 미래가 확정됨을 예고한다. 모압 땅에서 권고한 모세의 복과 저주의 예언은 이스라엘의 미래 역사에 반드시 성취된다. 이스라엘 백성의 역사는 '하나님을 섬기는가, 우상을 숭배하는가'의 명제에 따라 좌우된다.

∨　　∨　　∨

모세오경은 언약과 성취의 맥락으로 개진되며 다양성과 통일성을 구축하고 있다. 또한 언약과 성취의 논리를 견지하며 성경이 진리임을 확증하고, 하나님 계시의 말씀으로 믿을 수 있는 신빙성을 확보하며, 하나님의 존재를 확증하는 말씀임을 확언한다.

창세기는 하나님께서 아담(창 1:28), 노아(창 9:1~2), 아브라함에게 동일한 나라의 언약을 수립하시며,[30] 이삭과 야곱에게 언약을 계승하는 내용이다. 이스라엘 역사의 출발점은 하나님께서 아브라함에게 하신 나라언약인데, 언약대로 큰 민족으로 번성했으며(창~신), 언약의 땅 가나안을 정복하고(수~삿), 언약대로 유다 지파의 다윗을 통해서 왕정국가를 창건한다(룻~에). 이와 같은 의미에서 창세기의 언약 수립은 성경을 관통하는 원리가 된다. 창세기의 종결부는 아브라함에게 하신 언약대로 야곱의 가족 70명이 애굽으로 이주하는 내용이다. 야곱 가족의 애굽 이주는 하나님께서 아브라함에게 이방의 객이 되어 번성한다

---

30 "여호와께서 아브람에게 이르시되 너는 너의 고향과 친척과 아버지의 집을 떠나 내가 네게 보여 줄 땅으로 가라 내가 너로 큰 민족을 이루고 네게 복을 주어 네 이름을 창대하게 하리니 너는 복이 될지라 너를 축복하는 자에게는 내가 복을 내리고 너를 저주하는 자에게는 내가 저주하리니 땅의 모든 족속이 너로 말미암아 복을 얻을 것이라 하신지라"(창 12:1~3).

는 언약을 성취하기[31] 위해서 흉년이 들게 하고 요셉을 애굽의 총리로 세워 미리 준비하신 것이다.

출애굽기는 창세기의 종결부에 애굽으로 이주한 야곱 가족의 명단으로 시작함으로써 연결성을 확보한다. 또한 출애굽기는 창세기의 언약에 기초해서 전개됨을 알 수 있다. 여호와의 언약대로[32] 큰 민족으로 번창하고[33] 400년의 기한에 맞추어 해방된다.[34] 여호와께서 이스라엘을 해방하심은 언약대로 성취하시는 여호와의 존재를 확증하게 하기 위해서다.[35]

하나님께서는 해방시킨 이스라엘 백성을 시내산에 불러 정체성을 정립해 주신다.[36] 애굽의 노예였던 이스라엘을 제사장 나라로 승격하시며 거룩한 백성으로 규정하시는 것이다. 또한 제사장 나라의 헌법인 율법을 친히 써서 수령하게 하시고, 성막을 제작하게 하신다. 출애

---

31 "여호와께서 아브람에게 이르시되 너는 반드시 알라 네 자손이 이방에서 객이 되어 그들을 섬기겠고 그들은 사백 년 동안 네 자손을 괴롭히리니"(창 15:13).
32 "하나님이 그들의 고통 소리를 들으시고 하나님이 아브라함과 이삭과 야곱에게 세운 그의 언약을 기억하사"(출 2:24).
33 "이스라엘 자손은 생육하고 불어나 번성하고 매우 강하여 온 땅에 가득하게 되었더라"(출 1:7).
34 "네 자손은 사대 만에 이 땅으로 돌아오리니"(창 15:16).
   "이스라엘 자손이 애굽에 거주한 지 사백삼십 년이라 사백삼십 년이 끝나는 그날에 여호와의 군대가 다 애굽 땅에서 나왔은즉"(출 12:40~41: 430년은 야곱 가족의 이주 기간부터 환산, 400년은 애굽의 노예 기간).
35 "내가 아브라함과 이삭과 야곱에게 전능의 하나님으로 나타났으나 나의 이름을 여호와로는 그들에게 알리지 아니하였고 가나안 땅 곧 그들이 거류하는 땅을 그들에게 주기로 그들과 언약하였더니"(출 6:3~4).
36 "너희가 내게 대하여 제사장 나라가 되며 거룩한 백성이 되리라 너는 이 말을 이스라엘 자손에게 전할지니라"(출 19:6).

굽기는 애굽으로 이주한 야곱 가족의 70인 명단으로 시작해서 애굽에서 해방되며, 시내산에서 제사장 나라의 정체성을 확립하고, 율법의 수령과 성막을 제작하는 것으로 종결된다.

레위기는 제사를 위한 제물의 규례로 시작하는데, 이는 출애굽기의 종결부에서 성막 건축의 완공과 연결된다. 즉 출애굽기에서 제사장 나라의 헌법(율법)을 주시고, 거룩한 백성으로 규정한 다음 레위기에서 제사장 나라의 백성을 거룩하게 하는 성별의 규례로 전개됨으로써 연결성을 구축한다.

하나님께서는 이스라엘 백성을 시내산에 머물게 하시며, 성막 제사에 필요한 규례를 주신다. 성막은 하나님의 임재 장소이며 이스라엘 백성의 성결과 속죄 그리고 감사의 제사를 드리는 곳이다. 레위기는 제사장 나라의 백성에게 거룩한 생활을 영위할 수 있는 규례이다. 하나님께서 노예 신분의 이스라엘을 제사장 나라와 거룩한 백성으로 규정하신 다음 하나님의 거룩하심처럼 이스라엘 백성도 거룩하게 하시는 규례이다. 거룩의 필요성은 하나님과 이방신의 완전한 차별화이며, 하나님의 백성과 이방인의 종교의식과 생활 전반에서 완전히 구별됨을 확증하기 위함이다.

민수기의 핵심은 백성의 숫자를 계수하면서 세대교체의 이유를 파악하여 가나안 땅 정복의 당위성과 확신을 갖게 함이다. 세대교체의 이유는 '언약'의 하나님 여호와께서 500여 년 전, 조상들에게 언약하신 가나안 땅 정복을 이스라엘이 불신했기 때문이다. 이는 언약의 주체이신 여호와에 대한 불신이며 거룩성의 상실이다. 이스라엘 민족의 핵심은 언약을 성취하시는 여호와의 존재 확증인데, 땅 정복에 대한 부정적인 태도는 하나님의 존재 자체에 대한 거부이자 모욕이다. 나아가 이는 다른 신을 의지하게 되는 개연성이 있기 때문에 특히 경계해야 한다.

가데스에서 가나안 정탐의 결과로 인해 여호수아와 갈렙 외에는 가나안 땅을 정복하지 못한다. 그들과 20세 이하의 백성만 약속의 땅에 들어갈 수 있다는 사실은 교체된 세대에게 '언약'의 절대성과 거룩한 민족성을 확립함으로써 가나안 정복의 확신을 갖게 한다. 하나님은 가데스에서 불신한 세대를 광야 38년 기간에 죽게 하시고, 죽은 만큼의 숫자를 출생시켜 큰 민족을 유지하게 하신다.

민수기의 후반부는 하나님께서 요단강 동편 지역을 정복하게 하시고 두 지파 반에게 분배하여 주심으로써 약속의 땅 가나안 정복의 확신과 동기를 부여하시는 내용이다. 이스라엘의 새로운 세대는 광야 38년의 여정을 마치고 모압 평지에 집결한다.[37]

신명기는 요단 동편 지역에서 교체된 새로운 세대에게 선포하는 말씀으로 시작하는데, 이 지역은 민수기의 마지막에도 등장한다. 신명기는 민수기에서 기업의 분배를 확정한 다음 모세가 광야에서 태어난 신세대에게 가나안 땅 정복의 이유와 목적 그리고 가나안에서의 생활 태도를 설명한다. 이를 위해서 모세는 지난 과거의 역사를 거론하는데, 과거사의 핵심은 가데스에서 가나안 땅 정복의 불신이다. 신명기는 민수기의 행적과 율법의 내용을 반복해서 설명하는데, 이는 이

---

37 "이는 여리고 맞은편 요단 가 모압 평지에서 여호와께서 모세를 통하여 이스라엘 자손에게 명령하신 계명과 규례니라"(민 36:13).

스라엘 민족의 정체성을 확고히 하며 교육의 중요성을 강조하기 위한 것이다.

하나님께서 신명기의 끝 부분에서 모세를 언급하시는데, 그를 하나님과 대면해서 세운 유일한 선지자이며, 이스라엘의 출애굽을 인도한 권능의 지도자로 인증하셨다. 이는 창세기부터 신명기까지의 오경이 하나님을 대면한 선지자 모세가 기록한 것으로써 하나님의 말씀이며 진리임을 확증하는 것이기도 하다. 혹자들은 모세가 기록한 오경은 고대의 전승된 문서를 편집한 것이라고 주장하지만, 오경을 끝맺는 부분에서 하나님을 대면한 모세의 기록임을 밝히며 하나님의 말씀임을 증거한다. 또한 하나님께서 모세로 하여금 애굽에서 권능과 위엄으로 역사함을 언급하심은 모세의 권위를 위임받은 여호수아에게 동일한 권세와 능력을 통해 가나안 땅 정복의 확증을 주시고자 함이다.

모세오경은 언약으로 시작된 이스라엘의 성취 섭리 역사를 통해서 여호와의 존재를 증거한다. 모세는 처음부터 창조 기사를 기록함으로써 창조주의 전능성을 드러낸다. 이후 전능하신 하나님께서 아담과 노아 그리고 아브라함에게 나라의 언약을 세우시고, 언약의 씨를 통해서 큰 민족으로 번성하게 하셨다. 또한 언약대로 애굽에서 사 대 만에 해방시켜 제사장 나라로 규정하시고, 율법을 제정하고 성막을 건축하여 거룩한 민족으로 확정하시는 하나님의 섭리를 확인시켜 주신다.

이와 같이 모세오경은 언약대로 성취되는 섭리 역사로 언약을 이루시는 여호와의 존재를 확증하며, 논리적인 맥락을 따라 통일성의 체계를 확보함으로써 진리임이 명백하게 입증된다.

모세오경의 역사는 하나님께서 창세전 그리스도를 통해서 하늘의 신령한 복을 주시기로 작정하신 대로,[38] 그리스도의 죽음과 부활로 선택한 자들에게 그리스도의 생명으로 거듭나게 하사 의롭게 하실 것에 대한 예표이다.

---

[38] "찬송하리로다 하나님 곧 우리 주 예수 그리스도의 아버지께서 그리스도 안에서 하늘에 속한 모든 신령한 복을 우리에게 주시되 곧 창세 전에 그리스도 안에서 우리를 택하사 우리로 사랑 안에서 그 앞에 거룩하고 흠이 없게 하시려고 그 기쁘신 뜻대로 우리를 예정하사 예수 그리스도로 말미암아 자기의 아들들이 되게 하셨으니"(엡 1:3~5).

# 신명기의 신학적 주제들

## 1) 도입과 종결

민수기의 종결문은(36:13) 분배된 땅과 연관 지어 가나안 땅은 반드시 정복할 수 있다는 확신을 갖게 하는 것으로 신명기의 땅 정복의 교육과 연결된다. 신명기는 "이는 모세가 요단 저쪽 숩 맞은편의 아라바 광야 곧 바란과 도벨과 라반과 하세롯과 디사합 사이에서 이스라엘 무리에게 선포한 말씀이니라"(신 1:1)라는 교육의 장소로 시작한다. 이는 요단 동편 땅을 정복한 것같이 약속의 땅 가나안 정복을 실현해야 하는 긴장 속에서 과거 역사의 행적을 통해 여호와에 대한 확신과 정복의 자신감을 고취하기 위함이다.

신명기의 종결문은(34:9~12) 여호와께서 모세가 여호수아에게 안수하여 통치권을 위임하게 하고, 통치권의 출처가 여호와임을 명시함으로써 신정국가의 중보정치 체제를 유지하고, 가나안 정복의 새 국면을 마주하는 내용이다. 또한 마지막 구절에서 선지자 모세에 관해 언급하는데, 모세 이후에는 그와 같이 여호와를 대면한 선지자가 없었다. 그가 여호와의 권능과 위용으로 이적을 시행하여 해방된 사건을 언급함으로써 궁극적으로 여호와의 존재를 확증하게 한다.

## 2) 교육의 의미

첫째, 교육의 필요성: 출애굽 이후 광야에서 교체된 세대들은 시내산 언약이 주어질 당시 20세였고, 40여 년의 광야생활로 시내산 언약에 대한 교육이 필요한 상태였다. 모세는 이들에게 11개월 동안 창조주 하나님의 언약 성취의 역사를 증거한다. 그리고 제사장 나라의 헌법인 율법의 용도와 목적에 대해서 치밀하게 설명한다.

출애굽기의 시내산 율법과 신명기 율법의 차이점은 시내산 율법은 계명과 율례를 명제적으로 언급하였고(출), 주로 거룩한 백성의 제사와 생활의 규례(레)를 말한다. 하지만 모압 땅에서 선언된 율법은 가나안 땅 정복의 확신을 주고, 가나안에 정착해서 살아갈 때의 실제 생활을 위한 것이다. 또한 모세가 모압 땅에서 선포한 율법은 정죄와 사죄의 기능에 따라 불순종하면 저주를 받고, 순종하면 복을 받는다.[39] 모세가 모압 평지에서 선포한 율법의 핵심은 우상숭배에 관한 것으로 광야에서 태어난 세대에게 우상숭배의 결과를 알게 하신다.

둘째, 교육의 방법: 교육은 과거, 현재, 미래의 역사를 알게 하는 것인데, 하나님은 과거의 광야의 행적을 통해서 세대를 교체하시며 백성의 생명을 보존하시고, 그들에게 가나안 땅 정복의 확신을 갖게 하신다. 현재 주둔한 모압 평지에서 40여 년 전에 시내산에서 수령한 율법을 교육함으로써 민족의 정체성을 확립하고, 가나안 땅 정복 이후 제사장 나라의 거룩한 백성의 면모를 확립해야 할 것을 가르치신다. 그리고 미래에는 이스라엘이 율법을 범함으로 저주의 역사로 들어갈 것을 예고하면서, 총체적인 역사를 알게 하신다.[40]

---

39  신명기 29: 30
40  600여 년 전 모세의 예언대로 이스라엘은 율법을 준수하지 않고 우상숭배를 자행함으로써 BC 930년경 남북이 분열되며, 722년에 북이스라엘은 나라 자체가 붕괴되었다. 남유다는 BC 609년 바벨론의 포로가 되지만 영원히 멸하지 않으시는 여호와의 섭리를 70년 만에 예루살렘으로 귀환하여 성전을 재건하고 제사를 드림으로써 깨닫게 된다.

신명기 교육의 특성은 과거와 현재 그리고 미래를 망라한 이스라엘 역사를 통해서 언약(예언)을 성취하시는 영원하신 하나님의 존재를 알고 경외하게 하려는 데 있다.

### 3) 우상숭배의 해악

율법의 제1계명은 하나님만이 참신이시기 때문에 우상을 만들거나 숭배해서는 안 된다는 것을 경고한다.

율법의 정신은 하나님의 영으로 존재하는 인간은 하나님께 예배해야 하는 필연적인 관계에 있다는 것이다. 그러므로 하나님께서 선택한 이스라엘 백성은 하나님의 영을 지닌 아들이므로 하나님만 섬기며 예배해야 한다.

우상숭배는 물질이 초자연적인 힘을 갖고 있다고 믿어 숭배의 대상으로 추앙하는 행위다. 인간의 타락한 본성은 물질적인(세속) 것을 추구하거나 숭배하려고 한다. 고대 사람들은 숭배하는 신을 닮아간다고 믿었기에 하나님을 숭배하면 거룩해지고, 풍요의 신을 숭배하면 풍요해진다고 믿었다. 따라서 인간은 인위적으로 우상을 만들어 욕망을 성취하기 위한 숭배를 한다. 이에 대해 바울은 하나님의 영광을 짐승과 동물의 우상으로 대체하여 피조물을 창조주보다 더 섬기려는 욕망의 포로가 되었다고 말한다(롬 1:23~25).

하나님께서 인간의 타락한 본성을 아시기에 이스라엘 백성을 교육하고자 하는 것은 '우상숭배'에 관한 것이다.

우상숭배의 기원은 아담의 타락에서 출발하는데, 인간은 하나님처럼 될 수 없음에도 불구하고 하나님의 자리에 앉아 하나님 행세를 하려 한다. 이것이 탐욕과 탐심이다. 타락한 인간은 하나님의 뜻에 반하여 인간의 욕망을 실현하기 위한 우상을 만들고 그것을 섬기는 것이다.

하나님은 아담 타락 이후부터 우상숭배의 원천이 되는 탐심을 정 죄하며 이스라엘의 우상에 대한 문제를 지적하신다. 이스라엘 민족은 400년 동안 애굽의 문화와 우상에 오염되었기 때문에 열 가지 이적 으로 하나님만이 참 신이심을 보여 주신 것이다.

신명기에서는 하나님께서 가나안 정복 이후 원주민을 몰사시키라 명하는데, 이는 가나안 원주민의 토착 신을 원천적으로 차단하기 위 한 것이다. 이스라엘 백성은 가나안 정복 이후 사사시대에 300여 년 간 우상을 숭배하며 하나님께 시험을 받는다. 이스라엘 왕 솔로몬은 성전을 건축하고 후에 천 명의 후궁과 첩들이 갖고 온 우상을 진열하 기 위해서 신전을 건축하고 혼합종교를 공인해 주었다. 이로 인해 남 북의 분열을 초래하게 된다(왕상 11:).

남북의 분열시대에 북쪽의 여로보암은 두 곳에 산당을 건축해서 바알 숭배 제사를 드리고, 남쪽 유다의 왕들도 성전에서 우상 제사 를 드린다. 하나님께서 남유다를 바벨론의 포로가 되게 하실 때 성전 의 기명들을 빼앗기고 무너지게 하셨다. 이로 인해 남유다는 70년 바 벨론의 포로에서 해방되었을 때 예루살렘에 도착해서 성전의 재건부 터 실시한다(에스라). 이후 100여 년간 제사를 드리다가 마지막 선지 자 말라기 시대로부터 그리스도께서 오실 때까지 성전 제사의 부패가 나타난다. 결국, 선민 이스라엘의 역사에는 우상숭배가 집약되어 있다 고 볼 수 있다.

우상숭배는 유일하신 창조주에 대한 모독이며 언약대로 역사를 주관하시는 여호와에 대한 반역이다. 인간은 태생적으로 탐심에 끌리 기 때문에 하나님보다는 세속과 물질의 노예가 되기 쉽다. 우상숭배는 물리적인 형태의 우상을 만들거나 기도하고 절을 올리는 행위에만 국한되지 않는다. 하나님보다 다른 어떤 것을 의지하거나 인간이 주도적으로 판단하는 것 자체가 우상숭배인 것이다. 신명기 율법교육의 핵심은 우상숭배의 단절과 배척으로, 이방과 차별화된 제사와 성별이다.

오늘날의 우상은 인간의 탐심이다.[41] 탐심은 인간의 욕망대로 이루어지기를 바라며 살아가는 범죄의 행태이다. 탐심은 하나님께서 주신 분복에 만족하지 못하며 인간이 주체가 되어 삶을 제단하는 것이다.[42]

그리스도를 믿음으로 새 생명으로 살아가는 자들에게도 육체의 소욕, 즉 탐심은 인간을 지배하려 든다. 육체의 탐심을 이기는 유일한 방도는 진리의 말씀으로 하나님의 살아 계심과 뜻을 분별하는 것이다.[43]

구약에서는 우상숭배로 인한 저주의 심판을 받았으나 이제는 그리스도께서 우리의 죄를 위해서 저주를 받으셨다.[44]

---

41  "그러므로 땅에 있는 지체를 죽이라 곧 음란과 부정과 사욕과 악한 정욕과 탐심이니 탐심은 우상숭배니라"(골 3:5).
    "이는 세상에 있는 모든 것이 육신의 정욕과 안목의 정욕과 이생의 자랑이니 다 아버지께로부터 온 것이 아니요 세상으로부터 온 것이라"(요일 2:16).
42  "우리가 먹을 것과 입을 것이 있은즉 족한 줄로 알 것이니라"(딤전 6:8).
43  "그러므로 형제들아 내가 하나님의 모든 자비하심으로 너희를 권하노니 너희 몸을 하나님이 기뻐하시는 거룩한 산 제물로 드리라 이는 너희가 드릴 영적 예배니라 너희는 이 세대를 본받지 말고 오직 마음을 새롭게 함으로 변화를 받아 하나님의 선하시고 기뻐하시고 온전하신 뜻이 무엇인지 분별하도록 하라 내게 주신 은혜로 말미암아 너희 각 사람에게 말하노니 마땅히 생각할 그 이상의 생각을 품지 말고 오직 하나님께서 각 사람에게 나누어 주신 믿음의 분량대로 지혜롭게 생각하라"(롬 12:1~3).
    "오직 우리 주 곧 구주 예수 그리스도의 은혜와 그를 아는 지식에서 자라 가라 영광이 이제와 영원한 날까지 그에게 있을지어다"(벧후 3:18).
44  "그리스도 예수 안에 있는 속량으로 말미암아 하나님의 은혜로 값 없이 의롭다 하심을 얻은 자 되었느니라"(롬 3:24).

## 4) 신명기의 언약으로

신명기는 하나님께서 이스라엘의 조상 아브라함에게 세우신 자손 번성과 가나안 땅 정복 그리고 통치권에 대한 언약을 기초로 전개된다. 하나님이 아브라함에게 세우신 언약의 성격은 절대적이며 일방적으로 주어진 이른바 '은혜언약'이다.

하지만 모세를 통해서 세우신 호렙산(시내산) 언약인 율법은 순종의 여부에 따라 복과 저주의 심판이 주어지는 조건적인 언약이다.

마지막 모압 지역에서 세우신 복과 저주의 언약은 이스라엘 백성이 가나안 땅을 정복하고 난 후에 율법의 준수 여부에 따라 시행되는 것이다. 이 언약은 이스라엘 백성의 미래적인 생활을 예언한 것으로 그들의 행동이 확정되어 있음을 보여 준다.

신명기에 소개된 아브라함 언약은 백성의 범죄 행위와 상관없이 나라가 세워지며 존재하게 되는 것이지만 시내산에서 수령한 율법은 이스라엘 백성의 범죄에 대한 심판의 기준이 되고, 모압 땅 언약은 예언대로 이스라엘 민족이 우상숭배를 하게 될 때에 저주의 심판을 하시는 내용이다.

하지만 우상숭배를 자행한 이스라엘 백성을 완전히 멸절하지 않으시고 회복해 주시는 이유는 하나님께서 아브라함에게 은혜로 세우신 언약의 절대성을 확증시키고, 이스라엘 백성으로 하여금 은혜와 사랑을 깨달아 하나님만 경외하게 하기 위한 것이다.

이와 같이 아브라함에게 세우신 은혜언약과 시내산에서 율법으로 세우신 조건언약 그리고 모압 땅에서 선언하신 복과 저주의 언약은 결국 하나님의 살아계심을 확증하는 것임을 확인할 수 있다.

## 【 모세오경의 맥락적 이해 】

| 구분 | 주제 및 요절 | 핵심 내용 | 신학적 주제 |
|---|---|---|---|
| 창세기 | 언약을 수립하시는 여호와[45] | 동일언약의 수립과 계승[46] | 나라의 언약 |
| 출애굽기 | 백성을 규정하시는 여호와[47] | 언약백성의 정체성 확립[48] | 제사장 나라 |
| 레위기 | 백성을 성별하시는 여호와[49] | 언약백성의 거룩성 확립[50] | 거룩한 관계 |
| 민수기 | 백성을 교체하시는 여호와[51] | 언약백성의 세대를 교체[52] | 언약의 가치 |
| 신명기 | 백성을 교육하시는 여호와[53] | 언약백성의 정복을 확신[54] | 교육의 의미 |

---

45  "하나님이 그들에게 복을 주시며 하나님이 그들에게 이르시되 생육하고 번성하여 땅에 충만하라, 땅을 정복하라, 바다의 물고기와 하늘의 새와 땅에 움직이는 모든 생물을 다스리라 하시니라"(창 1:28).
"하나님이 노아와 그 아들들에게 복을 주시며 그들에게 이르시되 생육하고 번성하여 땅에 충만하라 땅의 모든 짐승과 공중의 모든 새와 땅에 기는 모든 것과 바다의 모든 물고기가 너희를 두려워하며 너희를 무서워하리니 이것들은 너희의 손에 붙였음이니라"(창 9:1~2).
"여호와께서 아브람에게 이르시되 너는 너의 고향과 친척과 아버지의 집을 떠나 내가 네게 보여 줄 땅으로 가라 내가 너로 큰 민족을 이루고 네게 복을 주어 네 이름을 창대하게 하리니 너는 복이 될지라 너를 축복하는 자에게는 내가 복을 내리고 너를 저주하는 자에게는 내가 저주하리니 땅의 모든 족속이 너로 말미암아 복을 얻을 것이라 하신지라"(12:1~3).

46  하나님께서 나라언약을 아담(창 1:28)과 노아(창 9:1~2) 그리고 아브라함에게(창 12:1~3) 연속적으로 수립하신다.

47  "너희가 내게 대하여 제사장 나라가 되며 거룩한 백성이 되리라 너는 이 말을 이스라엘 자손에게 전할지니라"(출 19:6).

48  여호와께서 노예 신분의 언약백성을 제사장 나라의 거룩한 백성으로 규정하신 이유는 하나님과 이스라엘 백성은 생명의 관계이며 하나님의 아들이기 때문이다.

49  "나는 너희의 하나님이 되려고 너희를 애굽 땅에서 인도하여 낸 여호와라 내가 거룩하니 너희도 거룩할지어다"(레 11:45).

50  여호와께서 언약백성은 하나님의 자녀이기 때문에 생활 전반에 거룩한 규례로 성별하신다.

51  "너희는 그 땅을 정탐한 날수인 사십 일의 하루를 일 년으로 쳐서 그 사십 년간 너희의 죄악을 담당할지니 너희는 그제서야 내가 싫어하면 어떻게 되는지를 알리라 하셨다 하라"(민 14:34).

"내가 네게 내 언약을 세워 내가 여호와인 줄 네가 알게 하리니"
(겔 16:62).

이스라엘 민족의 영도자 모세는 오직 여호와의 존재만을 확증했다.

---

52  여호와께서 언약의 절대성을 알게 하기 위해서 가데스에서 가나안 정복의 언약을
    불신한 세대를 광야 38년의 기간을 통해서 죽음으로 교체하신다.
53  "네가 가서 그 땅을 차지함은 네 공의로 말미암음도 아니며 네 마음이 정직함으로
    말미암음도 아니요 이 민족들이 악함으로 말미암아 네 하나님 여호와께서 그들을
    네 앞에서 쫓아내심이라 여호와께서 이같이 하심은 네 조상 아브라함과 이삭과
    야곱에게 하신 맹세를 이루려 하심이니라"(신 9:5).
54  여호와께서 신세대에게 역사와 율법의 교육으로 가나안 땅 정복의 확신과 여호와
    만 섬길 것과 우상 단절을 확고히 한다.

# 신명기 개론

| 백성을 교육하시는 여호와 - 땅 정복의 확신 | | |
|---|---|---|
| **1. 역사의 해석(1:~4:)** | 1) 광야의 사역(1:~2:)<br>2) 정복지 분배(3:)<br>3) 율법의 순종(4:) | |
| **2. 율법의 교훈(5:~26:)** | 1) 율법의 의미(5:~11:)<br>2) 규례의 선포(12:~18:)<br>3) 율례의 선포(19:~26:) | |
| **3. 언약의 체결(27:~34:)** | 1) 언약의 인준(27:~28:)<br>2) 역사의 예고(29:~30:)<br>3) 모세의 교훈(31:~34:) | |
| 광야 여정의<br>역사적 회고 | 율법 해석의<br>체계적 확립 | 미래 역사의<br>예언과 촉구 |
| 언약의 절대성<br>땅 정복 확신 | 유일신 사상<br>우상의 배격 | 예언의 성취<br>저주와 회복 |
| 정복의 당위성 | 민족의 정체성 | 미래의 역사성 |

## 1. 역사의 해석(1:~4:): 정복의 당위

### 1) 광야의 사역(1:~2:): 역사적 의미

(1) 호렙산 회고(1:1~18): 정복의 이유 [54]

(2) 가데스 정탐(1:19~46): 불신과 결과[55]

(3) 광야의 여정(2:1~37): 행로와 정복[56]

### 2) 정복지 분배(3:): 정복의 확신

(1) 바산의 분배(1~20): 정복의 회고

(2) 모세의 확신(21~29): 정복의 확정

### 3) 율법의 순종(4:): 선민의 사상

(1) 율법의 준수(1~14): 호렙산 상황

(2) 우상 금지령(15~40): 유일신 사상

(3) 정복지 경계(41~49): 보호와 입증

## 2. 율법의 교훈(5:~26:): 체계적 의미

### 1) 율법의 의미(5:~11:): 정체성 확립

(1) 계명과 용도(5:~7:)

① 계명의 내용(5:): 신앙의 목표[57]

---

54  ① 역사적 상황(1~5): 역사의 해석
    ② 광야의 여정(6~8): 정복의 약속
    ③ 행정의 체계(9~18): 신정국 체계
55  ① 반역의 사건(19~33): 불신적 보고
    ② 심판의 회고(34~46): 불순종 세대
56  ① 기업의 보존(1~2): 거주지 확정
    ② 선민의 배려(13~23): 동족의 보호
    ③ 헤스본 정복 (24~37): 정복과 회고
57  ① 시내산 언약(5:1~6): 준수와 명령
    ② 십계명 선포(7~21): 인식과 해석
    ③ 정치의 수단(22~33): 율법의 권위

② 율법의 수여(6:): 신앙의 확립[58]

③ 우상의 숭배(7:): 절대적 심판[59]

(2) 광야와 정복(8:~9:): 역사의 이해

① 광야의 여정(8:): 경험치 이해[60]

② 가나안 정복(9:): 사역의 주체[61]

(3) 용서와 명령(10:~11:): 회복과 은총

① 백성의 용서(10:): 은총의 인식[62]

② 명령의 준수(11:): 축복의 이치[63]

2) 규례의 선포(12:~18:): 선민의 성별

(1) 섬김의 규례(12:~13:): 유일신 사상

① 신전의 파괴(12:1~3): 우상의 단절

② 성소의 제사(4~28): 지정된 성소

③ 우상의 경계(29~32): 유혹의 차단

④ 숭배의 결과(13:1~18): 사망의 심판

---

58  ① 교육의 목적(6:1~3): 경외와 준행

② 교육의 방법(6:4~9): 사랑의 이해

③ 교육의 목표(6:10~19): 여호와 기억

④ 교육의 형식(20~25): 의미의 파악

59  ② 순종의 보답(12~16): 언약의 실행

③ 진멸의 확신(17~26): 승리의 확신

60  ① 정복의 주체(1~5): 은혜의 인식

② 불순종 사건(6~21): 불의의 교만

③ 불신적 행태(22~29): 세대의 교체

61  ① 정복의 주체(1~5): 은혜의 인식

② 불순종 사건(6~21): 불의의 교만

③ 불신적 행태(22~29): 세대의 교체

62  ① 십계명 전수(10:1~5): 돌판의 보관

② 체제의 정비(10:6~11): 레위의 직무

③ 유일신 사상(10:12~22): 경외의 이유

63  ① 명령과 순종(1~12): 일원적 체계

② 축복과 재앙(13~25): 조건과 내용

③ 축복과 저주(26~32): 양분된 체계

    (2) 백성의 규례(14:~16:17): 성별의 제도
        ① 성민의 금기(14:1~2): 이방의 풍습
        ② 음식의 규정(3~29): 구별된 음식
        ③ 면제의 제도(15:1~18): 안식과 자유
        ④ 초태생 헌물(19~23): 제물의 제도
        ⑤ 삼대의 절기(16:1~17): 제정과 법규
    (3) 지도자 성별(16:18~18:): 중보의 체계
        ① 재판장 규례(18~17:13): 율법적 공의
        ② 통치자 규례(17:14~20): 공의의 치리
        ③ 제사장 규례(18:1~8): 거룩한 제도
        ④ 선지자 규례(18:9~22): 진위의 판별

  3) 율례의 선포(19:~26:): 사회적 관계
    (1) 백성의 생명(19:~21:): 존엄성 이해
        ① 과실과 위증(19:): 억울한 죽음
        ② 전쟁과 징집(20:): 전시의 생명
        ③ 선민의 성결(21:): 오염의 방지
    (2) 백성의 생활(22:~26:): 거룩성 유지
        ① 소유의 질서(22:): 분복의 인정
        ② 정결한 생활(23:): 사회적 정결
        ③ 이웃의 사랑(24:): 생명 공동체
        ④ 공정한 판결(25:): 판결의 기준
        ⑤ 백성의 자세(26:): 성취의 확증

3. 언약의 체결(27:~34:): 역사적 예언
  1) 언약의 인준(27:~28:): 시행의 원칙
    (1) 시행의 의식(27:): 율법의 준수
        ① 가나안 입성(27:1~10): 돌비의 율법
        ② 율법의 저주(27:11~26): 미래의 역사
    (2) 시행의 실제(28:): 순종의 여부
        ① 순종의 축복(1~14): 우상의 단절
        ② 불신의 저주(15~57): 재앙의 범위

2) 역사의 예고(29:~30:): 율법의 준수

  (1) 저주의 언약(29:): 우상의 폐해

    ① 모압의 언약(1~9): 출애굽 회고

    ② 언약의 범위(10~15): 적용의 범주

    ③ 언약의 위반(16~29): 우상의 저주

  (2) 회복의 언약(30:): 준수와 결과

    ① 회개와 회복(30:1~10): 기억과 이행

    ② 율법의 이행(30:11~14): 명령의 의미

    ③ 순종의 여부(30:15~20): 축복과 저주

3) 모세의 교훈(31:~34:): 선민의 미래

  (1) 마지막 사역(31:~32:): 위임과 심판

    ① 마지막 권고(31:): 위임과 예언[64]

    ② 마지막 찬양(32:): 권능의 심판[65]

  (2) 모세의 유언(33:~34:): 사역의 계승

    ① 마지막 축복(33:): 축복의 의미[66]

    ② 모세의 임종(34:): 관계의 가치[67]

---

[64] ① 격려와 장래(1~8): 정복의 확신  ② 율법의 의미(9~13): 교육과 계승
③ 선민의 배교(14~22): 배교의 증거  ④ 율법의 보관(23~30): 배교의 확정
[65] ① 신존재 확증(1~4): 공의의 이름  ② 배교와 심판(5~47): 불신과 진노
③ 죽음의 의미(48~52): 불신의 결과
[66] ① 축복의 근원(1~5): 섭리의 주체  ② 축복의 기원(6~25:): 지파별 축복
③ 선민의 행복(26~29): 언약의 관계
[67] ① 임종의 의미(1~8): 언약의 실효  ② 지도권 계승(9~12): 중보자 승계

## 참고자료

네이버 사전.

구글사전.

제자원, 『그랜드 종합주석(1~5)』(창세기~신명기), 성서아카데미, 1999.

성서교재주식회사, 『옥스퍼드 원어성경대전(1~5)』(창세기~신명기), 제자원, 2005.

목회와 신학 편집팀, 『창세기, 어떻게 설교할 것인가?(창~신)』, 두란노 아카데미, 2008~13.

ESV 편찬팀, 신지철(역) 외 다수, 『ESV 스터디 바이블』, 부흥과개혁사, 2014.

레이몬드 딜러드, 트렘퍼 롱맨, 박철현(역), 『최신구약개론』, 크리스챤다이제스트, 2001.

존 월튼, 박터 매튜스, 마크 샤발라스, 『성경배경주석』, IVP. 2002.

빅터 헤밀턴, 임요한(역), 『창세기(1,2)』, 부흥과 개혁사, 2016.

총회교육부, 『출애굽기』 한국장로교출판사, 2015.

비터 P. 헤밀턴, 박영호(역), 『출애굽기』, 솔로몬, 2017.

김경열, 『레위기의 신학과 해석』, 새물결플러스, 2016.

마이클 르페브르, 『레위기』 부흥과 개혁사, 2018.

총회교육부, 『민수기』, 한국장로교출판사, 2012.

데니스 T 올슨, 『민수기』, 한국장로교출판사, 2000.

김회권, 『신명기』, 한국장로교출판사, 2017.

에드워즈 J. 우즈, 『신명기』, CLC, 2016.

# Bible Master Class

바이블 마스터 클래스의 첫 강의는 2019년 12월 6일 광주 극동방송 공개홀에서 성경신학을 사랑하는 동역자들의 수고와 헌신으로 열렸다.

그 뒤에 우리가 바이블 마스터 클래스의 이름으로 강의하게 된 것은 유튜브를 통해 김승일 목사님의 강의를 듣는 분들이 강의 내용이 기록된 강의안을 요청해 와서 그것을 보급하며 성경신학을 함께 연구하는 동역자들을 얻기 위해서 출범되었고, 오늘까지 그 모임이 하나님의 은혜로 지속되고 있다.

우리는 공개강좌를 통해 유튜브 구독자와 김승일 목사님의 만남을 주선했으며, 질의응답을 통해 친밀한 교제와 더 체계적인 교육을 하고 있다.

지금까지 우리는 창세기, 출애굽기, 레위기, 민수기, 신명기를 강의했으며, 그것을 기초로 성경전체 개론을 강의했다. 그리고 요한복음과 로마서는 구조와 맥락에 따라 한 절 한 절 해석하고 적용하는 강의를 했다. 그 강의안과 강의를 기초로 오늘 놀라운 결실이 맺어졌다.

우리의 모임은 성경 자체의 일관된 논리에 따라 성경을 맥락적으로 해석하고, 성경 전체의 구조와 원리를 논증한다. 그리고 성경 각권의 핵심을 파악함으로써 성경을 연구하며 설교하는 목회자들에게 직접적인 도움을 주고 있다. 그 결과 그들이 행복하게 설교를 준비하고 그것을 성도들에게 나눔으로 은혜롭고 감동적인 목회를 하고 있다.

앞으로 우리는 성경을 더 깊이 알고자 하는 분들을 위해 더 좋은 강의와 교재를 가지고 만나길 소망한다. 지금은 대구-경북 지역의 목회자를 중심으로 모임이 운영되고 있지만, 기회와 여건이 주어진다면 한국 교회와 세계 선교를 위한 도구로 쓰임받고 싶다.

송예섭 목사 | BMC 목회자 세미나 운영팀장. 연락처 : 010-8903-8157
김승일 목사 | 010-4453-1542 logosil@naver.com